全球化之旅
隐形冠军之父的传奇人生

[德] 赫尔曼·西蒙（Hermann Simon）著
胡旭东 译

ZWEI WELTEN, EIN LEBEN

Vom Dorfkind zum Global Player

图书在版编目（CIP）数据

全球化之旅：隐形冠军之父的传奇人生 /（德）赫尔曼·西蒙（Hermann Simon）著；胡旭东译. -- 北京：机械工业出版社，2021.5（2025.1重印）
ISBN 978-7-111-68111-3

I. ①全… II. ①赫… ②胡… III. ①赫尔曼·西蒙-自传 IV. ①K835.165.38

中国版本图书馆CIP数据核字（2021）第074571号

北京市版权局著作权合同登记　图字：01-2020-2440号。

Zwei Welten, Ein Leben(Vom Dorfkind zum Global Player).

Copyright © 2018 by Hermann Simon.

Simplified Chinese Translation Copyright © 2021 by China Machine Press. This edition is authorized for sale in the Chinese mainland (excluding Hong Kong SAR, Macao SAR and Taiwan).

No part of this book may be reproduced or transmitted in any form or by any means, electronic or mechanical, including photocopying, recording or any information storage and retrieval system, without permission, in writing, from the publisher.

All rights reserved.

本书中文简体字版由Hermann Simon授权机械工业出版社在中国大陆地区（不包括香港、澳门特别行政区及台湾地区）独家出版发行。未经出版者书面许可，不得以任何方式抄袭、复制或节录本书中的任何部分。

全球化之旅：隐形冠军之父的传奇人生

出版发行：机械工业出版社（北京市西城区百万庄大街22号　邮政编码：100037）
责任编辑：刘　静　　　　　　　　　　　　责任校对：殷　虹
印　　刷：固安县铭成印刷有限公司　　　　版　　次：2025年1月第1版第6次印刷
开　　本：170mm×230mm　1/16　　　　　 印　　张：18.5
书　　号：ISBN 978-7-111-68111-3　　　　 定　　价：89.00元

客服电话：(010) 88361066　68326294

版权所有・侵权必究
封底无防伪标均为盗版

赞　誉

赫尔曼·西蒙教授在自传里描述了其从一个德国农家子弟走向国际舞台，成为许多中德经济界人士共同朋友的经历。可以说，在全球化的推动下，他提出的隐形冠军理论在德国和中国均得到了广泛实践。隐形冠军理论与中小企业的务实发展相结合，弘扬了工匠精神，深化了国际合作，也丰富了中德经贸合作的内涵。

近年来，中德经贸合作始终保持稳定发展势头，产业链与供应链合作安全稳定。未来，我们也期待与更多德国经济界人士共同维护多边主义，宣传和促进贸易投资自由化和便利化，推进各领域合作取得积极成果，推动双向开放不断扩大。

中华人民共和国商务部投资促进事务局局长

刘殿勋

在企业实践中，我越来越感受到赫尔曼·西蒙教授的隐形冠军理论带给我们的引领作用和价值魅力。我也看到，中国越来越多的中小企业开始践行隐形冠军战略，并受益良多。我把这本书推荐给每一位有全球抱负的企业家。

赫尔曼·西蒙商学院发起人
杨树仁

自 1979 年第一次结识赫尔曼·西蒙，我与他的每一次相遇，都能获得新的认识，这种情况很少见。

美国西北大学教授
菲利普·科特勒（Philip Kotler）

您的书带给我极大的快乐，使我受益匪浅。

德国法伦达尔商学院创新管理学教授
克劳斯·布罗克霍夫（Klaus Brockhoff）

西蒙用隐形冠军为德国叙写了一个寓言故事，"隐形冠军"概念所具有的个性特征和对品牌建设的开创性价值难以估量。中国越来越重视隐形冠军理论，不再只看重创造了像阿里巴巴这样企业的个人全球明星或像深圳这样的成功地区，而是要实现德国普遍繁荣的成功模式，这一事实向我们展示了这一理论的重要性和前瞻性。西蒙自传浓缩了他最重要的思想和经验，所以，这项工作本身就很有价值。

人工智能专家
威尔弗里德·费尔瑟博士（Dr.Wilfried Felser）

看您的书充满乐趣，对此我深表感谢。是的，青年时代的这一非常特殊的岁月，在我的思想和情感中再度活跃，对那段时间的所有叙述，都令我对往事更加迷恋。我的思绪回到了在第 33 歼击轰炸机中队服役的日子，我很高兴，能从那里转移到美国接受飞行员训练。

星式战斗机飞行员、德国空军准将
安德里斯·弗罗伊特尔（Andris Freutel）

您对第33歼击轰炸机中队处理核弹的描述确实很有启发性。我想,您提出这一点很重要。今天,大多数人甚至都不知道,冷战期间没有使用核武器,是多大的幸运。布满核武器的埃菲尔地区,也许比德国其他任何地方,都更容易被苏联的核武器化为灰烬,如果真是那样,那里到现在应该都没有办法居住。回想起来,波恩政府当时陷入的困境令人震惊,我们必须避免重回那种局面。

德国陆军将军

赫尔穆特·甘瑟尔(Helmut Ganser)

您非常专一和自律,关注可行的方法和未来的发展,您和您的家人可以为您一生所获得的成就感到自豪。我饶有兴趣地阅读了您对于学习和从事助教阶段的描述,诸如您在美国建立了后来对您非常有用的社交网络。我惊讶于您与美国和世界各地的知名科学家建立并保持的广泛联系,您以此为您以后的咨询打下了基础,并找到了新的咨询方法。

特里尔大学校长

京特·科恩(Guenter Koenen)

您的自传看起来真实、诚恳、富有吸引力,相信它会对现有和未来的客户以及员工产生非常积极的影响,这是一本成功的、鼓舞人心的书!

法兰克福猎头

胡贝图斯·穆勒(Hubertus Mueller)

作为在完全不同条件下成长起来的一代人的代表,我对赫尔曼·西蒙如何发展成为绝对的全球领导者印象特别深刻,他无疑是管理领域最大的影响者之一。

汉堡GenYer公司

雅尼克·霍尔策(Yannik Holzer)

这本书非常有效地展示了作者过去30年所从事的主题（定价和隐形冠军）。

科隆大学

亚历山大·埃伯林博士（Dr. Alexander Ebeling）

您呈现的人生起起落落，是一部精彩的成功史。您得出的睿智的结论，令人印象深刻。您成功地书写了一部引人入胜的好书，这无疑是一部科学企业家或者企业科学家的杰作。

波恩国际税务专家兼作家

迪特勒夫·J. 彼尔兹教授（Detlev J. Piltz）

我读过您的很多书，但您的这本自传，我是用了一个周末的两个长夜，狼吞虎咽般读完的。为此我要感谢您，我从中了解了您，也了解了自己，尤其了解了榜样的力量。唯一令我感到遗憾的是，我没能有更长时间与您和为您工作。

慕尼黑企业顾问和培训师

莱恩霍尔德·拉普博士（Dr. Reinhold Rapp）

我认为，您在空军服役的这一章写得非常好，读后令人振奋，个人经历和感受完美地融入了当时的背景环境。

维特里希市市长

约阿希姆·罗登基希（Joachim Rodenkirch）

您以独具匠心和无法仿效的方式，将自己的职业生涯与当下的时事和特定情况下的哲学思考联系在一起。这本书扣人心弦，令人爱不释手。您从中世纪到互联网时代的讲述过程可能是独一无二的，您对价格管理和隐形冠军的研究已取得全球性影响。

慕尼黑投资商

米夏埃尔·蒂尔博士（Dr. Michael Thiel）

非常感谢您的自传，我带着愉悦的心情读了这本书。自然，您的专业成就非常突出，但最令我心动的却是您与故乡的紧密关系。我也是这样，我在法国、巴西、瑞士和希腊工作过，现在到了比利时，但对我来说，科隆永远是我生命的中心。

布鲁塞尔理想标准公司首席执行官
托尔斯滕·图林（Torsten Tuerling）

您的工作确实非常令人印象深刻，您取得的人生成就是很难超越的，人们可以在很多方面赞美您，赞美您取得的非凡成就和经历过的有趣事情。

柏林工业大学控制学教授
埃卡特·兹威克（Eckart Zwicker）

尽管我对您的人生道路很熟悉，但这本书对我来说依然显得新鲜而丰富。特别吸引我的是，您对一些地方的感受，因为这些地方我恰巧也去过，这些地方有比勒菲尔德大学、南威尔士大学、美因茨大学、哈佛大学、麻省理工学院、庆应义塾大学，更不用说西蒙顾和管理咨询公司和波恩了。该书也让我自豪地回忆起，在过去的30年中，我们拥有的许多共同的经历。

韩国首尔
刘必和教授（Pil Hwa Yoo）

前　言

一份美国发表的研究报告称，人的一生，自我认知的中年是18岁。这就是说，粗略算来，最初的20年和余下的人生，给人的主观感觉一样长。对我来说，这一说法基本可以得到证实。

20岁生日之前，我生活在一个小村庄，这是我的第一个世界。在这个世界里，时间的脚步走得很慢很慢。后来的50年，我的人生发生了翻天覆地的变化，人生舞台变成巨大而广袤的世界，我姑且称之为全球化时代的世界。在我的第二个世界里，时间越过越快，给我的感觉是，在第一个世界和第二个世界里，我所生活的时间，长短并无二致。

"两重世界，一种人生"，或许能够表达出我的感受。我作为一个农村孩子能够走上全球舞台，并非天生注定，也没有计划可依。一步一步走来，幸运和偶然扮演着重要角色。在人生的十字路口，我一次又一次抓住机会，而我妻子塞西莉娅的鼓励，往往起着关键作用。"当然，你要这样做。"这是她的评判，于是我就走到今天这样。我们的孩子珍妮和帕特里克也很配合，不管是我们由于工作原因带着他们辗转于世界各地,还是身为父亲的我经常在出差的路上,无暇陪伴妻子和孩子,他们都没有过怨言。三位家人,为我的成就做出了无私的奉献,我对此表示感谢。

在我职业生涯的前几十年,我主要关注的是西方世界,特别是美国和欧洲的商学院。但20世纪80年代,一次对日本的访问对我产生了深刻影响。再以后,中国让我越来越有兴趣,对我越来越重要,成为我迟来的爱。

虽然登上了全球舞台,但我与乡土密不可分。可以说,我没有斩断或舍弃根基,而是始终脚踏实地。不论何时,只要我想躲避工业社会的喧嚣,就会回到家乡的小村庄,生活在原先的农家小院,变回农村娃。小乡村和全球舞台,即使在我70岁的生日宴会上,这种两极对比依然同时存在。家人给我准备了两份惊喜,让我深为感动。第一份送给小乡村里的我,来自家乡3支合唱团的70名歌手为我演唱;第二份送给全球舞台上的我,来自12个国家的25位朋友发来视频贺词,其中有两人来自中国。

全球舞台和小乡村,于我并非矛盾,而是人生两面。

赫尔曼 · 西蒙

目　录

赞誉

前言

01　寻根问祖 / 1
时空猜想 / 1
世纪穿越 / 3
战争奇缘 / 6
欧洲命运 / 9
家乡故园 / 10
语言纽带 / 11

02　初涉人生 / 14
中古问候 / 14
乡土滋养 / 20
混编小学 / 22
清晨之定 / 23

文理中学 / 24
突破边界 / 31

03 **政治看客** / 35
政治血液 / 35
冲击多瑙 / 37
捍卫自由 / 39
主持竞选 / 40
政治学生 / 42
主场便利 / 45
风车之战 / 46
基金经验 / 47
小助竞选 / 48

04 **雷霆之年** / 51
梦想幻灭 / 51
服役空军 / 54
致命烟幕 / 57
核弹平庸 / 58
飞行棺材 / 61

05 **人生正轨** / 64
大学时代 / 64
教授助理 / 69
课题研究 / 71
执教资格 / 72

06 **走向世界** / 76
前往麻省 / 76
枫丹白露 / 82

日本插曲 / 84
世界尽头 / 89
杀猪狂欢 / 91
天边一隅 / 92
同语同种 / 93
寂寞传教 / 94
两度跨年 / 96
客访加州 / 97
重返麻省 / 99
商院网络 / 108

07 我的中国 / 112
初步接触 / 114
经济转型 / 116
第二本土 / 121
西蒙中国 / 122
无限风光 / 123
中餐美食 / 126
学术出版 / 127
热情好客 / 129
有惊无险 / 130

08 教授生涯 / 132
相见彼岸 / 132
宫殿主人 / 136
人脉爆棚 / 140
辞去公职 / 145
德国营销 / 148
写作生涯 / 150
企业监事 / 154
抗拒诱惑 / 158

09 价格游戏 / 159
价格智谋 / 159
生猪价格 / 160
终生为伴 / 161
价有所值 / 164
价格为先 / 165
定价权力 / 167
价格挺进 / 168
走近价格 / 169

10 隐形冠军 / 171
人企合一 / 176
目标专注 / 177
无所畏惧 / 177
活力持久 / 178
感召能力 / 178

11 雄鹰展翅 / 184
艰难起步 / 184
价格咨询 / 189
愿景现实 / 192
走向国际 / 194
脑力资本 / 200
退居二线 / 204
探索投资 / 206
游吟诗人 / 209

12 良师益友 / 212
帝国遗老 / 212
冒险赢家 / 217

一问成谶 / 220
红衣主教 / 221
营销大师 / 223
软硬兼具 / 225
矛盾人格 / 226
勇于创新 / 227
热爱家乡 / 229
活出自我 / 231

13 群星闪耀 / 234
始料不及 / 234
犹太回归 / 236
见所未见 / 238
远涉非洲 / 239
世贸恐袭 / 240
苏联涉险 / 241
强制固定 / 243
地动楼摇 / 245
灵魂出窍 / 246

14 人生学校 / 248
强大后援 / 248
今日无忧 / 251
健康生活 / 251
脚踏实地 / 253
简单愚蠢 / 255
矛盾管理 / 257
分配时间 / 259
避免官司 / 261
点滴智慧 / 262

注释 / 264

01

ZWEI WELTEN, EIN LEBEN
Vom Dorfkind zum Global Player

寻根问祖

时空猜想

"我从哪里来？"谁不曾这样问自己？

答案具有空间和时间的双重维度。我，来自一个特定的空间和一个特定的时间。

那所农家小院，那个让我看到这世界第一缕阳光的地方，位于当时的"普鲁士的西伯利亚㊀"，它在离中心很远很远的德国西部。[1]那里的贫困景象，给我打上了深深的烙印，留下了抹不去的痕迹。直到今天，我一开口，内行人就能听出我来自那里。

我时常问初次见面的人："您是哪里人，您在哪里长大？"在一次采访

㊀ 西伯利亚代指偏远地区。——译者注

中，记者问德国前财政部部长特奥·魏格尔（Theo Waigel），德国前总理赫尔穆特·科尔（Helmut Kohl）是如何赢得国宾信任的。魏格尔回答："这是一门艺术。科尔会问'您是哪里人啊，您父母是做什么的啊，您的生活怎么样'。"[2]

我对一个人的家乡感兴趣，那是因为我也曾在自己的家乡深深扎根。每当我希望屏蔽全球工业社会的喧嚣几天，哪怕几个小时，我都会回到那个我儿时生活的地方。

那么我来的时间呢？我来到这个世界的时间是1947年2月10日，星期一凌晨两点。[3] 两个小时之差，我没能成为"礼拜日"出生的孩子。

与所有的生命一样，我是一根很长很长的家族链条中的一分子。我们之所以来到这个世界，是因为这根链条从未断裂过。这种想法并不新奇，塞涅卡（Seneca）就曾说过："回溯过去，没有人来自虚无。我们的血统，从世界的初始延续到我们的时代。"[4] 塞巴斯蒂安·克莱因施密特（Sebastian Kleinschmidt）也曾写道："我们从哪里来，这不仅仅是一个历史或家谱问题，它有点哲学的味道。由于不知道究竟该如何回答这个问题，人们会不知所措。一些谜一样的、非常不确定的东西注入了我们的生命。"[5] 我们的遗传基因传递了无穷无尽先人积累的经验和自然进化的结果，我们来自时间的深处，出生后的教育和环境，又给我们打上了伴随一生的烙印。

在其他一些文化里，人们相信今生与前世有更紧密的联系。在一次亚洲之旅中，我读到一本书中描写轮回，说死者的灵魂在等待投胎时，会优先选择回到自己生前所在家庭的新生儿身上，灵魂会优选留在自己家里。轮回学说还解释说今生的恐惧来自前世的经历，怕水的人，前世大概是淹死的。我怕水，尤其怕深水，我不太会游泳。不过，淹死的人不是要比怕深水的人少很多吗？[6]

人死后灵魂愿意回归自己生前所在家庭的说法，让我产生了一个奇怪的想法。我出生之前最后一位离世的家人，恰巧就是在黑海淹死的，他是我的叔叔雅各布·西蒙（Jakob Simon）。他终于可以摆脱生命威胁，眼看就可得救，在塞瓦斯托波尔，他登上了一艘运送德国士兵回家的船，然而船被其他军队的炸弹击中，沉没了。此事发生在1944年5月，但直到8年后，我们才知道这一悲剧的始末。1952年，红十字会寻人处通知我们说，我叔叔雅各布·西蒙的一位战友看到他登上了这条后来被击沉的船。雅各布被确认死亡，家族举行了追悼会，他是我出生前去世的最后一名家庭成员。

无独有偶。在亚洲时，我和妻子塞西莉娅·苏松格（Cäcilia Sossong）分享了我对于轮回和怕水的想法，她竟回忆起一桩已近150年的往事："你叔叔雅各布不是你家唯一淹死的人。你忘了你外曾祖父在巴黎发生的事了？"我外曾祖父安德烈亚斯·尼尔斯（Andreas Nilles）出生在洛林，洛林在1871年前属于法国，他在巴黎做了邮递员，于是便和妻子在那里定居。1875年11月18日，他的儿子约翰内斯（Johannes）出生，他却遭遇强盗，被扔进塞纳河淹死了。他的遗孀搬回了他在洛林的老家——那个在1870～1871年战争之后重归德国的地方。

两名家庭成员溺水而亡，我——他们的后裔——惧怕深水，这难道只是巧合？我不得而知。我不敢说我真信轮回，但我认识很多亚洲人，他们都对此深信不疑。

我果真来自时间深处吗？对此，今天的我不比20年前知道得更多。但是，有些事令人费解。我为什么怕水？尽管我本人的意识中从来没有过因水而起的恐惧经历。我为什么会经常梦到我叔叔雅各布异常清晰的模样？虽然我从未见过他。[7]

世纪穿越

我们对于空间的认知，要比时间更具体。

"何谓时间？"圣奥古斯丁（Augustinus von Hippo）已对此做出思考，但只找到这样一个答案："人不问我，我知；人若问我，我不知。"阿尔伯特·爱因斯坦（Albert Einstein）更加实际，他说，"时间就是时钟所指"。海因里希·海涅（Heinrich Heine）在 19 世纪中叶警告人们："空间和时间已经变得摇摆不定，铁路杀掉了空间，留给我们的只剩下时间。"按照亨利·柏格森（Henri Bergson）的说法，我们只理解空间，却并不理解时间。

我们用长、短、宽、高或相似的概念描述空间。相对应地，对于时间，我们也使用了如时间漫长、生命短暂、跨度很宽、年事已高等概念去描述。在我们的语言中，我们会使用相同的形容词，来描述空间和时间。数学家库尔特·哥德尔（Kurt Gödel）说："世界是空间而非时间。"[8] 美国哲学家拉尔夫·瓦尔多·爱默生（Ralph Waldo Emerson）将空间和时间理解为同一体，他说："存在的感觉与空间和时间并无二致，显然生命和存在来自同一源头。"[9] 卡尔·瓦伦丁（Karl Valentin）用一句话把时间和空间直截了当地归为一体："我已记不清究竟是昨天还是四楼。"

不管怎么说，我来的空间对我来说比时间要具体许多，本不足为奇。

我走过的路，是时空双维度的。过去数百年，人的一生能走出 10 000 公里就了不起了。人们下地种田，抑或进城采买，或者去市场卖自己的农产品，每年去一趟远方的朝圣地朝圣，走过的路都不会太长。只有在出去打仗或者参加非同寻常的朝圣时，人们才可能走更长的路。一生走过的路相加无非几千公里，就算出生在我家乡的战士约翰·彼得·福伦斯（Johann Peter Forens），跟随拿破仑征战欧洲，走过的路也"只有" 14 000 公里。我家乡的 72 师，在第二次世界大战（以下简称"二战"）时参加了所有战线的战斗，步行的路程加在一起是 4000 公里。[10]

今天，不同的交通工具，能使我们的旅行速度比先人快 30～150 倍。步行速度每小时约 5 公里，同样的时间，汽车能行驶 100 公里，高铁能行驶 300 公里，现代喷气式飞机可以飞行 900 公里。法兰克福距离朝圣地圣地亚哥坎普斯特拉（Santiago de Compostela）2045 公里，信徒每天走 30 公里，一天都不休息，要走 68 天，飞机只要两个半小时，是步行信徒所需

68 天的 1/653。

我们只需要三两天，就能走完过去人们要用一辈子的时间走的路。今天我去北京做一场报告，两天后回到法兰克福，一下子就"走"了 15 578 公里；我从法兰克福去悉尼大约要乘飞机航行 20 小时，单向距离 16 501 公里。我最快的一次环球旅行（法兰克福—纽约—旧金山—首尔—法兰克福）仅用 7 天时间，距离总计 27 922 公里。

我此生走过的路加起来有数百万公里，换在过去，需要几代人用几百年才能走完。我走过的路，用公里或英里来计算，却好似走过了几个世纪。被认为是波兰当代最重要作家的安杰伊·斯塔西克（Andrzej Stasiuk）表达过类似的想法："旅行多的人，等于多活好几辈子。"[11]

现在来说说我在时间维度上经历的变化：那个小村庄的世界，在我出生时和中世纪没有太大区别。拿当时与今天比，我所经历的几十年的变化，比过去几百年的还要大。我走过的路，不仅在公里数上带我走过了几个世纪，而且其间的变化速度，与过去的变化速度相比，也够跨越几个世纪了。我感觉，从 1947 年我出生的村庄到 21 世纪的地球村，世界发生的变化，远远大于 1650～1850 年这 200 年发生的变化，可能也大于 1850～1950 年这 100 年发生的变化。自然不能排除，自中世纪后的每一代人，都会把自己生活的年代看成变化最大的年代。

我会在第 2 章深入分析这种变化，并做出更为客观的评价。说我在空间和时间两个维度"穿越"了几个世纪并不夸张。这并不是我个人的成就，在我这代人中，有些人已走得更远。就像穆赫德·阿利塔德（Mohed Altrad），他作为贝都因男孩出生在叙利亚的沙漠，连自己的出生年月都不清楚，所以不知道自己多大。他在法国成为亿万富翁，获得荣誉勋章。他说："我像亚伯拉罕（Abraham）一样长大，他也是贝都因人，只知道沙漠。如果有人问我多大，我会回答'3000 岁'。"他以此说明，他此生经历的发展变化，历史需要几千年来完成。[12]

战争奇缘

寻根问祖，首先要问的自然是父母。

我母亲特蕾泽·尼尔斯（Therese Nilles）于 1911 年出生在靠近法国的边境地区，我父亲阿道夫·西蒙（Adolf Simon）于 1913 年在与比利时和卢森堡接壤的边境小村庄降生，我父母都是偏远的德国西部的孩子。他们怎么能够认识呢？

正常情况下，住在相距 130 公里村子里的两个人是很难相遇的。村子里的人，只和本村或邻村的人结婚。一对夫妻，来自相隔那么远的两个地方，这种情况并不多见。

也许，二战就像是一位纸牌玩家进行了彻底洗牌，改变了人们的生活轨迹。我母亲在红十字会接受培训成为一名护士，战争一开始，她就上了前线。她的第一站是温克尔（Unkel）的舒尔茨旅馆——一栋紧邻莱茵河的典雅房子。1939 年，为了准备进攻法国，这栋房子临时改建为战地医院。在进攻法国之后，卫生后勤部门也向西推进，我母亲曾驻扎梅茨，之后经停威斯巴登，于 1941 年遣赴华沙，并在华沙驻扎了 3 年。

无巧不成书，同样作为卫生员的阿道夫·西蒙也来到华沙，并和她在同一家战地医院工作。于是，特蕾泽·尼尔斯和阿道夫·西蒙，两个来自西部的孩子，在离故乡 1200 多公里的遥远东方相遇，并在某一个时刻擦出了爱情的火花。

如果没有他们的巧遇，也就不会有我了。

1944 年 5 月，他俩在我母亲的家乡小镇完婚。婚后第二天，我父亲便赴大西洋海岸，到德军潜艇驻地圣纳泽尔服役去了。几个星期后，也就是 1944 年 6 月 6 日，盟军登陆诺曼底，西线撤退开始。已改姓西蒙的特蕾泽没再返回华沙，因为没过几个星期，即 1944 年 7 月，苏军已攻打到华沙城外，但由于斯大林不想支持华沙民众起义，苏军停止攻打华沙，起义惨遭德军镇压。

我从未去看过我父母当时在华沙工作的地方。德国和波兰的关系至今仍被历史阴影笼罩。我有许多波兰朋友，还认识不少波兰人，从我交往最久的波兰朋友那里我了解到，他和他的家人都曾深受纳粹折磨。我知道他会德语，但是我们打了30多年交道，他从来没有说过一个德语单词。最近，我会偶尔给他寄一些德语的报纸文章，他也会看。许多从那时过来的人，终生都没能从他们所遭受的苦难中解脱出来。

1945年5月8日，二战欧洲战事以德国的无条件投降而告终。我父亲成了法军俘虏，我母亲则回到她的家乡小镇。

由于公共交通瘫痪，我母亲骑着自行车去投奔我祖父。这是一次充满冒险的旅行，因为到处都充斥着混乱。城市、街道和桥梁都沦为废墟，一路上还要不断接受法国兵和美国兵的检查。她有生以来，第一次看到了黑皮肤的人。母亲说，一名黑皮肤的美国兵摸了她的头发，让她内心惊恐不已。

不过，母亲最终安全到达了目的地。她第一次看到了那个小村庄里的那座农家小院——那个她将要度过余生的地方。

当她在华沙倾心于农民的儿子阿道夫·西蒙的时候，她曾这样设想过吗？落后的农村景象，和她那以工业为主的相对现代的家乡景象的反差是显而易见的。

我母亲一家有着令人心碎的往事。在法国遭到攻击之前，她家乡小镇所在的地区被划为红区。红区意味着镇里的所有人都必须迁离。他们带着牲畜，迁到了东德，经营着一小片农田、一家副食店和一家木制农具作坊。1939年9月1日，德国军舰炮击但泽附近的维斯特布拉德半岛（Westerplatte），二战欧洲战事爆发（5时45分之后德军遭到反击）。

整整50年后，我陪母亲和她姐姐（也是我的教母姨妈）一起回到了莱茵河畔的浪漫小城温克尔，那个我母亲亲历战争开始的地方。为了备战，旅馆和相邻的一家疗养院都被改成了战地医院，我母亲被派到那里做卫生员。

我们穿过一座石拱门进入旅馆，内院一片静怡安逸。从紧挨莱茵河的露台看出去，龙岩山和罗兰拱门尽收眼底。罗兰拱门一瞥，被亚历山大·冯·洪堡（Alexander von Humboldt）誉为"世界七大美景之一"。19世纪，很多画家把龙岩山和山前小岛诺侬韦特的浪漫景色，收入了自己的画作。

旅馆年轻的女前台给我们讲述了1939年9月的情景。她兴趣很广，与她的年龄相比，她懂的东西多得惊人。比女前台懂得更多的，则是给我们端来咖啡的女招待。她是土生土长的温克尔人，岁数也大一点，她告诉我们，当时的旅馆主人还健在，现在已经88岁。母亲说还记得他。

这天，莱茵河上驶来一条奇异的船，让我们怦然心动。船的顶层被改成了舞台，小乐队演绎着战争之初的音乐和歌曲，身穿不同时代军服的士兵分列两旁，好似在守卫。我的后背感到一丝凉意，回忆竟在眼前变得鲜活。

不过，这条船只是一条戏班船，在法国凡尔登、莱茵河和当时的德国首都波恩巡演。贝托尔特·布莱希特（Bertolt Brecht）曾为第一次世界大战（以下简称"一战"）写过一个剧本，现代剧社把这个剧本进行了改编。

该剧讲述了一名士兵的离奇经历。他在一战中牺牲，并身着皇家制服，被埋葬在凡尔登。二战爆发，他被挖掘出来送上战场，再次牺牲，并被穿上德意志国防军㊀制服，埋葬到他的第二个墓地——比特堡的军人墓园。这座墓园因1985年5月8日美国时任总统里根和德国时任总理科尔一次有争议的访问而闻名于世。

然而，这名士兵依然没能得到安宁。他再次被挖掘出来，在穿上德国联邦国防军（以下简称"联邦国防军"）的制服后又被送去一个新的战场。他的最后历程，便是坐着这条船前往波恩。在波恩的老海关，在莱茵河上空，这名士兵在这出匪夷所思的戏剧中，找到了他最后的安息之地。

㊀ 德意志国防军是1935～1945年，德意志第三帝国的正规部队。——译者注

在我看来，这出戏恰恰用一种值得思考的方式，完美演绎了空间和时间的融合。整整 50 年后，在 1989 年 9 月 1 日，我与母亲和我的教母姨妈一起坐在 1939 年成为战地医院的那家莱茵旅馆的露台上。1939 年 9 月莱茵河畔的世界和 1989 年 9 月莱茵河畔的世界，该有多大的不同呢？

我的脑海再度跃上那个念头，这个时间距离不是 50 年，而是几个世纪。

欧洲命运

我家的命运就是 19 世纪和 20 世纪欧洲乱局的写照。外曾祖父在法国首都巴黎工作并死在那里，外祖父在巴黎出生，母亲家时而在法国统治下，时而受德国统治，时而又受民族联盟管辖。[13] 祖父一战中在保加利亚得了疟疾。[14] 舅舅约翰内斯·尼尔斯（Johannes Nilles）在奥地利首都维也纳附近的圣加布里埃尔学了神学，1935 年成为神父，并被派往遥远的巴布亚新几内亚，在那里传道 53 年。二战中，我父母来到波兰，在波兰首都华沙的战地医院一起工作并相识。两个叔叔前往苏联参战，其中一位没能看到战争结束。父亲 1944 年被派往圣纳泽尔服役。另一位舅舅和姨夫在隆美尔元帅麾下征战北非，却在美国的战俘营不期而遇。

与欧洲大陆及周边国家紧密相关的家族历史，一定是造就我成为一位坚定的欧洲人的主要原因。我不能认同法国哲学家布鲁诺·拉图尔（Bruno Latour）摇摆不定的观点，他说："欧洲便是，我不得不犹疑地称其为家园的所在。"[15] 欧洲便是"我们的家园"，除非我们没有家园。

时局艰难，我的先人们也遭受了命运的各种打击。曾祖父有 8 个孩子，其中 4 个生下来就死了或者幼年夭折，父亲的一位双胞胎兄弟也死了，一位叔叔在他 20 岁时（1940 年）死于火车车祸，4 年后父亲的另一个弟弟淹死在黑海，祖父 75 岁在马厩跌倒不治身亡。母亲家人的命运更加多舛，前面已经说过，外曾祖父淹死在巴黎塞纳河，母亲的 3 位兄弟姐妹幼年夭折。

许许多多的家庭，遭受了类似的命运重击。儿童死亡、战争和各种意外事故给万千家庭造成了巨大的损失。那么，作为我生命之源的家族链条恰巧未曾断裂，是偶然，还是天意？

家乡故园

1945年9月，父亲从战俘营回到家乡的农家小院。

当时小院住着3位70来岁的老人，我的祖父母约翰·西蒙（Johann Simon）和玛格丽特·西蒙（Margarete Simon），还有一位没有出嫁的姑婆。祖父母生了7个孩子，战争结束后还剩下5个。所有孩子都离开了家，没人愿意子承父业继续经营小农庄。

在我的记忆中，从来没有人说起过此事，但我相信，祖父母一定非常担心，自己年纪越来越大，而农庄后继无人。战前曾做过牛奶质检员的父亲，别无选择只能回家务农。诚然，在19世纪30年代，父亲曾在农校学过一年的农学，但他终生都不是一位热衷农业的农民。

二战后的那一代人没有太多选择，出身、家族传统和经济限制不允许他们走自己想走的路。给父母养老送终的责任与追求自己生活规划的梦想，两者无法兼顾。

所幸，当时已经32岁的父亲从战争中带回了一个女人，祖父母一定看到了一束希望之光。对于那个农家小院和那个小村庄来说，这个新来的女人非同寻常，她来自遥远的地方，说一口不同的方言，曾多年生活在华沙和其他地方，对世界不无了解。左邻右舍的女人，基本没出过村子，最多曾去附近城市的市民家庭做过几年女佣。母亲却对"下嫁"到那个小村庄终生无怨。

语言纽带

我实际上是在"双语"环境中长大的。母亲和我讲她家乡的方言,这是我名副其实的"母语"。父亲和邻居们同我用本地方言交流,只不过我只说这种方言,也包括和母亲说话。儿时的我没有意识到,母亲和父亲说的其实不是一种方言。我来到这个世界,把"双语"当成一种正常的现象。我猜对那些父母使用两种完全不同语言的孩子来说,情况也类似,这些孩子估计也会把双语看成世界上最正常的事情。

我至今都还会说家乡方言,而且只要一回家乡就一定说方言。这是我回到那里感到惬意的重要原因。不过,会说这种方言的人越来越少,因为只有少数孩子能跟父母学这种方言。父母更多和孩子讲普通话,希望孩子早日为面对外面的世界做好准备。虽然近年情况有所好转,有人组织了用方言朗诵和讲故事的活动,但它能否走出小圈子令人怀疑。由于方言只能口口相传,我儿时的语言能否传承不容乐观。但我不会忘记它,而且一直要讲到生命的终点,它是我的一部分。

方言,对于保留乡村社区的认同感至关重要。谁能说方言,谁就是那里的一分子。相反,说方言和说普通话的人之间,就好似垒起了一道看不见的"墙"。我不是说这道"墙"是一种敌意。但是,说方言的人之间会瞬间产生一种强烈的亲近感,消融了距离,这在今天丝毫没有改变。正如著名诗人约翰·沃尔夫冈·冯·歌德(Johann Wolfgang von Goethe)所说:"所有地方都喜爱自己的方言,因为方言实际上是灵魂呼吸的源泉。"[16] 一篇有关乡愁的文章也认为"语言即家乡"。[17]

共同的语言会营造一种信任和舒适的感觉。在国际管理讨论会或类似的活动中,参加者来自世界各地,他们一起合作、讨论和演示,通用语言是英语,但对大多数人来说英语是一门外语。有趣的是,我在会议休息间隙数百次的观察中发现,同一语种的参加者会明显凑到一起,比如法国人、中国人和意大利人,他们在吃饭时都会同本国人坐到一起。这种活动的目的,无非是让不同国家和使用不同语言的人跨越界限、相互认识,但"方言拉近人与人的距离"这一魔咒让人们回到自己的语言世界,或者至少对跨语种交流造成了阻碍。

有一天晚上,我们数百名员工在一家啤酒馆聚餐,我挨桌去问候同事,一群法国同事围坐在一张大圆桌前。我说,这可不是我们跨国活动"世界聚会"的本意,你们应该同其他国家和办公室的同事混坐一起才好。我得到的回应是:"我们在家里从来没有时间坐到一起,我们能在这里坐一桌,觉得很好。"法国人向来口齿伶俐。虽然我们的法国员工个个英语口语都很好,但他们在说母语时显然感觉更好。相应地,如果别人跟他们用法语交流,他们也会更感激。

我个人深有体会,我的语言多少次"出卖"了我。一切缘起于共同的家乡,我总能碰到来自家乡的人,在世界的各个角落,在北京、上海、首尔或者纽约。在报告、讨论和咨询时,总能有人听出我的乡音,或者我从别人的口音中认出同乡。正如联邦德国前总理格哈德·施罗德(Gerhard Schröder)治下的文化部部长米夏埃尔·瑙曼(Michael Naumann)说的:"方言犹如身份证,有些人一辈子带在身上,不论乐意与否。"[18]

记得有一次访问液压领域世界市场领导者博世力士乐(Bosch Rexroth)公司,我中午到达,董事长请我吃午饭,我们开始谈话。突然一名董事插话:"西蒙先生,您说话的口音和我们的希罗尼莫斯博士一模一样。"我问:"谁是希罗尼莫斯博士?他是哪里人?"阿尔伯特·希罗尼莫斯(Albert Hieronimus)博士当时是博世力士乐公司的董事,之后任博世力士乐印度公司总裁,后来又担任博世力士乐公司董事长。他当时也在场,他回答:"我来自西部一个小村庄,您肯定不知道。"但我想知道村庄叫什么。他又接着说:"火山埃菲尔的伊莫莱特。"于是我补充道,我曾祖父是伊莫莱特人,后来把西蒙这个姓带到了我家乡的小村庄。

多少年,我就这样邂逅故乡儿女。这难道只是巧合吗?我在人生道路上就这样如此频繁地和他们相交,或许恰恰就是乡音让我们相认。

这样的相遇，让我产生一个想法，要把这些人的成功、生涯和经历带回家乡。这些人，大多很早就离开家乡了，他们如今怎么样，走过了什么不平常的路，这在老家鲜为人知。于是，从 2007 年开始，我在地方报纸上开设了名为"埃菲尔儿女——世界成功记"的专栏。埃菲尔是我家乡的名字。专栏每周一篇传记，后来出版了同名书。[19] 专栏和书均引起强烈反响，家乡的人引以为豪，因为自己的孩子在外面的世界留下了深深的足迹。

在某些情况下，语言能拉近距离，同时也有排斥作用。1958 年起，我就读于附近小镇维特里希的古萨诺丝中学。许多学生来自农村，只会说方言，普通话对他们来说就是一门外语。相反，城里长大的学生通常讲普通话，他们的父母主要是公务员、医生、律师或者生意人。

语言的分隔实际上在整个上学期间都存在，甚至更长。农村的孩子之间一直说方言，与城里的孩子交流时则换成普通话。到今天情况大体相同，当我碰到过去一起说方言的熟人，我自然而然地就会说方言。与这样的熟人说普通话，我会感到极不自在，而对方的感觉好像也一样。

啤酒节期间，我们大约 15 人坐在一起畅饮，其中包括米夏埃尔·蒂尔（Michael Thiel）博士，他是我小学老师的儿子，如今已是功成名就的投资人。对于我们俩来说，自然是用我们儿时的语言聊天，这毋庸置疑。

02

ZWEI WELTEN, EIN LEBEN
Vom Dorfkind zum Global Player

初涉人生

中古问候

来自我家乡的一位教授曾写到,他的"孩童时代在今天看来犹如中世纪,就在不到半个世纪前,这一切还都是真实存在的。变化似乎发生在一夜之间,其程度之剧烈,无法想象。"[20] 他的这一描述,也正是我童年的真切写照。

说二战结束时的农业经济犹如中世纪般落后,一点都不夸张。农业经济在19世纪曾取得一定发展,但之后一直是以手工为主的自给自足和传统劳动习惯占主导地位。也许已有几百位作家描述过他们在农家小院度过的童年,在这些自传中,我总能看到自己的经历。我不想在此重复类似的文字,我只想记述几件我自己还记忆犹新的童年往事。

除了少数人从事教师、邮递员和警察等职业以外,我们村子里所有的家庭都以农业为生。大多数家庭经营平均 8 公顷⊖左右的农田，最大的 11 公顷。绝大部分农活靠手工完成，从使用农用机械来说，我们村子和先进的地区相比，要落后大约 20 年。我家有两样工具可当得"机器"称号，一台收割机和一台播种机。两台机器都由一匹马来拉。收割机既用于割草，也用于割麦，与镰刀收割相比，这已是巨大的进步。麦秆捆扎一直使用手工。播种机相比手工播种的好处是，种子可以均匀地播撒到田地上。1950 年农民劳作的世界与 100 年前甚至 200 年前，没有多大差别。

天主教的作用，也与中世纪无异。全村最有权势的人是天主教神父，这从他的称谓就可以确定，他直接被称为"主"，而不是"神父先生"，只一个字"主"[21]。我们遇到他要下跪，口中喃喃："赞美耶稣基督！""主"决定农民在收割季节是否可以在礼拜日干活，只有他"出现"在礼拜日弥撒上，礼拜日才可能允许干活。自然，所有人都遵守着这一规矩。对超自然权力的信仰流传很广，村里也有所谓的"巫师"，人们请他们来给牲畜治病，但人们一样怕他们，因为他们会念咒。打雷时，我们燃起蜡烛，供上神父加持过的树枝，以让雷电远离房舍。

我们的农业局限于自给自足。除了盐、糖和调料，其余基本自产。柴火取自树林。耙子、篮子、把手等用具都由农民自己制作。在我出生之前，就连羊毛和麻绳，也是自己生产的。我家还有许多印有约翰·西蒙首字母"JS"字样的床单和桌布，那些便是我祖母用自己的织布机织的。

在这种自给自足的经济中，金钱没有发挥重要作用。我们所需不多的钱，通过卖牛奶、生猪和猪仔换得。钱虽然经常吃紧，但我们不会因此感到局促，更不会觉得贫穷。我们始终有足够的食物，即便菜肴并不丰盛。橙子和香蕉，那是圣诞节才能吃到的水果；糖果和巧克力或者汽水，都是稀罕物，可望不可得。一次，我的一位娇生惯养的堂姐从城里来村庄度假，带来了一箱汽水。那几天对我来说，简直就是过节了。

生活是艰难的，孩子们也不得不全力帮忙干农活。我 9 岁时，祖父去

⊖ 1 公顷 =10 000 平方米。——译者注

世，父母从此独自经营农庄，有赖于每一双能帮忙的手，小农庄请不起雇工。我最恨的一样不得不经常干的活，是间甜菜苗。甜菜种子原先是在院子里育秧，然后分种到地里的。然而问题是，遇到种植季节干旱，菜秧移到地里后不长。于是，人们想出了新的方法，把种子直接撒到地里。但这样一来，秧苗过密，必须拔除一些，这一过程称为间苗。甜菜之间需要大约30厘米的距离，这样它们才长得大。一种所谓的单株种子让间苗容易了一些，这种种子只发一棵芽。尽管如此，还是得间苗，因为种子不可能撒得十分精准。间苗的活儿需要干好几天，人得弓着、蹲着，或者跪着，顺着田垄一点一点往前蹭，需要无限的耐心。间苗是全年最不受农民待见的活，原因还在于，干这样的活不能给人成就感，因为拔掉的只是一些小苗。

相对比较舒心和有趣的活儿是收土豆。在拔去土豆藤蔓之后，呈现在我们眼前的是一片铺满土豆的地，土豆要靠手一个一个捡拾，全家的几只手不够用，于是我们便会请一两位家里没有农活的妇女来帮忙，用一些土豆或钱作为酬谢。这些来帮忙的妇女往往也会带上她们的孩子，这样便成了孩子们的一次欢聚，如果天气再配合，那便没有比这更美好的了。虽然孩子们也得干活，但隔三岔五总能有时间玩一会儿。

饮料是自制的覆盆子汁，而在田间休息时吃抹着果酱的面包，则是一种享受。到了傍晚，田头燃起篝火，烤上新鲜的土豆。熊熊篝火，不是烤煳了土豆，就是烫伤了我们的手指，但即便如此，这也是一种享受。

晚上，父亲驾来了马车，拉运装满土豆的袋子。袋子做了不同的标记，根据地块和品种不同，它们被分成三个类别：人食、猪食和留种。外观整齐、个儿大的土豆拣出来供人食用；小的、畸形的或者损坏的归入猪食；如果这个品种要在明年开春再种，就挑个头儿中等长得匀称的，作为种子扔到一个专门的袋子里。三种不同的土豆，存储方法也不一样。收成好的话，能收获30多大袋土豆，以至于一匹马不能把那么重的车拉出地头，有时便借用一匹邻居的马一起拉。等车上了硬路面，跑起来就容易了。当我们离开地头，在大马路上往村里跑时，往往天已经黑了，马车不得不用煤油灯照亮。这种灯很讨厌，不是煤油燃尽就是灯芯烧光，或者干脆灯就是不亮。在漆黑的傍晚驾马车回家，就成了一种冒险。虽然汽车并不多，也从未发生过车祸，但是我们害怕警察突然在黑夜中出现，因为在没有照明的情况下，在夜晚驾驶马车会让我们吃罚单，这种担心会一路随行。到家后不光要喂马，还要卸车。卸车借助于一架滑道，把土豆倒进滑道，土豆会顺着滑道穿过一个小洞，直接滑进地窖。年景好时，土豆能一直装到地窖顶。留种的土豆，分开存放到地窖的专用隔栏或者院子的小棚子里。用作猪食的土豆，大部分堆到屋后。

　　农业，日复一日、年复一年，填满了我的童年和少年时代。进入中学后，我乘坐火车去附近的县城读书。收获季节，下午两点左右回到家里，我就得赶忙骑上自行车奔到地里干活。晚上帮着喂牲畜，然后才能做作业。在正常情况下，我不会觉得这一切不寻常或者很辛苦，我在学校属于那种没有什么问题但也不算特别好的学生。不过在1959年，我感到了艰难。那年的收获季节，母亲住院好几个星期，出院后又疗养了一个月，父亲和12岁的我，在这个繁忙的季节孤立无援。妹妹被送去了姑妈家，我不仅要上学，还要像大人一样干活。为了能让我轻松一些，父亲买了一台挤奶机，这样我可以每天早晚挤奶，机器的真空技术让我着迷。父亲在地里常常干活干到深夜，偶尔我们带着疲惫坐在一起吃晚餐，父亲拿出两瓶啤酒，自己一瓶纯生，给我一瓶麦芽。在干杯时，我感觉自己成了男人。我的成绩在这个艰难时期急剧下滑，这让我不安；下一学年我母亲康复，我迎头赶上，拿到了我有史以来最好的成绩。

　　万一父母双亲没了一个，农庄何以为继？这一忧虑从此困扰着我。一个只有两名成人经营的小农庄，在生态上非常脆弱，因为如果有人生病就没人替补。虽然我没有理由对自己的状况抱怨，但对经济的不安全感始终没离开过我。我相信，这种深入骨髓的感觉，根源便在于此。另一个不安全感的源头，是农业对天气和病虫害等外力因素的依赖。我不讳言对那些

"靠天吃饭"的企业的反感,当然,这种不可控因素的影响肯定是经济大环境的一部分。在我身上,童年和少年时代的经验使我留下了对经济不安定抹不掉的记忆。

我们在儿时体会到一种强迫和自由的奇怪矛盾。生活的规矩、父母的管束,让我们的生活处在严重的强迫之下,不论是对教会和祷告有关的一切,还是对上学和准时吃饭,或者是对诸如神父和老师等尊者的态度,都有严格的规定。相反,在其他时间,我们完全靠自己,有充分的自由。父母根本没有时间时常管教我们,或者操心我们的"娱乐"。我们总是在外面玩,在村子里窜来窜去,或者跑进村边的橡树林。我们可以做也被允许做我们想做的一切,没有大人注意或者过问。近邻6个男孩玩在一处,我是其中最大的,于是我自然成了领导者(见图2-1)。

图2-1　六人组里的孩子王赫尔曼·西蒙(右三)

这种领导者和"倡议人"的角色,可能是我生命里程碑中担当的第一个,也是最好的管理角色。作为领导者,我得时不常地激励、倡导、拆分(重组)团队,并维持团队成员步调一致,这与我几十年后要完成的领导任务大同小异。我能与这帮男孩一起长大,是幸运,还是偶然?如果我家邻居只有女孩,或者根本没有小孩(像现在一样),我还会成为今天的我吗?

我们的童年，完全交给了生活。相比之下，现在的孩子只经历了世界的一小部分。如果附近有人去世，我们自然会去看摆好的尸体，当然也会去看刚出生的婴儿。我们看母牛怎么生下小牛犊；母猪怎么生出一窝小猪仔；看屠夫怎么杀猪，怎么割开猪的脖子让鲜血喷溅而出。当母鸡或公鸡被斧头斩首放入汤锅时，大人也没有让我们回避。我们见过各种死了的动物。这种把自己完全交给生活的孩子和今天像温室里的花朵一样长大的孩子比，那时的生活具有何种意义？这个问题我只能放在这里，因为我没有答案。

我们生活另一面的意义我也是后来才知道并懂得珍惜的，那就是乡村社区。它有两个基本面，一面是社会公平，另一面是社会有序。社会公平体现在，没有真正富裕的家庭，处在富裕程度最底层的家庭也并不是真的很穷。当有节日或者社区活动时，村里的人都会来参加。农业活动也加强了社区意识的形成，同一种果实种在同一块土地里，农户们拖家带口去地里收土豆或麦子，对孩子们来说，这简直就是天堂，一大群孩子可以在地里一起玩，而大人们一样愿意在休息时，和近旁的农伴闲聊。晚上，满载着收获的马车排着长队回村，大家相互都认识。

社会有序则体现在，没有不透风的墙，没有任何事可以不被发现或者长期隐瞒，谁敢越社会秩序的鸿沟一步，都会受到鄙视。我小时候对这种限制感受不深，但步入少年后，我对这种压力的感知就越来越强烈。

我人生的第一个十年就在这没什么大变化的"中世纪般的"世界度过了。那时全村无人拥有汽车、浴室或电视，从根本上说，几百年没有改变。1726年，图恩和塔克西斯（Thurn and Taxis）开设了特里尔至科布伦茨的邮递马车线路，在我们村设了一站，这让我们村第一次与"大"世界有了联系。150多年后的1879年，火车通到了我们那里，1912年有了公共供水系统，1918年通了电。直到1947年我出生，这一切基本保持老样子，到了20世纪50年代中期也没有太大改变。然而，变化却来得突然，而且力度很大。第一辆汽车和拖拉机出现了，年复一年，新事物奔涌而至

（见图2-2）。图示数据也符合我家情况，家家情况不同，我家大体处于中等水平。

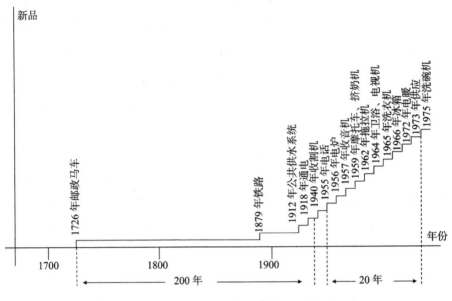

图 2-2　1955～1975年的新生事物多于之前的200年

1955年以后的两个十年，我儿时的世界烟消云散、荡然无存。今天，我老家的村子已没有一位农民。即使是工匠、商业、习俗和教会，也都受到了巨变的冲击。最让我想念的是儿时的乡村社区生活。我愿意花大笔的钱，让我再回一次"中世纪"，在收获季节和整个乡村社区的人们共同度过一天！

乡土滋养

一个很少有人意识到的根本变化，影响着我们的身体以及组成它的分子。

"我是由什么做成的"这个问题，对童年时代的我来说，答案非常明确:"我是由家乡小村庄的泥土做成的。"人生下来的时候,分子自然来自母亲,之后,人体细胞通过我们摄入的养料生成,而我们摄入的养料,基本就来自家乡的泥土。除了糖、盐和调料等少数例外,我们吃的都是自产的,包括我们自家院里的蔬菜,还有我们用来制作面包的麦子,我们喝的奶,吃的肉和鸡蛋,都来自自家养的动物,而这些动物又是依靠田地和草地的产出获取营养的。那时候,我们真的是由家乡的泥土做成的,就连水和空气也都是这片土地的一部分。

今天的我们是由什么做成的?已经无从知道,至少无法精确回答,或许是"由整个世界的泥土做成的",这比较接近事实。

一次我在一家超市尝试统计果蔬产地,智利的苹果、新西兰的猕猴桃、西班牙的橙子、中国的荔枝、南非的葡萄、埃及的芒果、摩洛哥的无花果、波兰的菌子、荷兰的西红柿……数量多到可以这样一直数下去。我们吃的人造黄油是从哪儿来的?其中的棕榈油,也许是马来西亚或者印度尼西亚产的。牛在哪里吃草,鱼在哪里游?我们食它们的肉,却不知其来处。

自给自足需要很多能力,而这些能力,我们现在已经丧失。我们不仅要种植各种作物,要饲养各种动物,还要掌握相应的技能,加工储存这些生鲜。我们懂得,肉经过熏制、腌渍、蒸煮,可以保存更久。我们知道,加工水果和蔬菜,需要专门的烹饪技巧。把水果晾成果干、卷心菜做成酸菜、李子腌制成酸李,这需要千百种小技巧和能力,以保障人们在不采购的情况下度过漫长的冬天。虽有千技百能,但餐桌仍然非常单调。而今天,有众多的食品供我们选择。

今天,我们的分子源自世界各国,而不再只是来自一个小村庄或一个小地区,这一事实,也许是我的童年世界与当今世界最大却鲜少为人注意的区别。这种区别有什么意义?我们不再由我们家乡的泥土,而是由全世界的泥土"制作"而成,这有什么样的后果,我说不好。不过,有建议说,人最好食用来自本地的蜂蜜。食用来自全球的食物,是否会影响我们的免疫系统？我不知道，我只是觉得我们身体分子组成的差异性是值得思考的。正是这种变化，描绘了我穿越的时间之路。我的身体在它的物质构造上，反映了我的人生。一位只认识他的小村庄，由那里的泥土做成的小男孩，成为登上全球舞台、四海为家、分子源自世界各地的人。

混编小学

今天，我已很难想象 8 个年级一个班，老师怎么教课，但我 1953 年开始上的小学，就是这样只有一个班。班里的喧闹和混乱，导致我对小学 5 年没有多少具体的记忆。其实我对上学没有多重视，学习也没有让我感觉太难。上课的时候，往往高年级的课比本年级的课让我更感兴趣。不巧的是，村校的老师不久得了重病，几年后就去世了，上课得靠邻村的老师代课。

真正比较正常的上课，直到学校来了一位年轻的女老师才开始。我学习的热情上升了，同时，惹女老师生气也让我非常开心。当时特别的惩罚是留堂，我享受这一每周都有的特别待遇。星期六我们年级到 11 点下课，我经常和高年级一起留到 13 点。因为每周都这样，我父母没有察觉，他们一直以为，我就是 13 点才下课。我从来不跟家里讲上课取消或者被老师留堂的事，不然很可能会给我带来进一步的惩罚。

不过，惩罚始终存在，戒尺是学校必有的配置，较轻的错误打手心，严重的错误打屁股。在这方面，天主教的神父比我们的老师更可怕，他本身是一位能力很强且受人爱戴的神父，但一旦看到什么恶行，就会变得暴躁，并用棍棒让我们牢记自己的错误。

我记得不少次重罚，比如我们抽烟的事情传到了神父耳朵里也会引来一顿胖揍。军车，特别是坦克，让我们着迷。当时在我们村，经常有法军或美军演习。在一次课间，一列法军坦克队开过，开进旁边的橡树林，排成了战斗队形。恰巧课间休息，我们跟随去看，把学校和上课的事抛到了脑后，坦克当然比上课有意思多了。课间休息结束，神父来到课堂，全班没有一个男孩，只剩下女孩。当我们终于回到学校，他已经愤怒至极，榛树枝做成的戒尺开始大耍威风。

与新来的女老师相处则容易一些，我不记得她用过戒尺。通常，女孩儿也不会受到体罚。

清晨之定

在只有一个班的村校，我的成绩只有中等，因此不在文理中学升学的推荐名单上。另外我还出了名的调皮，这对老师推荐我上中学也毫无助益。

尤其是那位天主教神父在推荐一小部分学生上文理中学时，发挥着关键作用。他希望这些推荐出来的学生，今后都能成为神父，当然这只是他个人的想法，所以，他没有推荐我，而是推荐了我家隔壁的海因茨·托马斯（Heinz Thomas）上文理中学。托马斯比我低一年级，品行端正、成绩良好。我们一起长大，天天在一起玩，我跟他太熟了，他能上文理中学而我不能，让我有了一些想法。也许是生平第一次，我开始思考什么是教育，我会成为什么。也许我感到有些不平，所以就把这事告诉了父母，但他们并没有给我压力，让我自己决定。

我清楚地记得，报名截止的那个清晨，父亲走到我床前问："要不要给你报中学？"我不假思索地答道："要！"

这也许是我人生最重要的决定，时间是1958年1月15日清晨。但报名只是第一步，然后需要通过入学考试，这场考试对村里的孩子来说，并不容易。所有人都知道，由于小学的条件，我们对这场考试不可能有好的准备，新来的老师愿意给托马斯和我补课，为考试做准备。托马斯报名比我早，所以已经备考了几个星期，我在1月15日以后才开始补课，离考试已只有几个星期。补课地点在老师的起居室，第一次去让我印象深刻。

老师有整整一柜子的书，这是我从来都没有见过的，在我们家里，书也就那么几本。

从最初的几节课，就能看出我比托马斯落后很多，尽管我比他多上了一年学。也许他成绩本来就比我好，也许这几个星期的补课已经有了效果。不管怎样，老师对我的成绩和进步表示不满，会大发雷霆。一次我做不出一道除法题，他的忍耐终于到头，冲我大吼，表达对我的愤慨。我做出了相应的反应，这对我来说是典型的反应，就像我看牙医时不愿意张开嘴，牙医对我大吼大叫，我情愿几年不看牙医一样。老师冲我吼了之后，我便再也不去他家补课了。

从今天的视角看，小学5年，学到的知识实在有限。主课老师生病，不断换老师代课，8个年级同堂上课等，都让上课缺乏效果。最后一年稍好一点，来了一位新老师，增加了一个班级。新老师很投入而且有激情，可惜只教了我几个月。

文理中学

中学入学考试的日子到了，母亲陪我坐火车进县城，然后自己先回家。我身处100多名考生中间，而这些人我只认识邻居托马斯。对于一位习惯了身边人人都认识的农村孩子来说，这是一种非同寻常的情况。

补课中断后，我没再对考试做准备，也许正因如此，我对于考试一点都不紧张。几十年后我儿子抱怨，一旦事涉教育，他身上便有巨大的期望压力，而当时的我幸免于这种压力。也许是因为父母在我是否继续接受教育的问题上三心二意，我是他们唯一的儿子，且只有一个妹妹，我是农庄自然的继承人。而那时我们村的农民，还生活在一种幻想之中，以为他们的农业还有未来。一旦我这个唯一的儿子上了中学，便会产生"农庄完了"的想法。因此，他们并未期待我上中学。虽然母亲有两位兄弟上了大学，但她却并不强迫我上中学。恐怕对她来说，也存在着是让我接受教育还是继承农庄的矛盾。

上午考笔试，包括听写、造句和数学。听写时出现的一些字，我在只有一个班的小学里没学过，碰到这样不认识的字，我便告诉老师，老师会友善地把字写到黑板上。笔试结束进入午休，下午两点我们需要回到考场，那时已经确定，谁可以参加下一轮口试。农民进城时，会带着黄油面包，中午到肉铺点一碗汤就着吃，我和托马斯也不例外。我们第一次单独进县城，身上带着一些钱，足够到一家附设餐厅的肉铺吃饭，其刺激足以使我们马上忘了考试。

下午两点我们回到中学，令我意外的是我通过了考试。与大多数考生不一样，我不用再参加下一轮口试。我不费力、不激动地过了教育路上的第一道坎，之后这条路我走了22年，而且直至今日依然在这条路上忙碌着。如此事实也已经决定，在我的父系族谱中，将第一次出现一位不做农民、走一条完全不同之路的人。在母亲一系，可以说，我将紧随两位受过高等教育的舅舅的脚步，他们一位成了天主教传教士，另一位获得了工商管理博士学位，做了经济审计师。

告别渺小的乡村小学，令我悲痛不已。我感觉自己要被撕裂，撕离我生于斯长于斯的熟悉环境，撕离我认识的每一位学生和每一位大人。与其他人一样，村子以外的所有地方，对我而言都是一种新的环境，都令我感到很大、很不踏实。我所在的中学大约有600名学生，仅我们班就有38名来自全县各地的同学，有约30名老师，在今天看来学校和班级很小，但在一个农村孩子眼里却太大了。我之前只见过一所乡村小学，且只有一个班级。虽然县城离我们村只有9公里，而且还有火车相通，我却在很长时间里都对外面的世界感到陌生，时常有思乡之痛。

在英语课上，老师教了一首苏格兰民歌《我心在高原》，其中的歌词"我心不属于此，我心在高原"在我耳边久久萦绕，歌词正是我当时心情的最好写照。尤其在下午，我坐车回家，从谷底驶上家乡的高坡，当红色的列车咣当咣当爬上高坡，我到家了，幸福感便油然而生。

那里有母亲做好了的饭菜等我，即便她忙种忙收时必须下地，也会把饭菜热着。她用一只结构精巧的多层锅保温，底层放上水，蒸气透过双层锅壁进入锅内的第一层、第二层和第三层，让饭菜保温。多少顿午饭，我就是这样享用的，尤其在我祖母去世之后，父母没了帮手，不得不双双下地劳动。吃完午饭我赶去地里帮他们，做作业往往要等到把地里的活干完之后。

偶尔我也回小学待上几个小时。由于学校时常因为没有老师而取消全天或至少几节课，所以我回学校不是问题。我虽然与那位补课老师突然中断了补课，但是我与他却保持了很好的关系，他总是很欢迎我。我们成了朋友，后来还一起完成了几次徒步旅行。我跟他的儿子米夏埃尔·蒂尔博士，作为投资人在慕尼黑工作的那位，至今仍是朋友。

几次回母校，我越来越感到生分。那时候，村里的孩子还很少有人上被称为"高级学校"的文理中学。"高级学校"的学生很快得到一种特殊的身份，也有不少人颇以为然，有的便只讲普通话，特别是那些上寄宿学校，假期才回村的学生。而走读生则相对容易保持乡村社区成员的本色，参加协会的工作，但"高级学校"学生的特殊身份，一样是有的。

在小学，我们已习惯了体罚，没想到到了中学，老师的暴力行为仍在继续，戒尺不常用，主要是扇耳光。个别老师发明了自己特有的惩罚方式：一名老师用一只手拧住学生脸蛋，在另一侧脸上重重地扇一记耳光；另一名老师方法类似，用一只手拧住学生脖子，然后扇一记耳光。很多学生在家也好不到哪儿去，根据错误的严重程度，会吃耳光或者遭殴打。每家的习惯不尽相同，最让人害怕的是夏天光着两腿被鞭子抽，幸好我家不存在这种情况，但这在我的一些邻居家时常发生。

在今天看来，老师、神父和家长体罚孩子是一种灾难性的不当行为。我们这一代的很多人也许就是因为遭受过这种经历而变坏。不过被体罚的人感受不一样。当然，被打会让身体不舒服，但是被打的孩子常常感觉自己像个英雄，而且也被别人当成英雄。受到惩罚的人可以得到其他男孩的尊敬，我星期六总是被留堂的事，就让我的同学佩服不已。但是，惩罚对约束我们行为的作用是短暂的。对于我们来说，要汲取的重要教训是，下次（比如抽烟时）别被抓住，这使得我们对告发者的威胁也变本加厉。

中学一开学，男女生便开始分班学习。分班效果很快显现，男生班的38位同学中只有5人没有留级，成功升到初中毕业考试阶段，其中3人来自农村，两人来自城市。而以信仰新教为主的女生班，升学率则远高于我们班。两个班的文化截然不同，我们班是纨绔文化，女生班则没有我们刻意表现的玩世不恭。初中毕业考试后我们并到女生班，从今天看，我认为这是幸运的，不能说我们的纨绔文化到毕业时已根除，但至少减轻了不少，之所以没有根除，也是因为我们5个来自原来男生班的"男人"，在总共22名毕业生中组成了一个明显的少数派。

哪几位老师让我印象深刻，并在我的成长道路上烙下印记？而这些印记又是什么？先回答第二个问题：我不知道答案。我能说出哪几位老师给我留下的印象深刻，但我说不上来，他们具体在我身上留下了什么，以及我今天的观念和行为方式，有哪些可以追本溯源到某位老师。

阿达尔贝特·普尔（Adalbert Puhl）教我们德语、历史和地理。我相信，他能很快发现学生中的天才，而且很准。我感觉，他很信任我，这对我来说很是鼓舞。普尔本应成为一名政治家，据说是因为不肯屈从而失败了。

我们小镇有一个和普尔有类似经历的人，他就是马提亚斯-约瑟夫·梅斯（Matthias-Josef Mehs），他曾担任多年的镇长。梅斯在纳粹期间遭到冷遇，他有一本日记，详细记述了1929～1946年的事情。[22] 德意志联邦共和国成立时，梅斯作为基督教民主联盟党员进入联邦议院，20世纪50年代初因反对再次武装，遭到当时的联邦总理康拉德·阿登纳（Konrad Adenauer）的唾弃，宣告了梅斯联邦政治生涯的结束。从此以后他甘心做个镇长，潜心于家乡历史研究。

普尔与梅斯是同一类人，他们都不屈不挠、立场坚定，遵循来自天主教的世界观。普尔喜欢看《莱茵信使报》,这是一份今天已经消失,但当时全国发行且在天主教圈内影响很大的周报。普尔作为教务理事给我们提供引人入胜的读物,他从联邦政治教育中心给每一位学生搞来了大卫·舒格(David Shug)的《列宁传》,这是我读过的第一本传记,我对传记的兴趣,很可能来自这样的早期阅读经历。也许是因为观点鲜明,也许是因为出了名的固执,不管怎样,普尔在几年之后调去了我们市里的另一所中学。

我后来只偶尔在他散步时见过他。他在县城和我们家乡小村之间的古吕纳森林散步,当我开车沿着蜿蜒的古吕纳森林路看到他时,我就会停下车与他打招呼。每次的相遇都是一次心情激荡的邂逅。他会询问我的发展,然后语重心长地跟我说:"天才如你,应该从政。"他是把自己没有实现的梦,寄托到了他的学生身上吗?

虽然有几次我站在自己人生的"十字路口",本可以从政或者靠近政治,不过最终我只是政治的倚墙看客(如我在后面第 3 章所述)。今天,我对政治更多的是疏远,恐怕普尔和梅斯的命运同样会降临到我身上,因为按照我同事的说法,我也是个固执的人。

普尔活到了 97 岁,他在我身上留下了印记。他与人交往,不是通过说什么,而是通过怎么做。对我来说,这是一个人不受公众掌声影响的决定性标志。普尔正是如此。

老师中第二位重量级人物是海因里希·德波莱(Heinrich Deborré,1927—2014)。在一位德高望重的神父教了我们两年后,我们迎来了一位年轻的、充满激情的神父做宗教老师,他就是德波莱。美国人可能会称他为"一个具有使命的人"、一个有着多极化潜质的埃菲尔人。

他是我们的老师中第一个使用现代方法教学(比如使用带格子的作业本)的人。他的课很棒,摩登、热门、引人入胜。他的天主教宗教课,绝不仅仅局限于教义。我们读《古兰经》,学历史和辩证唯物主义以及亚洲宗教,讲苏联和中国的发展。德波莱每年暑假都会自己组织学生旅行,这些旅行属于我少年时代不能忘怀的经历，我会在下文详述。

称德波莱为"狂热分子"一点都不夸张。他想在全世界传道，他始终鼓励我们举办活动。当时耶稣会传教士莱皮奇（Leppich）神父正在德国巡讲，吸引了很多人。德波莱觉得莱皮奇神父的活动值得效仿，于是我们参与了一次天主教月报《时代人物》的广告宣传活动，我和托马斯一起，在我们教区总共约 600 名居民的两个主要地区，征得了 40 名订阅户，作为奖励，我们得到了一只皮质公文包，这让我们自豪万分。我不相信这些订阅户会长期订阅，因为这份报纸对于农村人来说，定位太高了。

还有，我们试图说服司机在他们车后的玻璃上贴上一张写着"拯救我们的灵魂"的 SOS 标贴。SOS 标贴显示，如果发生危及生命的车祸，请呼叫天主教神父。我们还到露营地竖起告示牌，邀请游客在礼拜日参加弥撒。

德波莱于 2014 年 7 月 30 日去世，离他 90 岁生日只差几天。2014 年 8 月 6 日，我们把他葬在特里尔，这里也是卡尔·马克思的故乡，只有不多几位早年间的熟人参加了他的葬礼。尽管他为我们年轻人做了很多，但他还是被遗忘了。特里尔教区的主管们也一个没来，对他们来说，德波莱始终是一个不守规矩的叛逆者。这种因为一个人的短暂过往而去评价其一生的行为，往往令人心寒。人们常常会忽略这个人曾经的作为，似乎那些作为只不过是他整个生命中微弱的影子罢了，根本不值一提。

每一位老师教给了我们什么？哪些被我们保留了下来？当然，老师传授了知识。我们或多或少学会了英语和法语，还会了些许拉丁语，相反，德语课留下的具体东西较少。自然科学课和历史课的许多细节我们都已经忘了，但我仍然觉得，这些知识并没有丢失，而是帮我打下了一种基础，让我理解事物，并在与他人讨论时多多少少能说得上话。给我留下更深刻印象的，是与课程没有关系的一些话语和老师，我在第 14 章会有详述。

在我们的学生时代，纳粹主义时期的经历，给很多老师留下了深深的阴影。具体涉及哪些老师我不是很清楚，我只是听到一些传闻而已。对犹太人来说也一样，我们学校所在城市的犹太人数量占居民总数量的 5% 左右，比这个占比更高的城市只有法兰克福。1910 年建造的犹太教堂虽然在"水晶之夜"幸免于难，但这里被铁丝网包围、接骨木丛生，教堂犹如"睡美人"。人们路过教堂，不忍卒看。后来犹太教堂得以翻修，今天成了文化中心。在学校，没人提及犹太人的命运，我们也不问他们怎样了。没有人把这一话题正式宣布为禁忌，可这正是禁忌的特点，即使没有明确的"言论禁令"，却没有人再说。一直到 20 世纪 80 年代，年轻一代才发起倡议，邀请原来的犹太居民。与他们的见面是我的"群星闪耀"时刻，我将在第 13 章记述。

老师教导我们要"坚如皮革、硬如宝钢、捷如灵缇"。在一本宗教作业本里，我看到一句"欲成大器者，必先劳其筋骨"。在一篇对这代教师的回顾文章中有句话："我们的体育老师是一台典型的磨床。"[23] 这一比喻也印证了我们的体会。诸如"靠你们这样的人，我们能赢得下一场战争"[24]，这样激进的语调是学校日常生活的一部分。在联邦国防军的训练中，尤其在基础训练中，我也听到过类似的声音。一部分下级军官曾在旧军队服过役，他们经历过接近苦役的训练方式。只有年轻一些的军官才显示出现代军事精神，强调民主合法的"内训"。

在文理中学，我是一名"活跃的"学生，尤其是在某些科目中，我总会发出破坏性的批判，我们的德语老师便首先遭殃。对许多经典读物，如莱辛的《智者纳旦》和歌德的《在陶里斯的伊菲革涅亚》，我不断质疑其对我们和时代的意义。其他课，特别是音乐课，我也成为课堂的"破坏分子"。由于对这些心灵美学课程的过度批判和拒绝态度，我自己剥夺了自己在这些领域更好的学习可能，9 年中学，我本可以学得更好。这首先怪我自己，但有些老师的确也不是好的激励者，今天我们从对大脑的研究中获知，激励对于学习必不可少。

1966 年起学校的开学时间从春季改为秋季，所以我中学的最后一个学年只有 6 个月，截至中学毕业考，我一共上了 13 年半的学。在小学的 5 年，我自认没学到多少知识，我这一判断也可能是错的，毕竟在那所只有一个班级的学校，我接触了许多高年级学生要学的东西。对于中学的教学是好还是不好，我判断不准，因为我中学毕业后没有马上上大学，而是进了联邦国防军。我曾问一位考上波恩大学的中学女同学如何评价我们在文理中学所受的教育，她说，别人也无非如此，我们与别人的竞争力不分上下。这一评价在我后来所在的联邦国防军中队也得到了验证，虽然那里有很多来自不同高中的毕业生，可我被选为了中队的发言人。

中学校长在他的告别演说中给我们的寄语颇具远见，我摘引于此："未来将证明，各国在各领域的竞争将更加激烈，我们必须拼尽全力，才能不被这种竞争碾压。教育是关键，因为只有教育，才是民族的希望所在。"[25] 这句话的分量在今天也许比在 1966 年 10 月时还要更重。

突破边界

乡村生活的一大特点就是不动。显然，要想离开村子或周边地区很难。我父母没有车，也没时间出去旅游，因此我在童年和少年时代也只能困在村里，能进县城一趟已值得称道，学校组织去特里尔或者科隆旅游，更是全年的巅峰。因为我母亲来自萨尔州，所以为探望那里的亲戚，我每年总要跟随母亲回去一两次，这让人羡慕不已。1959 年前，萨尔还属于法国，过去要通过边境检查，这总是很刺激。过边境时不无风险，不过好在我们从来没有被抓到过。我们在萨尔地区的亲戚，日子比我们过得好很多。我的教母姨妈经营着一家食品店，所以我母亲每次总要带回一大包咖啡之类的饮品，以及只有在萨尔才有或者才更便宜的食品。

随着年龄的增长，空间的压迫感也与日俱增。多少次我们坐在一起，畅想外面浩瀚遥远的世界。我们听卢森堡电台，轻轻哼着弗雷迪（Freddy）的《快来吧，少年》和罗尼（Ronny）的《在蒙大拿的群山之中》，思恋着远方。一些大一点的孩子出去了，一位去海上做了厨师，另一位去了很远的驻地当兵，有很多男孩去了科隆、勒沃库森和鲁尔区工作，每星期回来一趟。但凡这些人回到家里，就犹如20世纪60年代著名的彼德·施托伊弗桑特（Peter Stuyvesant）香烟广告里说的，他们的身边萦绕着"广袤世界的香味"。

突然之间，我们的面前打开了一道通往广袤世界的大门，宗教老师德波莱邀请我们去意大利旅行。意大利！意大利！自歌德时代以来就是德国人梦想的旅行目的地！我们在旅行前一年就开始计划和准备，为了筹措旅游资金，我们卖圣诞花环，找赞助商，学意大利语，了解旅行目的地。对我们来说，这不仅是一次旅行，而是一种探索、一次突破边界的努力。1963年暑假，我们100名学生分坐两辆大巴车出发了，旅行共历时24天。这简直就像是一个童话，我们游览了威尼斯、佛罗伦萨、比萨、阿西西、罗马，还在加尔达湖畔露营多日。

我们住在修道院和朝圣者之家。全程只花费280马克（约合140欧元），也就是每天10多个马克（约合5欧元）。这对我父母来说已是一大笔钱，我倒不是因花费感到内疚，而是因为在夏收季节抛下了他们。16岁的我已经是壮劳力，正常情况下，我每天要在农田里帮忙好几个小时。暑假父母不能再指望我，我不知道他们是怎么独自干完活的。但父母没有丝毫犹豫，支持我参加这次旅行。对此，我至今感念于心。

宗教老师利用自己的假期，主动发起并负责带领100名学生周游意大利。这次旅行完全是私人行为，不是学校项目，感谢上帝没有发生糟糕的事情，不然我不知道他会承担什么法律责任。作为宗教老师，他自然会带着我们参观教堂和朝圣地，但在城里给了我们年轻人很大自由。在威尼斯、佛罗伦萨，即便在罗马，我们都可以自由活动。有一个晚上，我们坐在佛罗伦萨大教堂的台阶上，高唱德国民歌直到午夜。我们最爱唱的是《我们来自蓝山》。在罗马，我们参观了同乡库萨的尼古劳斯（Nikolaus von Kues，1401—1464年）的墓地。库萨的尼古劳斯，人们更多称他为库萨，生于摩泽尔河畔的贝恩卡斯特 - 库萨，是中世纪晚期的一位博学家，他的理论至今仍为科学界所研究，每年有大量与库萨有关的论文发表。他被葬在圣彼得镣铐教堂，心脏却被送回了摩泽尔河畔的贝恩卡斯特 - 库萨。

两个原因，让这次意大利之旅成为我最美好、最感动的经历之一。第一，我第一次跳出了家乡小村庄那难以逾越的边界。第二，在意大利，一个精美绝伦的世界在我眼前打开。威尼斯和佛罗伦萨对我来说是世界上最美的城市，对一个此前只认识他的小乡村和周边环境的男孩来说，其印象犹如曝光在一个空白胶卷上。

德波莱不知疲倦、精力充沛。两年后，他组织了一次规模更大的旅行，西班牙、摩洛哥和葡萄牙之旅。这次我们近 50 名学生同坐一辆大巴车，游览了 35 天，几乎用掉了整个暑假。德波莱的报价再次低得不可思议——420 马克（约合 240 欧元）。我又得弃父母于不顾，内心纠结程度比两年前还要强烈，但这次旅行也从来没有让我后悔。此行对我是极大的丰富，打开了我的视野。

巴塞罗那的蒙特塞拉特修道院、埃尔切的棕榈林、格拉那达的阿罕布拉和科尔多瓦，在我的"精神之眼"前浮现。"非洲圣女"号航船将我们从阿尔赫西拉斯带到西班牙在非洲的飞地休达。在第 13 章中，我将详细介绍这次海峡之旅，这是我的"群星闪耀"时刻之一。在葡萄牙法蒂玛——以穆罕默德最喜欢的女儿命名的朝圣地，朝圣者的虔诚令我们难以忘怀。这个地方基于当地流传的神话所建，对于德波莱和我们来说，曾经的神话变得真实。今天，我很难再有那样的情感体验。

30 年后，我带着孩子重走意大利、西班牙和摩洛哥之路。这次旅行对我和孩子来说，也是一次美好的经历，但期间我们已经看过世界那么多的景观，我早年的惊叹，已经不会再有。我从罗马给德波莱寄了一张明信片，作为对 1963 年难忘之旅的回忆。他给我打来电话，我们恐怕已经有 20 年没有说话了。他还是老样子，满含激情地叙说，德国统一之后，他去东德传道，他想把在东德时期变成无神论者的人们重新拉回教堂，只是此举似无太大建树。我后来有一次见到他给婴儿洗礼,当时他已是80岁的高龄,讲话时虽身体略显羸弱,但神情依然闪烁着往日的火花。

  我对早年几次远行的描述,可能让人产生错觉,认为我似乎厌倦了家乡的小村庄。其实,根本不是这样。年轻时我思念远方,但当我到了远方,思乡之情便油然而生,催我回家。这种奇怪的、看似自相矛盾的结合,自始至终伴随着我。对远方的向往和乡愁,于我不是矛盾,而是我人性的两面。出门和回家,同属每次旅行最美好的时刻。

03

ZWEI WELTEN, EIN LEBEN
Vom Dorfkind zum Global Player

政治看客

政治血液

我父亲做了15年的村长，也是基督教民主联盟（以下简称"基民盟"）在县议会的议员，在我成长的环境中，政治每天存在。不过，这里的政治只涉及乡村政策以及村子里的一些实际问题，而不是大政治。理想主义在这里没有用武之地，村委会由村里的选民选举而出，我至今认为这非常民主，当选的前提自然是要在村子里交际广泛。选民在选票上写7个名字，谁得票多谁就进入村委会。村委会成员再投票选举，得票最多的当选村长。

父亲在任期间干成了两件大事。第一件是盖起了新的村委会办公楼，楼里安了冰箱、洗衣机和浴室。在二战结束10年后，这样一个项目不仅标志着极大的进步，也有开创性意义。这些设施给农村家庭提供了原本不敢想象的便利，带来了新的生活方式，比如用冰箱的速冻功能保存鲜肉。第二件是建了一个新教堂，父亲和神父在这件事上共同起了关键作用。

父亲管理村子毫不费力，他与他的同年朋友彼得·科勒（Peter Koller）一起搭档管理着村子，其工作卓有成效。科勒后来成了父亲的继任者。父亲尽量避免村委会和村子分化，尽管总是有因由，但他从来不说村民和村委会不好的话。我认为这一点很重要，后来在我自己的团队中，我也始终注重团队精神。或许我从父亲那里学到的领导经验比我自己认为的还要多。

这样的家庭环境使我对政治有着基本的兴趣，年轻时我便流淌着政治血液，我的历史兼地理老师也培养了我对政治最初的兴趣。他是一个信念坚定的人，而且知道怎么把这种信念坚决地表达出来，他有成为政治家的天分，也曾向政治迈出了第一步，他最终失败是因为他对自己见解的表达过于直接和强烈。他说理的方式让我感到鼓舞，因为他的方式和我自己的很相似。

青少年时代我参加竞选活动并参与讨论，但没有加入政党。那么，什么时候开始我从农村的小政治转而对更大的话题感兴趣了呢？一位有趣的聊天伙伴是迪特·施耐德（Dieter Schneider），他是我的一位早逝的老师的儿子。他是村里唯一讲普通话的人，也许是自身性格的问题，他在中学很难和同学融洽地相处，因此他的父母便把他送到了瑞士的寄宿学校，他在那里拿到了毕业文凭。他在德国的好几所大学以及巴黎和阿姆斯特丹学习历史和政治学，并且在学生中人脉广泛，他认识很多左派的学生领袖，其中包括鲁迪·杜奇克（Rudi Dutschke）和弗里茨·特伊费尔（Fritz Teufel）。

施耐德是德国社会主义学生联盟（SDS）的同情者、抑或是成员，该联盟极其活跃和激进。他带我参加了 1966 年该联盟在法兰克福的大会，在那里我遇见了形形色色的革命者。对我这个来自规矩的乡村世界的人来说，会上提出的论点和要求令我震惊。特别给我留下深刻印象的，是一位带着莱茵口音说着蹩脚德语的伊朗人,他要求推翻帝制。

这一世界对我是全新且充满刺激的,但我也感到这不是我的世界。我没能成为他的同道中人,施耐德深感失望。后来他去慕尼黑做了博士,并在当代史研究所工作,直到英年早逝。20世纪70年代我去看过他一次,但之后我们之间再也没有过交集。

我没有成为左翼革命者,但与他们一样,右翼极端分子也令我心生疑惑。不久就发生了一件事,用事实支持了我的这一立场。

冲击多瑙

新纳粹党德国国家民主党(NPD,以下简称"德国国家党")在1964年成立后的几年间迅速崛起,1968年4月28日该党在巴符州的州选中获得9.78%的选票,与今天德国另类选择党(AFD,以下简称"德国选择党")的得票差不多。德国国家党明显是极右的,当时很多成员都是老纳粹分子,而且正处壮年,该党主席是阿道夫·冯·塔登(Adolf von Thadden)。1967年11月15日,为参与巴符州竞选,德国国家党在乌尔姆的多瑙大厅举行大型集会,大厅能容纳近2000人。我那时在结束基础训练和军士培训课程后,任驻扎在乌尔姆波尔克军营的第4空军训练团16连教官,我们连有来自全德国的毕业生,对政治都显示出了极大兴趣,1968年——"革命年"的影子已经投射出来。

连队明确反对新纳粹,德国国家党宣布的集会引发激烈讨论,一名战友高喊:"为什么我们不冲击多瑙大厅?"这引来异口同声的回应:"为什么不?"全连80～100名战友愿意"参战",我们没穿军装,而是换上便装前往多瑙大厅,因为天已经有些凉,大部分战士穿着大衣和皮夹克。以防万一动手,比较有利。我们分几个小分队靠近大厅各个入口,入口处有德国国家党的守卫把守,守卫要求我们出示门票,但他们得到的不是门票,而是一记猛推,有些被推出好几米。对于我们这些训练有素的士兵来说，守卫根本不顶用。入口很快被攻占，我们冲入大厅，大厅内一片骚乱。我们惊讶地发现，大厅里还有很多其他的不速之客。乌尔姆当时是除科布伦茨之外联邦国防军第二大驻军城市，与我们一样，驻扎在另一所兵营的陆军战士已经开始冲击集会。还有我们兵营附近乌尔姆艺术大学的左翼学生也在冲击阵容之中且规模更大。

塔登和德国国家党领导们站在台上，大声喊着试图让场内安静。我们不费吹灰之力便突破了守卫重重把守的舞台。我们的冲锋战士人数占优，而且对这种肉搏有备而来。我们冲上舞台，塔登落荒而逃，集会最终取消，警察清场。

遗憾的是，整个事件以悲剧告终。《多瑙日报》的一名记者在大厅骚乱中罹难，有人在冲进大厅时点燃了烟幕弹，记者被呛死了。第二天早上，当值军士来到我们房间，把一份在乌尔姆发行的《多瑙日报》举到我面前。报纸上有一张大幅照片，照片上的我正紧紧抓着一名守卫（见图3-1）[26]。

图3-1　赫尔曼·西蒙紧紧抓着一名守卫（1967年11月15日乌尔姆多瑙大厅）

图片下面写着："我们同事的最后一次任务，他十分关注示威者和新纳粹之间的冲突。他相机里最后几张照片中的其中一张显示，一名守卫正张着手走向摄影师。"一个星期后《明镜》周刊也发表了有关冲击德国国家党集会的报道,同样选用了这张我抓着守卫的照片。[27]

据《明镜》周刊援引来自刑警的消息报道,烟幕弹不是士兵点燃的,而"基本可以确定是年轻的集会冲击者的自制品"[28],自制炸弹的人,应该到"前卫但无纪律的乌尔姆艺术大学"里寻找。我可以绝对保证,我们连没有人携带烟幕弹。我们几天处在焦急的等待之中,等待警察上门,因为有那张新闻照片,相信警察会第一个问我。虽然我们跟烟幕弹没有丝毫关系,但人家可以告我们破坏治安。可是什么都没有发生,我们连长马克(Mack)上尉没有任何动静,他甚至问都不问多瑙大厅究竟发生了什么。我相信他什么都知道,他跟军士 E.M. 关系好得很,而军士 E.M. 对这次冲击知道得清清楚楚。我们为破坏了德国国家党集会并把塔登赶下了舞台感到骄傲。但同时,面对死亡的记者,我们为自己的无能为力而深感惭愧。

捍卫自由

在 1967 ~ 1968 年服役期间,我和联邦国防军的战友们越来越政治化,我们越来越频繁地讨论时局,而且越来越持批判态度,1968 年也在我们年轻士兵的心中投下了阴影。我们认为《紧急状态法》是对自由和基本权利的侵犯。《紧急状态法》修改了《基本法》,补充了紧急状态下的一系列法令,以加强国家在危机时(自然灾害、暴动和战争)的行动能力。我们决定做点什么,以反对这种对自由和基本权利的侵犯。

1968 年 5 月 11 日,我们出发去当时的首都波恩,参加反《紧急状态法》大游行。在去波恩的路上,我们经过世界著名的赛车道纽堡赛道,林子边停着一辆保时捷,车上倚靠着一位看上去搞体育的年轻人。"这不是让 – 克劳德·基利(Jean-Claude Killy)吗?"我喊道。此人果然是基利,这个法国人曾 3 次获得奥运会冠军,6 次获得世界冠军,是当时世界闻名的大明星,他结束滑雪生涯,转而从事赛车运动,来纽堡参加 1000 公里拉力赛。我们和他说话，他很友好，我们说了好几分钟话，只可惜没法让他签名，因为我们没带任何书写工具。这一邂逅让我们觉得自己一下子很了不起，我们就这样昂首挺胸来到波恩参加游行。

游行给我带来了另一种新的感受。6万多名示威者，其中大部分是大学生，排成长龙在波恩大学的草地上游行，草地上还搭了一个巨大的演讲台。4年后，获得诺贝尔文学奖的海因里希·伯尔（Heinrich Böll）对计划限制自由提出强烈批评。发言者中还有诗人埃里希·弗里德（Erich Fried），因为支持议会外反对党，他被反对者冠为"破坏分子弗里德"。最尖锐的发言来自卡尔·迪特里希·沃尔夫（Karl Dietrich Wolff），他是德国社会主义学生联盟的主席，该学联是当时影响最大的学生组织。沃尔夫后来成了经典作家作品出版商，出版过包括克莱斯特（Kleist）、荷尔德林（Hölderlin）、卡夫卡（Kafka）和凯勒（Keller）等作家的作品。2009年他获得联邦德国十字勋章，以表彰他"重要的出版和文学作用"，2015年他还获得了巴塞尔大学哲学和历史系荣誉博士的头衔。[29] 从一名激进的学联分子转回主流，像他这样的左翼学生领袖为数不少。有些人后来我还在《经理人》杂志社、宝洁公司，甚至麦肯锡咨询公司碰到过。

带着终于为民主做了点什么的自豪感，我们回归布歇尔空军基地的军事日常。我们向没去波恩的战友吹嘘我们的政治热情和不守规矩，同时却也乖乖地听命于歼击轰炸机中队。话说回来，游行根本没起什么作用，《紧急状态法》在1968年5月30日获得第一届大联合政府的批准。此后，波恩发生过多次大型示威游行（反越战、反扩军等），我再也没有参加过。

主持竞选

一年之后举行了联邦议院选举，大家的情绪很乐观，竞选力度也相应较大。威利·勃兰特（Willy Brandt）是社会民主党（以下简称"社民党"）的新希望，后来他当选了联邦总理。我老家的神父在我的家乡为第153选区组织了一场小型的讨论会，与会者有基民盟、社民党和自由民主党（以下简称"自民党"）的联邦议院候选人，神父请我担任会议主持。我当时22岁，刚开始大学学业，不乏自信，便接受了这一挑战。辩论开始前，我有些紧张，但当我走上舞台，面对台下几百名听众时，紧张感荡然无存。类似的情况我经常经历，只要我一上场便会完全专注于任务，舞台恐惧症一挥而散。

不过，我在这里面对的是几位经验丰富的政客。汉斯·理查斯（Hans Richarts，1910—1979）来自我家乡临近的村庄，他作为基民盟候选人，这个选区就像他家的保险柜，每届他都能得到60%以上的直接票，他从1953年起进入联邦议院，1958年还进入了欧洲议会，这样一位政治老手，听任一位22岁的年轻人摆布，应该不可能。但也许是因为他和我父亲熟识，对我还比较友善。自民党候选人费里·冯·贝尔戈斯（Ferry von Berghes，1910—1981）也是一位重量级人物。他在附近有一座城堡[30]，曾任莱法州政府国务秘书、汉堡矿物油公司德国石油股份公司（后来更名为"Texaco"，又更名为"REW-DEA"，最后并入壳牌）董事长，在政治和企业经营上都很有经验。社民党候选人名字我想不起来了，他在这一选区反正没有机会。

我不知道自己是如何在这些最熟练的职业老手面前完成主持的，但至少听众和组织活动的神父都没有抱怨。这样的经验，即使只局限于小乡村，也非常有助于我增强自信，我相信自己在政治圈里能像男人一样立起来。我感觉受到了肯定和鼓舞，在政治上我要更加活跃。在波恩大学，我也的确这样做了。

有一位老乡，不遗余力地为勃兰特竞选助力，他叫弗里德赫尔姆·德劳兹伯格（Friedhelm Drautzburg），人称"弗里德尔"，此人生于我们县城，并在波恩上了大学。他很早就为社民党出力，1969年跟随后来的诺贝尔文学奖得主京特·格拉斯（Günter Grass）参加环德巡回竞选。格拉斯在演讲时力挺勃兰特，勃兰特胜选一定有他的一份功劳。德劳兹伯格竟然成功地把格拉斯拉到了我们县城，发表演讲。德国统一后，德劳兹伯格在柏林成立了"常相伴"情景酒吧，全德闻名。同乡关系在我和德劳兹伯格之间织起一条牢固的纽带，它比任何政治联盟都稳固。

政治学生

我在政治上最活跃的时期是在波恩的大学时代。当我在1969年的春季开始学业时，广大学生在政治上的觉醒从巴黎和柏林等大城市发出，渐渐进入小城市和大学。为什么恰恰发生在那个年代？关于这一问题答案的书籍，已经填满了几个图书馆。

对我们来说，同样对我个人来说，父母和老师一代对纳粹时代的沉默深深地影响着我们，其中很多人，包括教育我们的人以及在行政、经济和政治中担任重要职务的人，都曾以这样或那样的形式受到过牵连，所以宁可选择沉默。这代人并不是要捍卫希特勒，或者掩饰纳粹罪行，但那时，明确的谴责确实很少。我们就是在这种"禁忌"中长大的。

20世纪60年代末，大学生们似乎要用一记重锤，击碎这个禁锢的、在他们眼里虚伪的世界，动荡开始，所谓的议会外反对党的影响力上升，大学里罢课、占领机构场地、破坏公物和游行示威成为家常便饭。学生组成各种团体，其中大多属于左派，有些甚至是极左，其中德国社会主义学生联盟影响最大，其他还有社会民主党高校联盟（SHB）、红细胞协会等各种组织，保守派中最大的学生团体是基督教民主学生会（RCDS），两派之间还有自由派和独立派。这样的氛围，为哗众取宠和夸夸其谈者提供了营养丰富的温床。波恩大学中脱颖而出的是汉内斯·赫尔（Hannes Heer），30年后，他在扬·雷姆茨玛（Jan Reemtsma）的支持下，举办了广为关注的德意志国防军展览。[31]

我没有参加任何有组织的团体，而是保持中立，在学生理事会里与志趣相投的人聚在一起。其中有一位叫沃尔夫－迪特·聪普福特（Wolf-Dieter Zumpfort），此人后来成为自民党石荷州主席、联邦议员。我们组成的团队在学生理事会选举中多次获胜。多年之后，我已经成为比勒菲尔德大学的教授，曾对这段人生经历做过记述："不管怎么说，政治还是可以调剂生活的滋味的。在动荡的大学时期，我当了两年的学生会理事（其中一年作为学生会主席），学习反倒成了副业。"[32]

学生会理事这一职务让我积累了丰富的经验，我经常演讲，通常是面对着几百名学生、举行辩论、争取支持或与左派骚乱分子斗争。有时事情闹得有些大，所以激进左派国民经济基础团体的一份传单骂我是"大内奸和学生叛徒"。[33]有一个团体说我是"缺乏理论的实用主义存在者"。[34]我们出报纸、印传单、组织集会和竞选，就是为了找到并激励那些一起奋战的人们，让他们坚定自己的立场。

作为学生理事会主席，我参加系理事会会议，因此得以接触教授们，并在学生中获得了一定知名度，影响甚至超出波恩大学。于是，我作为学生代表被派往比勒菲尔德，参加新成立的比勒菲尔德大学的一个委员会，该委员会当时正在筹建经济学系。在波恩和比勒菲尔德，我继续作为委员会里的助手活跃着。但我只限于参加系里的活动，不参与大学范围内的政治活动，全体学生委员会里的学生政治家与政治团体的捆绑更紧、投入时间更多、政治经验更丰富、演讲也更训练有素。

对于当时的经历，直到今天我都充满自豪感，我们这一代在政治上，比我后来做教授时面对的学生要活跃很多。

当然，不能说所有的变化都是好的，在广为流传的破旧立新的口号下，很多古老的传统遭到破坏，而这些传统令今天的我们渴望不已。当我和同学们完成硕士研究生考试，考试局塞给我们一张毫无修饰的纸片儿，这便是我们的"硕士研究生毕业庆典"。回想在外国大学（比如哈佛大学）经历的毕业典礼，我为遗失的传统深感遗憾。比较我在德国和波兰的两次荣誉博士授赠仪式，天壤之别无以言表。我相信，波兰的仪式——教授穿着礼服，共同唱响《何不纵情欢乐》，比德国没有修饰和象征的活动，要更加令人心动。

把传统发扬到极致的，是 1795 年成立的法国科学院道德和政治学院（Académie des Sciences Morales et Politiques des Institut de France），2013 年我在那里获授赛里利 – 马里莫大奖（Prix Zerilli-Marimo），这是一项由赛里利 – 马里莫男爵夫人颁发的一年一度的大奖，用于表彰那些推动自由经济、社会进步，在人类发展中做出积极贡献的人。[35] 我们踏入科学院，1802 年由拿破仑设立的法兰西圣西尔军事学院的毕业生，身着传统军服分列两旁，40 名科学院成员也穿着传统制服列队欢迎。如照片所示，便是身着传统制服的院长贝特朗·科隆（Betrand Collomb）（见图 3-2）。仪式全过程遵循古制，200 年未变。

图 3-2　2013 年 11 月 18 日在颁奖典礼上和院长贝特朗·科隆合影

德国大学已努力多年，力求重振传统。

那几年学生的反抗起了什么作用？总体来说效果不大，尤其是与学生投入的时间和精力相比。

主场便利

在我任美因茨大学教授期间，我与政治再次接触。生为莱法州人，我认识州里很多政治家。卡尔-路德维希·瓦格纳（Carl-Ludwig Wagner, 1930—2012）当时是特里尔市长，后来又接任了伯恩哈德·福格尔（Bernhard Vogel）的州长职务，成为莱法州的新州长。福格尔被环保部部长汉斯-奥托·威廉（Hans-Otto Wilhelm）发起的一场类似政变拉下马，撂下一句"愿主保佑莱法州"后引退。汉斯-埃伯哈德·施莱尔（Hanns-Eberhard Schleyer），也就是被红色旅谋杀的雇主协会主席、戴姆勒集团董事长汉斯-马丁·施莱尔（Hanns-Martin Schleyer）的儿子，负责主持州长办公厅的工作，我曾和他商量美因茨大学增设经济管理专业的事宜。来自我老家县城的阿尔弗雷德·贝特（Alfred Beth）博士是莱法州环保部部长。科布伦茨人海因茨·彼得·福尔克特博士（Heinz Peter Volkert, 1933—2013）是州议会议长，我在1963年上过他的舞蹈课。海因里希·霍尔科恩布林克（Heinrich Holkenbrink, 1920—1998）虽然已因健康原因辞去部长职务，但在州里的影响还在，他曾是我的中学老师，他与我父亲在基民盟的合作中相识，偶尔还来我家。

我在一个州委员会里工作，这个委员会由原欧盟委员卡尔-海因茨·纳耶斯（Karl-Heinz Narjes, 1924—2015）领导，旨在研究《马斯特里赫特条约》对莱法州的影响。我后来在波恩莱茵河边散步时，经常碰到纳耶斯，他在波恩安享退休生活。即使不是该党成员，我也参与了基民盟经济计划的起草。威廉，发动扳倒福格尔的那位，在1991年州选中败给鲁道夫·沙尔平（Rudolf Scharping），在基民盟州主席选举中落选。接任基民盟州主席一职的是维尔纳·朗根（Werner Langen）博士，一位摩泽尔人，我们一起在波恩大学就读，相知甚深。在朗根去了欧洲议会之后，约翰内斯·盖斯特尔（Johannes Gerster）接替了他的职务。盖斯特尔于1996年作为基民盟候选人竞选州长，在影子内阁中给了我经济部长的位置，但此时我已决定离开美因茨大学，出任西蒙顾和管理咨询公司（以下简称"西蒙顾和"）CEO，所以这一职务对我失去了吸引力。不过本来也是空欢喜一场，因为盖斯特尔在选举中败给了库尔特·贝克（Kurt Beck）。贝克接替沙尔平出任州长，并得到连任。沙尔平1994年出任社民党联邦总理候选人，盖斯特尔一年后告别州政坛，去了耶路撒冷，掌管康拉德·阿登纳基金会。

风车之战

我也时不常地介入老家的政治之中。2000年年初，有计划说要在该地区安装大型风力发电设施。这一计划把村子里的关系搞得很紧张，甚至惊动了村委会，我站到了项目反对派一边。最终以我为发起者之一，举行了全民表决。我在表决前给每户家庭派发《明镜》周刊，该期《明镜》周刊封面文章介绍了风能，并对破坏景观提出反对。在427位有投票权的村民中，379人参与投票，投票率为88.76%，相当之高。在这379张选票中，其中5票弃权，176票赞成（占47.06%），198票反对（占52.94%），最终我们以微弱优势胜出。

在几个星期之后的村委会决定会上，大家发生了激烈的争论，最终以8票对5票推翻了风力发电计划，改为在原计划地块上建设面积40公顷的太阳能发电站，此举比风车群对地貌的破坏要小一些。

虽然我们已不再定居在家乡，但我和塞西莉娅一起经常参与重要村务，支持我们关心的事业。2020年，村委会授予我们"荣誉公民"的称号，让我们感到无比荣幸。这是小村800年历史中头一回有人被授予此称号。

基金经验

我曾在4个基金会的受托人董事会中任职，对基金会了解不少。基金会通常由一名董事长掌管业务，董事长接受受托人董事会监督，受托人董事会决定基金的发放。我接触的这4个基金会，包括一个德国大银行的基金会、一个消费品生产企业的基金会、一个鲁尔区工业企业家庭的基金会和我们县的公益基金会，我对基金会的看法褒贬参半。

一些创始人也许想通过基金会流芳百世，但往往忘了基金会也是由人领导的，他同时还需要与董事会的其他成员协调。我的印象是，基金会的活动受个人兴趣影响严重，我绝不是指个人得外快、捞好处，而是指在基金会规定的范围内，对基金操作的个人偏好，所以，基金会不得不经常寻找有意义的项目。作为一名教授，我就曾碰到过基金会找上门来送项目的事情，而项目的内容于我显得非常离奇，根本不对我的胃口。所有机构和组织的行动，最终都是由人决定的，无论是企业监事会还是基金董事会，这里的人与其他地方的人没有什么不同。

1991年，我的家乡维特里希成立了"维特里希城市基金会"。市政府把低压电网卖给了莱茵集团（RWE AG），售得的1700万马克（约合900万欧元）没有归入预算，而是给了一个公益基金会，用于资助文化、社会和体育领域项目。我从一开始就在该基金受托人董事会工作，2009年以前，受托人董事会主席一直是汉斯·弗里德里希斯（Hans Friderichs）博士，他的身份是前联邦经济部部长和德累斯顿银行董事长。他也是维特里希人，与家乡的联系和我相近。

2009年我接任维特里希城市基金会受托人董事会主席一职，董事会则由各党派的市政委员和外界人士组成。我在该基金会受托人董事会一共工作了25年多的时间，其间我不仅经历了3任市长轮换，也见证了乡镇政治，不过除了少数例外，意识形态基本不起作用。市长约阿希姆·罗登基尔希（Joachim Rodenkirch）从2009年起担任基金会董事长，此人懂得如何让市政政策务实而不受意识形态干扰，他在 8 年任期结束之后，以 91.7% 的高票获得连任。

我们通过基金会实现了好几个有意思的项目，组织了多场名人见面会。基金会成立之前，艺术家格奥尔格·迈斯特曼（Georg Meistermann，1911—1990）在去世前几个月，和前总统瓦尔特·谢尔（Walter Scheel，1919—2016）一起，到我们那里访问。迈斯特曼曾受纳粹迫害，二战结束后得到的第一批订单之一就是维特里希给的，因此与小镇维特里希有特别的感情，他赠送给基金会好几幅有名的作品，还有给教堂的众多窗画。以他名字命名的"格奥尔格·迈斯特曼奖"，旨在奖励对民主和社会做出贡献的人，获得过该奖项的人有前联邦总统约翰内斯·劳（Johannes Rau）、德国犹太人中央理事会主席夏洛特·科诺布洛赫（Charlotte Knobloch）、大主教卡尔·莱曼（Karl Kardinal Lehmann）、外交部部长汉斯·迪特里希·根舍（Hans Dietrich Genscher）、诺贝尔文学奖得主赫塔·米勒（Herta Müller）和欧盟委员会主席让-克洛德·容克（Jean-Claude Juncker）。颁奖典礼是维特里希小镇 1.9 万居民生活的高光时刻，活动大厅通常会有 1400 名观众观看颁奖典礼。

基金会的另一个高光时刻是在小镇里竖立了一块柏林墙原版墙板，它是德劳兹伯格，也就是柏林"常相伴"酒吧创始人和经营者捐赠给家乡维特里希的，柏林行为和环保艺术家本·瓦金（Ben Wagin）对墙板进行了艺术再造，并于 2010 年 10 月 2 日揭幕。政治，即使是乡村政治，有时也有精彩的一面。

小助竞选

回到波恩。2015 年，在前联邦德国首都，阿肖克-亚历山大·斯利达兰（Ashok-Alexander Sridharan）竞选市长。斯利达兰是一位印度外交官和德国女人生的孩子，他在波恩长大，在波恩上了耶稣会管理的阿鲁伊西乌斯学校。他的两位前任——社民党的倍贝尔·迪克曼（Bärbel Dieckmann）和于尔根·尼姆普什（Jürgen Nimptsch）一共在职21年，留下很多问题，最大的问题是关于波恩世界会议中心的，在迪克曼女士在任时，市政府被一名骗子所骗，不得不承担3亿欧元的损失。

2015年波恩市长选举的时间到了。斯利达兰因其丰富的乡镇政治经验，我推举他为市长最佳候选人。选举开始前几个月，我在《波恩总汇报》上撰文，用两版的篇幅抨击既往发展，并提出10点重塑建议。[36] 选举前两周，基民盟公开声明我为斯利达兰竞选市长当说客（见图3-3），算我小助了一把竞选。选举之夜异常紧张，斯利达兰在第一轮投票中获得了50.1%的选票。不知道我的小助竞选，是否对天平倾斜起了作用。

图3-3 明确支持市长候选人阿肖克-亚历山大·斯利达兰（《波恩总汇报》，2015年8月29/30日）

回顾我那么多次小的政治冒险以及与政治家的零星接触，可以得出结论，我始终只是政治的旁观者。除了担任少数微不足道的职位（如学生理事会和基金会托管人及董事会主席等），我从来没有承担过政治领导责任。如果真成了政治家，我能有所建树吗？也许不能！在我看来，原因有很多。首先，真正的职业政客要想生存，就得依赖于选票，这不免使我不寒而栗。其次，政治是可能性的艺术，换句话说是妥协的艺术，而妥协不是我的强项。最后，说话直截了当在政治上可能阻碍升迁，这一点是我从历史老师那里学到的经验。年轻时我曾偶尔设想从政，今天我很高兴没有走上这条路。

04

ZWEI WELTEN, EIN LEBEN
Vom Dorfkind zum Global Player

雷霆之年

梦想幻灭

"乌云之上，自由无限。所有恐惧，所有忧伤，都在下方。"赖因哈德·梅伊（Reinhard Mey）的这首歌，唱出了我少年时的心声。战后即战前，感谢上帝，这句历史的箴言没有在德国成为现实。1947年出生的我是幸运的一代。这一代人在德国历史上第一次，也是唯一一次，至今过着和平生活。德国在1945年之后再没有经历过战争，即便"冷战"在我出生后不久就开始了。

冷战开始的日子可以标注为1947年3月12日，美国总统杜鲁门发表著名宣言。[37]1948年对柏林的封锁、20世纪50年代初的朝鲜战争、1953年6月17日的东德起义、1956年的镇压匈牙利起义、1962年10月的古巴导弹危机以及1968年苏联出兵捷克斯洛伐克，均构成了东西方之间冲突的高峰。

　　这一发展趋势在我家乡留下的痕迹特别明显，因为攻击只可能来自东方，重要的军事基地都部署到了联邦德国西部边境，比特堡、斯潘达勒姆和布歇尔分别建立了空军基地。在我的童年和青年时期，头上的天空总徘徊着轰鸣的战斗机。我记得第一批喷气机是美国产的洛克希德T33，该机型主要用于训练，因此总在我们头上隆隆飞过。后来出现了更多现代化的战机，如美国F-86"佩刀"战斗机、F-4"幻影"战斗机和德国F-104G"星式"战斗机。飞行训练总是无视当地居民，多少次战机在我们上空冲破声障，震耳欲聋的巨响让人畜备受惊吓。这是雷霆之年。

　　这些超级现代化的飞机，让我深深着迷。我与这一世界第一次的零距离接触，是在20世纪50年代中期的斯潘达勒姆空军基地开放日，有人开车带我们去看飞行表演。人们蜂拥前往，我第一次看到汽车排起1公里多的长龙，这在当时我们村还没有一辆汽车的年代，是十分少见的场景。多少次我充满憧憬仰望天空，目光追随战机的飞行轨迹，幻想出一幅自己坐在驾驶舱的画卷。

　　我成了航空爱好者，我认识所有的飞机，包括二战时期的飞机。有一本书对我在这方面的帮助很大，这是一本战时发给居民的小册子，用于区别德国飞机和敌机，我保留了一本。我的房间里放满了各种飞机的海报和模型，这里面我最喜欢的是"星式"战斗机，它是一种外形超酷的战机。我人生订阅的第一份杂志是《飞行评论》。我们地区的美国人吸引着我，偶尔参观他们的基地让我初识美国世界，我如饥似渴地搜猎能够搞到手的相关资料，直到今天，我还记得美国空军基地一本小册子里一首悲壮的诗：

　　　　天空广袤如斯，
　　　　无人知晓边际，
　　　　巨鸟飞驶而过，
　　　　我们丈量蓝天，

> 距离、速度、技术，
>
> 人员更为重要，
>
> 男人在此担纲。³⁸

对飞行的迷恋，使我生成儿时的梦想，那就是成为一名"星式"战斗机飞行员。这个童年梦想在我们这个地区的小孩中不稀奇，每天那么多战机轰鸣而过，显然对孩子们产生了同样的吸引力，我们中学好几个学生，包括我们家乡很多男孩，后来都成了战斗机或运输机飞行员。³⁹

其中有一个人，他叫艾哈德·戈德特（Erhard Gödert），保持了一项极不寻常但绝非官方的纪录。⁴⁰ 他是德国唯一一位在海平面以下超音速飞行过的飞行员。怎么会产生这样一项纪录？戈德特1961年被训练成德版"星式"战斗机洛克希德F-104G的试飞员，一次试飞是在"死亡之谷"进行的，其最深处低于海平面85.95米。在离谷底约30米的高度，也就是低于海平面约50米处，戈德特穿越峡谷，并突破声障。他跟我说，他当时只看到身后有一团巨大的烟尘，所幸没有人"步其后尘"。

我们中学的一位毕业生安德里斯·弗罗伊特尔（Andris Freutel）甚至做到了空军准将。还有一位成为飞行员的是于尔根·比克尔（Jürgen Bücker），他在斯潘达勒姆空军基地旁长大，小时候他就总穿美国军装，被我们叫成"乔"。后来他成为"全球奶爸"，在42个国家建了奶牛场。他与我将在第12章中详述的"德国人赫尔曼"（Herman the German），即格哈德·诺伊曼（Gerhard Neumann）博士一样，是我生平所识少数几个真正的冒险家之一。⁴¹

飞行似乎在我的家乡大有传统，在德意志国防军中也有来自我家乡的飞行员。威利·塞尔瓦蒂乌斯（Willi Servatius）生于1922年，他是我同班同学汉斯-约阿希姆·塞尔瓦蒂乌斯（Hans-Joachim Servatius）博士的父亲。贝恩德·埃伦（Bernd Ehlen）生于1924年，他在结束飞行员培训后并没有参加战斗，因为战争结束时已没有可飞的飞机了。他后来成为联邦空军职业军人，经常开车带我从布歇尔空军基地回家。

来自家乡最有名的飞行员是埃尔博·冯·卡戈内克（Erbo von Kageneck），他生于1918年，曾击落67架敌机，23岁被授予骑士十字勋章，可惜只过了几个月，他自己便遭遇了同样的命运。埃尔博在北非战场腹部中弹，隆美尔元帅用自己的专机，把他转道希腊送至意大利的战地医院，但所有抢救都无济于事，1942年1月12日，他在那不勒斯去世，享年24岁。不久之前，他的哥哥弗兰茨－约瑟夫·冯·卡戈内克（Franz-Joseph von Kageneck，1915—1941）也死于战场。他的另一个哥哥克莱门斯－海因里希·冯·卡戈内克（Clemens-Heinrich von Kageneck，1913—2005）是一名坦克兵，也曾获得骑士十字勋章。他们的父亲，卡尔·冯·卡戈内克（Karl von Kageneck）曾是德国末代皇帝的侍从武官，并且是帝国少将。

我自己的飞行员梦想，本可以与家乡完美组合，因为驻扎在布歇尔的第33歼击轰炸机中队，在20世纪60年代装备了"星式"战斗机。我去慕尼黑参加飞行员资格考试，却因为色弱在第一轮即被淘汰。我的世界一下子崩塌，尽管今天看来这一失败是一种幸运。如果我真的实现了飞行员梦，不知道我今天是否还活着。不过，我还是去了空军。

服役空军

多少次，我们坐在村里的酒馆，梦想着外面广袤的世界。我们渴望远方，这个小村庄对我们来说太狭小了，我们梦想遥远的国家和漫长的旅行。康拉德·普法伊尔（Konrad Pfeil），本来是开肉铺的，但后来成了远洋轮的厨师，经常对我们绘声绘色地讲述他那些在世界各地的历险记，这更给我们的想象插上了翅膀。拿到中学毕业文凭，挣脱束缚的机会终于来了。1967年元旦，我们在邻村庆祝，喝了很多酒。之后，我们坐着朋友的大众甲壳虫汽车回家，车行驶在九曲十八弯的村道上，拐弯的地方太窄，车子飞了出去，所幸车里的人安然无恙。我们竟手拉肩扛，靠自己的力量把车子从坑里抬了出来。

第二天天亮，即1967年1月2日早晨，我和600名新兵一起，坐火车驶离莱茵兰，来到多瑙河畔的乌尔姆，我在空军的服役开始了。"服役"对那时的我们来说不成问题，大城市掀起的抵制服役的浪潮尚未波及农村。一位同学因为兵役测试不合格，伤心不已；还有一位同学因为被鉴定为不合格，甚至告到联邦国防军招兵处，才终于如愿以偿加入部队。往后几年，年轻人的想法发生了巨大变化，这到底是为什么呢？"冷战"愈演愈烈是其中一个原因，我们对苏联和华沙条约组织所带来的威胁深信不疑。"俄罗斯人会来的"，这样的恐惧对我个人来说是真实的，并且无时不在。尽管老师们几乎无一例外，都在纳粹和二战时期经历过战争的恐怖，但他们中也没有人表现出和平主义态度。

在第6空军训练团第4连，我接受了基础训练。和其他年轻人一样，第一次离开父母，在一个陌生的环境中寻求适应，我紧张地等待着将要迎来的一切。我们连的大部分新兵都是来自德国全国的中学毕业生，在这个新的环境中，我怎么证明自己？我这个无知天真的农村娃，能胜过更聪明的城里人吗？我能受得了基础训练的身体压力吗？

没过几天，紧张感减弱了。我发现，我很轻松就能赢得挑战。作为农民的儿子，我体格健硕，习惯于艰苦的劳动，行军和训练对我来说根本不算什么。经过3个月的基础训练之后，我的体重甚至还增加了9公斤，大概是因为吃蒸煮食物的原因，我对食物没有要求，吃嘛嘛香，与家里不同，营房有暖气，我什么都不缺。6个星期后，新兵都已相互认识。当时，连队要选一位新兵代表发言，我最终当选的事实使我增加了自信，这对我来说有百利而无一害。此刻我明白了，在这一新的环境中，我能像个男人一样站起来。

不过，问题还是有的，我与几位教官发生了一些不快，因为我不满于他们的调调。另外，服从不是（现在仍然不是）我的强项，尤其当我认为命令毫无意义或者不适合我时。级别高一点的军官或者年长的军士，都曾在德意志国防军中服过役。退役将军克里斯蒂安·特鲁尔（Christian Trull）

对此曾说:"1966年我进入联邦国防军时,从营长到将军,我打过交道的所有上级,都曾是德意志国防军军官。老一些的军士,也都曾在德意志国防军中服过役。"⁴² 这样的经历影响了他们的领导方式,不能说我有过什么明显违反"内训"原则的行为,但我认为有些教官在基础训练中的言辞和措施,显然已经过时了。

基础训练结束后,我作为教官留在了乌尔姆,并于1967年夏天前往慕尼黑附近的福斯滕菲尔德布吕克接受尉官培训。在那里,教官对我们这些后备军官的措辞就不一样了,那里的教官知道,他们要给我们胜任领导角色做准备。更胜一筹的是慕尼黑新毕堡的军官学校,一年后我在那儿受到的待遇与大学生无异,课程与大学也不无相似之处。后来,新毕堡果然成了联邦国防军两所大学之一。

在军官学校,一位老上校给我留下了深刻印象。他是一位二战老兵,只剩下一只眼睛。他讲战略课,他对于战略的定义,我终生难忘。他说:"战略是艺术,是科学,是发展和部署一个国家的所有力量去阻止对手,或在与对手发生冲突时削弱其力量。"后来,我将其稍加修改,把这一定义用于企业:"战略是艺术,是科学,是发展和投入企业的一切力量,以保障企业尽可能盈利并长期生存。"⁴³ 相较于哈佛大学教授阿尔弗雷德·钱德勒(Alfred Chandler)的(也许为世界最熟知的)对战略的定义,我更喜欢这个简洁的定义。钱德勒说:"战略是确定一个企业基本、长期的目标,以及为实现这一目标采取措施和配置资源。"⁴⁴ 对我来说,军官培训课与我后来从事的科学和咨询职业,直接发生了关联,比我认识钱德勒的时间早了20多年。

尉官和军官培训课程我均以全班第一名结业,然后就发生了一起冲突。当时我和军校校长(一位上校)发生了一场纠纷,此事可以定性为全然违抗命令,或者说变相兵变。上校把我叫去,说:"西蒙,你留在军校,我需要你做教官。"这大大出乎我的意料,我以为,我和其他人一样,只是被送去军校学习,最后还要回"我的"第33歼击轰炸机中队的。我回空军的愿望眼看就要破灭了。

我已经记不清为什么我去的时候戴了钢盔。反正我当时把钢盔从头上一把扯下来，狠狠扔到地上，高声嚷道："我绝不留在这里，我要回我的中队。"这样的行为，对一名战士来说，是绝对不能接受的。有时候我也问自己，留在军校会不会更好，但这件事也说明，我的军队生涯很可能因为类似的抗命和不服从，而以失败告终。一次我和夫人塞西莉娅说起，为什么我们俩放弃终身公务员职位，成了自由职业者。我们的结论是，我们不愿意头上有上司。事后我跟上校道歉，事情并没有造成什么后果，我如愿回到了第 33 歼击轰炸机中队。

致命烟幕

在我服役期间，发生了一起烟幕弹事故，我不得不为此执行一项悲伤的命令。驻扎在纽伦堡附近罗特的空军训练团 4 连（我也曾属于该连），在完成基础训练，进行最后一课——军事演习时，新兵们要构筑用树枝遮挡的掩体，而连长则模拟敌人进攻，投出了烟幕弹，其中一枚烟幕弹投到了一名新兵的掩体里，那名新兵却睡着了，没能及时爬出来。几分钟之后，战友们才把他从掩体里扒出来，而这几分钟太长了，11 天之后，这名新兵因吸入过多瓦斯死亡，他被安排在他的家乡下葬。

由于第 33 歼击轰炸机中队是距离他家乡最近的空军部队，我们一群人被派去参加葬礼，我与 5 名战友一起奉命去执行抬棺木的沉痛任务。这起事故在全德引发关注，《明星》周刊也对此次葬礼进行了报道，并配发了一张照片（见图 4-1）。照片中我们 6 人正抬着棺木，虽然我们和这起事故一点关系也没有[45]。不过，在墓地，我们能够感觉到，逝者的家人和乡亲们的情绪是针对我们的。可以理解，毕竟我们代表了联邦国防军，而在联邦国防军里，他们的亲人和乡亲失去了生命。

图 4-1 1968 年《明星》周刊刊载的死于烟幕弹新兵的葬礼照片（右后为赫尔曼·西蒙）

就这样，在空军服役期间，我两次并非自愿，也完全无辜地上了德国全国性媒体。

核弹平庸

在所谓的"核参与"框架内，第33歼击轰炸机中队接到一项敏感使命，用核弹锁定"铁幕"那边的预定目标[46]。所有飞行员要完成两项任务：一是熟悉航路，二是降落逃生。因为对于有些目标，"星式"战斗机的续航里程太短，不足以让飞行员返回基地，于是在完成任务后，飞行员会尽可能返航，然后降落逃生，逃生于是成了"星式"战斗机飞行员的必修课。当时人们并不知道，德国飞行员驾驶的德国战斗机配备的是美国的核弹。这些特种武器由一个美国空军部队管制，部队就驻扎在我们基地外面的营房里。对于这项使命的详细描述，当时的"星式"战机飞行员汉斯迪特·洛伊（Hannsdieter Loy）在《雷霆之年》一书中有过详细描述，本章标题我就是借用了这个书名。[47]

由于这种特殊情况,第33歼击轰炸机中队中有两个安全小分队,第一个是负责军士教学的安全小分队,简称ULS;第二个是负责守卫特殊武器的安全小分队,简称S。[48]我隶属于ULS,我们的任务是负责军士培训和整个空军基地的安全,一旦北约发出警报,我们还要保障核弹从基地外的弹库安全运送到战机停机位。当时,完成这样一次运送只能走公共的联邦公路,后来修了一条专用道,和联邦公路接通。两个安全小分队的队员五花八门,与我在军校了解到的部队完全不同,有些士兵蹲过班房,有些醉气熏天地来值勤,说话和行事自然也好不到哪儿去。要领导这样一群士兵,对我来说真是一次重大挑战,当时我才21岁。

这段时间,我也见识了联邦国防军严重的官僚作风。我的少尉军衔迟迟下不来,和我同年的所有人都早已得到提升,只有我还一直在等,而我在尉官培训时成绩是最好的。联邦国防军有严格的投诉制度,士兵可以投诉一切,就是不能对提拔问题提出投诉,因为士兵不能要求一定要在某个时间点得到提拔。我还能怎么办呢?

我只能投诉受到了不公正对待。这一投诉理由属于允许范围。1968年3月7日,我通过官方渠道递交了第一份投诉,它经第33歼击轰炸机中队被转给了设在科隆的联邦国防军人事部,人事部"审核材料确定归属"后转给了国防部长,国防部长驳回投诉,理由是我已经被提拔了。我再度申诉,我投诉的是受到"不公正对待",而不是"提拔太慢"。

国防部长将此事交给波恩的联邦国防军管理部。管理部称此事不归他们管,负责部门应该是威斯巴登的防区管理四局。经过十多次来来回回的写信,防区管理四局终于在1968年12月4日接受了我的投诉。[49]

这种卡夫卡式的荒诞历程对我很有启发。首先,我学会了怎样和大官僚打交道,这些官僚机构都是按严格编号的卷宗和程序行事的。其次,我增强了自信,不能轻信上司的话,他们都认定这一投诉不会有结果,但最后是我胜了。我的提拔时间被推前,还补发了军饷。官僚机器如果使用得当，可以非常有效。几十年后我遇到一个罪恶的牙医，我运用在联邦国防军时学到的经验，向各个部门的不同层级投诉那名牙医，最后让他进了监狱。

在我服役于第 33 歼击轰炸机中队期间，出现了一次二战后的重大危机：1968 年 8 月苏联出兵捷克斯洛伐克。这一事件在我们那里引发了多次警报，其中一次行动，代号为"快速训练警报"。当时，我是值勤军官，晚上 11 点半警报响起，是北约警报！这意味着，除了本来就该挂核弹并且要求飞行员登仓就位的 6 架"星式"战斗机外，整个中队的战机都要挂核弹。[50]

执行安全保卫的士兵配备了实弹，进入预先指定位置。正常情况下，这只是一次常规演习，但那个晚上，半个连队都喝醉了，我该怎么收拾这群野蛮汉子？我在院子里集合队伍，一名本来就以霸道著称、外号"自由者 G."的士兵，醉醺醺地威胁我："西蒙，如果你不让我休息，我第一个撂倒你。"我最好的伙伴，军士 W.W.，是来自法兰克福的一名小有名气的拳击手，曾作为中量级选手多次参加德国全国锦标赛，两只拳头有相当分量。

与醉汉"自由者 G."的尴尬冲突，细节我就不详述了。我命令军士 W.W. 维持秩序，我只知道，"自由者 G."突然失去了战斗力，没有把我撂倒。从这一刻起，小分队便对我服服帖帖。两名战友架起醉汉"自由者 G."，把他扔到卡车上，车子出发前往行动位置。士兵沿着需要保卫的路段，以 15 米为间距设哨，我把清醒的和喝醉的间插到一起，让清醒的士兵管着醉鬼的弹夹。当北约巡视员走近时，清醒的士兵再立即把弹夹装到枪上。第二天早上，我得到了表扬，准许享受一天特假，原因是，小分队快速、准确地进入指定位置。如果真实情况被上级知道，我和军士 W.W. 恐怕难逃一劫。我并不想把这一事件肯定成一种好的领导方法，但遇到有些棘手的情况，谨小慎微的领导方式起不了作用。安全小分队里的那些家伙可不让人省心，有一次晚上站岗，一个士兵一梭子把冲锋枪里的子弹打光,万幸没人受伤。无论如何,第33歼击轰炸机中队的那段时间让我积累了领导经验,对我以后的人生大有助益。

看到核弹,什么感觉?老实说,什么都没想。我们的任务,它们的意义,我们所做事情的伦理道德;我们所做一切,在我们年轻人中从来不是问题。今天回头再看,我也为当时的这种麻木感到惊讶。核弹装在运送车上从我们身边经过,就像司空见惯的啤酒桶装在卡车上一样,我情不自禁,想起哲学家汉娜·阿伦特(Hannah Ahrendt)的"邪恶的平庸"。[51]

从今天的角度,怎么看?"铁幕"落下苏联解体之后,在布拉格国防部发现了华沙条约组织的进攻计划,类似的计划2006年也曾出现在华沙的秘密档案里。根据这些1969年的计划,"冲突一开始便会包括巨大的核打击,华沙条约组织必须率先使用这种打击。"[52] 该"第一核打击"战略基于一种考虑,即华沙条约组织的常规部队占有优势,可以向西方快速挺进。苏联设想,在这种情况下,西方只能用核武器还击,没有其他选择。如果核战争不可避免,那么,率先打击才是上策。几年前我看到这些,对歼击轰炸机中队的作用不得不另眼相看。到今天我都觉得这一切像是一个奇迹,"铁幕"两边高度战备的冲突,最终云开雾散,不费一枪一弹,甚或一枚原子弹。[53]

飞行棺材

在空军基地,安全小分队住的营房,离战机起降的跑道只有200米左右,中队其他部队住在7公里外的军营里。这样,一旦空军基地遭到袭击,他们没事,而安全分队却躲不过去。"星式"战斗机每天早上或夜间飞行,我们的营房就像地震。通用电气J79发动机的轰鸣声,对我们来说,就像一条不能驯服、但值得信赖的龙发出的嘶鸣。直到今天,我们的一架"星式"战斗机还陈列在慕尼黑德意志博物馆,用来纪念那个时代,我为此感到自豪。[54] 不过,"星式"战斗机也被称为"寡妇制造者",其他讽刺性的名称还有"地刺""飞行的棺材""棺材战斗机"等，⁵⁵ 因为这种战斗机极不安全。

一天早上，连队正集合报数，突然所有的人都转向跑道，起飞的战机发出极不正常的声响，发动机像是在咳嗽，发出断断续续而非持续、均匀的轰鸣声。我们看到战机离开地面，喷气口喷出火焰，战机升上去不多便拉平机身准备平飞着陆，但我们看到大约 1.5 公里外，升起一朵巨大的蘑菇云，犹如人们在原子弹爆炸时看到的。这样的电影，我们在学校和在军队见过许多。我们冲过去保护事故地点。战机起飞时需要的助力器失灵了，飞行员借助弹射座椅逃生，受了点轻伤。当我们找到他时，他说的第一句话是："去订一桶啤酒。"

这次坠机不是中队唯一的一次，更不是空军唯一的一次。[56] 德国空军 916 架"星式"战斗机，有 269 架坠毁，坠毁率 29.4%，在这些坠机事故中，有 116 名飞行员丧生[57]。尽管坠机事故很多，"星式"战斗机仍因其爬升和飞行性能，深受飞行员喜爱。今天我遇到过去的飞行员，他们依然对 F-104G 赞不绝口。

我在空军的生涯行将结束。作为与空军的告别，我和沃尔夫冈·瓦夫日尼亚克（Wolfgang Wawrzyniak）去了一趟巴黎。瓦夫日尼亚克（昵称"瓦基"）一直有一个梦想，那就是坐上从法兰克福开往巴黎东站的火车，不必在第 33 歼击轰炸机中队驻地下车，这一愿望终于变为现实。当时的巴黎市中心，还保留着被称为"巴黎的肚子"的中央市场，埃米尔·左拉（Emile Zola）曾就此写过一本名为《巴黎的肚子》的小说。那里的夜撞得我们鼓膜生疼，我们在那里待了 3 天，却只住了一夜旅馆。不过这几天我们也看了卢浮宫里的蒙娜丽莎，还登上了蒙马特高地，用脚步丈量了巴黎。只有徒步，你才能真正认识这个城市。

在中央市场，我们只光顾一家酒馆，因为那里的酒客，从老鸨到屠夫应有尽有。空气中弥散着紧张的气氛，一句话说错，一个动作做错，都可能引来麻烦。我们和几个模样凶恶的家伙坐在一桌，对方要和我们比掰手腕，我们无法退让，德语他们听不懂，感谢上帝，我身边有训练有素的瓦基，他摆平了法国人，自此，酒桌上充满和平，我们互相敬了对方一杯红酒。我来自法兰克福的朋友瓦基始终洋洋自得，说这便是德法友谊的开端。"中央市场之王"，这是这家酒馆的名字。

离开联邦国防军的那天，好奇心再度作怪。因为中队任务特殊，安全等级较高。我请求看一眼自己的个人档案，该请求得到批准。在档案中，我看到的政审材料是另一个赫尔曼·西蒙的。军事保卫服务局（MAD）只是一个官僚机构。我什么都没说，合上档案并将其放回原处。说不定直到今天，档案仍在那里原封不动。[58]

时至今日，美国的和德国的战机依然在我家乡上空轰鸣。当我凝望这些战机在天际线上消融的时候，我那破碎的飞行员梦想便再次袭上心头，耳边响起梅伊《在云那端》的歌词：

> 那一个小小的点，
> 在我的眼里消失，
> 唯有那隆隆之声，
> 在远处单调轰鸣。

05

ZWEI WELTEN, EIN LEBEN
Vom Dorfkind zum Global Player

人生正轨

大学时代

  如果我中学一毕业马上就上大学，专业我会选机械制造，学校应该是亚琛工业大学，大我几岁的堂兄，也是邻家孩子格哈德·西蒙（Gerhard Simon）便是我的榜样，他总是对他在亚琛的学习经历和实习情况喋喋不休。但在联邦国防军度过的日子和在那里的政治经历改变了我，让我对经济、政治和社会问题产生极大兴趣，通过阅读相关书籍，我对这门学科有了初步了解。但社会学和政治学中所用到的德语让我对这两门学问敬而远之，于是我决定学习国民经济管理学，并选择了波恩。从我主观的、至今仍显天真的视角，有多个理由支持我选择波恩莱茵弗里德里希·威廉大学，首先那里有多位有名望的教授，其次波恩在我看来不是莱茵河边的小城市，而是联邦首都，离家乡近对我也是有利因素，另外我更愿意在一个较小的大学学习。尽管如此，我还是同时注册了科隆大学，在那里听课并参加考试。科隆大学当时已经有 6000 名学生学习经济。

中学毕业就已经让人们掌握了相当丰富的知识，但我觉得，可能也会让人产生一种"饱胀感"。我在中学毕业后就厌倦了学习，而在联邦国防军的几年使我精神上比较空乏，想法产生了根本性改变，我对开始学业迫不及待，对很多新知识如饥似渴，两年半前的那种"饱胀感"荡然无存。

进入大学后，我转上了另外一个轨道，这一转变到今天都让我难以置信，一个悠悠荡荡漫不经心、总是喜欢搞恶作剧、好在同伴中煽风点火的赫尔曼·西蒙，蜕变为一位严肃认真的学生。早年的玩伴认不出我来了，此刻才认识我的人，听到我过去的历史无不瞠目结舌。我虚度小学 5 年，中学也没太当回事，在中学毕业书面考试结束后旷了很多课，没有好好准备口试，也可能因为老师对我旷课不满，导致我的口试成绩不佳。上大学后，一切都变了。我不错过一堂课、一次考试，认真做所有作业和讨论，我不浪费任何时间，而是以最快速度完成了所有阶段的学习。

当然，大学期间钱很吃紧，我不能指望也不想让家里给钱，但服役期间我攒了一笔钱——7500 马克（约合 3750 欧元）。我只在第一个暑假打了一份工，不过是一份重活，每天干 14 个小时，每周 6 天修建高速公路，小时工资为 5.11 马克（约合 2.55 欧元），我总共干了 6 个星期，挣到了约 2500 马克（约合 1250 欧元），这可是不小的一笔钱。另外我还得到国家助学金 320 马克（约合 160 欧元）。第二学期开始，我得到了一个统计学课堂助理的工作，每月可以获得 125 马克（约合 62.5 欧元）。一个学期之后，经济理论课教授邀请我做课堂助理，我不好拒绝，虽然双份助理工作本不在我的考虑范围内，但毕竟是更多的收入来源。

一天，一个出版社的推销员问我，有没有兴趣派发产品目录，当时经常能见到学生在食堂或其他人多的地方发东西，我便答应了。过了几天门铃响了，门口站着一位司机，他问："西蒙先生吗？有您4个托盘㊀。"我疑惑地看着他，经过仔细辨认，我认出他竟是我邻居家的孩子，比我大20岁，在一家货运公司工作。他把4个装有2万份目录的托盘搬到我当时住的房子的楼道里。每发一份目录，我能得到10芬尼的报酬（约合5欧分），但我根本没有兴趣也没有时间站在食堂门口发目录，不过这不是什么大问题，我找到愿意替我干的学生，每发一份付他们5芬尼。出版社通过附在目录里的回执检查派发质量，对于完成回执的目录，我还会另外支付给学生们费用。就这样，我们得到了最高的回执率，我自己也意外得到了一份奖金，结果皆大欢喜。

还有一份兼职工作，也是这样偶然得到的。我从波恩搭便车回父母家，一位男士友善地让我搭乘他的车。他当时是在去纽堡赛道的路上，离我家大约还有一半路程，他要去那里接受培训，学投资基金推销。这种投资形式很新颖，是通过一位知名商人伯尼·科恩费尔德（Bernie Cornfeld）才一下子热起来的。美国人科恩费尔德在日内瓦有一家名为海外投资者服务的公司推销这类投资基金，就连欧洲普通民众，都知道了他。对于这种新的业务领域，德国银行当然也不会错过。这位男士当时在一家银行做推销员，他邀请我一起参加培训，我不会让这样的机会从身边溜走，更何况销售始终让我感兴趣。

这时我已经拿到硕士研究生基础阶段的结业证书，感觉自己在理论上有了充足的武装。培训主要涉及的不是投资基金的财经知识，而是销售心理，这对我来说是一个全新的领域，让我大感兴趣。我得到了很多小册子和表格，为了招徕投资者，我做了几次推介会，但基金兜售很难。一方面，我没有渠道，很难找到有现金又愿意投资这一新形式的富人；另一方面，科恩费尔德和他的公司虽然当时被认为是新行业的旗舰，但却已经名声扫地。最后，我曾经推销基金的那家银行，在1974年申请破产。基金是特别财产，不在破产清算范围，但这种投资形式的信誉已经受到损害，

㊀ 译者注：此处指运货的托盘。

过了很多年，投资基金才在德国被普遍认同。虽然我停止了推销活动，但应该说在这一领域我学到了很多东西。

作为一名学生，虽然不宽裕，但各种收入来源也没有让我感到拮据。我相信，经济的自由，是专心于学业的重要前提。除学习和打工之外，我在学生政治方面的活动，已在第3章中论及，这些活动也在重要方面补充了学习内容，特别是在参加大型活动、演讲和领导等方面。

在波恩的学习任务十分繁重，完全以理论为主。必不可少的数学在开始时就成了对我的巨大挑战，我在中学学到的数学基础知识只符合最低要求。我无法明确判断，这是因为我在中学数学学习中缺乏动力，还是因为数学老师教学方法不灵，我估计两种原因都有。后来我赶上来了，数学甚至成为我学习的重要课程，我选修了非常依赖数学的运筹学。这门课由伯恩哈德·库特（Bernhard Korte）教授负责，他是一位非常优秀的数学家，后来成为IBM最重要的顾问之一。

我最喜欢的教授是经济理论家威廉·克雷勒（Wilhelm Krelle，1916—2004）[59]，他学的是物理，所以很容易把经济视作物理原理和模型的应用扩展，我不得不承认，这些模型很吸引我。在明确的假设下，数学可以求得最佳解决方案，这些解决方案与隐藏其后的假设一样清晰明了。因此，最佳的增长路径，以及针对国民经济最大目标的最佳参数值和方案，也就此产生了。克雷勒最雄心勃勃的项目是宏观经济预测模型，该模型使用70多个方程式绘制国民经济全貌。其设想是预测利率、税收、补贴等所有税收变量对国民经济指标的各种影响。但是，在每次最需要这一模型进行预测的时候，都发现这一模型没法用。1973年第一次石油危机和1979年第二次石油危机时都是这样。现在政府和中央银行是否还在使用这一模型，我不了解，但每次危机都证明，物理的世界画卷不适合经济。物理学中有自然定律，一种合理性一旦被发现和求证，它便在同样的框架条件下，对每一次重复都适用。经济学中却没有这样的定律，在现实世界中，也从来没有重复出现过同样的条件。相反，并不少见的却是悖论。

大学老师中教学方式最好的是奥地利教授弗朗茨·费施尔（Franz Ferschl），他对统计学充满热情，这一热情的火花也点燃了我。他的讲义堪称典范，他能把复杂的统计问题讲得浅显易懂，他的理论让我整个的学习和后来的研究受益匪浅。统计学无所不在，他教给我们著名统计学家约翰·图基（John Tukey）的一句话，"看看你的数据"，我至今谨记在心。在我用统计学方法分析数据之前，只要有可能，我一定会把数据打印出来，并把它们尽可能变得直观。虽然可视化处理受到多维结构的限制，但即使在大数据时代，也要尽可能牢记图基的建议。

我当时所在的大学只有国民经济管理硕士学位，没有工商管理硕士学位。在我学习期间，工商管理课只有两位教授上，霍斯特·阿尔巴赫（Horst Albach）和汉斯-雅各布·克吕梅尔（Hans-Jacob Krümmel）。克吕梅尔教授是金融专家，而阿尔巴赫教授教的普通工商管理学涵盖生产、营销和组织等所有领域。阿尔巴赫后来成为我的博士导师和博士后导师，他引入了一种新的教学方法，即案例分析。案例分析对以理论为主的国民经济学带来了极大补充，这一方式贴近实际，深深地吸引了我。同样贴近实际的是客座教授京特·克莱因（Günter Klein）的授课，他的第一职业是杜塞尔多夫瓦特和克莱因经济审计事务所（今天的瓦特和克莱因公司）所长。我上了克莱因的所有课，动机是了解工商管理的相关方面，而不是有朝一日成为审计师，虽然我的一位舅舅走上了这条职业道路。

在波恩学习期间，我的社交状况也令人开心。学习一开始，我就在新建的学生宿舍申请到一个房间。在那里，我和一群来自世界各国的学生生活在一起。由于大家都是同时搬进去的，因此大家都急于相互认识，我们这层楼里有来自阿富汗、布隆迪、刚果、柬埔寨和美国的学生。在上学之前，除了驻扎在我老家的法国兵和美国兵，我没结识过几个外国人。现在我却和来自不同国家的人住在一个楼层，共用一个厨房，每天都能碰面。我和来自阿富汗喀布尔的塞米·诺尔（Sami Noor）博士成了朋友，一次圣诞节我邀请他到我老家埃菲尔民风淳朴的乡村做客。这段友谊，一直持续到今天。诺尔多次邀请我去阿富汗,我一直想去那里,但由于时间原因,这个计划年复一年地推迟。然后为时已晚,因为苏联在1979年占领了阿富汗,从那以后我感觉去那儿旅行对我来说风险太大了。

1971年11月的一个节假日,我隔壁宿舍的美国学生哈罗德·约翰逊(Harold Johnson)那里来了一位客人———一位年轻女子。约翰逊在一次英语翻译时帮助了她,并邀请她到学生宿舍来吃饭。我走进厨房,看到约翰逊和那个女生坐在那里,由于他长得不算英俊,于是我惊讶地问约翰逊:"你是怎么搞到这么一位漂亮的女孩的?"我已不记得约翰逊当时是怎么回答的,我面对女孩时的笨拙是出了名的,不过那个女孩对我的冒昧言语并未留下深刻印象。几个月之后,我在一次狂欢节活动上碰巧又遇到她,我们便聊了起来。晚上,我用我的大众甲壳虫送她回学生宿舍。当时诺尔也已搬到那座宿舍楼,我可以随时去拜访他,不过醉翁之意不在酒,假借看他不过是为了偶遇这位女生。经过很长一段时间的来往,我和这位女孩多次"偶遇"。不过,没有诺尔的玉成,那位女生,也就是塞西莉娅·苏松格不可能成为我的妻子。我们于1973年10月在我老家完婚。

我带着愉悦的心情回顾在波恩的学生时代,那时我学习进展顺利,享受着学生的自由,也没有经济压力。在内容上,我没有学到太多后来能直接派上用场的东西,但我获得了一项重要的技能,即思考和分析的能力,这对我日后的研究和咨询工作,比具体知识更为重要。况且,我在学习期间还找到了我的妻子,夫复何求?

教授助理

我的硕士研究生毕业成绩好于预期,于是阿尔巴赫教授、库特教授和克雷勒教授都给我提供了一个助理位置。这样一来,我不用操心将来的工作了,但做谁的助理,却让我陷入选择的痛苦。我在阿尔巴赫教授那里做了论文,在库特教授那里做了选修课考试,在克雷勒教授那里做了助教。

如今我不得不从他们三位中选出一位，这让我失眠了好几个夜晚。如果我进了库特的团队，我能坚持下来吗？他的团队大多是数学家，还有好几位数学教授，其中一位是阿希姆·巴赫姆（Achim Bachem），我后来和他一起发表过论文，[60] 他先做了科隆大学教授，后又成为于利希研究中心主任，该中心是赫尔姆霍尔茨协会成员，有 5800 名研究人员。对付这样的强手，我恐怕没有任何机会。

难的是在阿尔巴赫和克雷勒之间做出选择。克雷勒是我学习期间最喜欢的教授，他的量化处理方式深得我心。但最终我选择做阿尔巴赫教授的助理，因为我感觉，工商管理比国民经济学更吸引我。当时我憧憬的未来是成为一名经理，尤其是成为一名大公司的经理。在我看来，阿尔巴赫教授更贴近实际，能在这方面提供给我最好的发展机会。虽然我是一名国民经济学硕士，但我还是走上了商业轨道，这是我人生中另一个重要的变化。回望过去，这一决定是正确的。

做教授助理意味着什么？首先，这是一份有着长达 3 年稳定收入的工作，这个全职工作使我挣到的钱相当于一名教师的收入，我感觉自己都成了贵族。当然，这也是需要付出的，我要为教授备课、在上课时提供支持或者代课、批改作业、负责行政管理。那时我还正在完成一篇博士论文。经常听人说，教授助理会被教授剥削，做完论文需要 5 年甚至更长时间。在阿尔巴赫教授那里情况正相反，他给助理以最大的自由，不给我们工作压力，他委派给我们的任务，允许我们以最大的独立性来完成。这样，我就有很多时间在家里写论文，甚至写论文的时间比上学期间还更集中。

教授因为要参加各种活动经常出门，所以我们作为助理要经常代课。没有比亲自授课更有用的锻炼方式了。正如哲学家约瑟夫·乔伯特（Joseph Joubert）所说，讲课等于双倍的学习；管理思想家彼得·德鲁克（Peter Drucker）也说，他从事教学工作直到老年，因为在授课时他自己学到的也最多。阿尔巴赫教授让我独立组织工商管理专业教师协会年会，我接受这一任务时毫无经验，但很幸运，一切顺利，350 名参加会议的教授，没有一人抱怨，因此，阿尔巴赫教授也很满意，还让我做年会论文汇编的联合出版人。这本名为《私人和公共企业投资理论和投资政策》的汇编[61]，便是第一本印有我名字的书，它甚至出现在我的博士论文之前。

担任教授助理期间最有意思的事情之一，是帮助阿尔巴赫教授做评估报告，其中对我的研究兴趣和职业选择影响最大的，是为英国惠康（Wellcome）公司做的一个项目。这家制药企业因为多款突破性新药而名声大噪，该公司在 20 世纪 70 年代的主要产品是抗痛风药赛来力（主要成分是别嘌醇），别嘌醇专利到期后，市场上出现了大量仿制药生产企业，也就是那些自己没有专利产品，只等成分专利过期后，以远低于市场同类产品的价格，推出相同成分产品的企业。欧盟委员会指责惠康公司滥用市场垄断地位。惠康还因另一款药出名，即舒维疗（阿昔洛韦），它是治疗疱疹的突破性新药。到今天阿昔洛韦仍然是为数不多的抗病毒特效药之一。在医药业重组过程中，惠康被葛兰素（Glaxo）公司收购，后来成了今天的葛兰素史克（GlaxoSmithKline）公司。

为什么偏偏这份评估对我有那么重要的意义呢？因为这是我第一次用计量经济学方法和经验数据工作，通过这一方式，我得到了开创性的经验基础，这对我后来的研究及咨询公司的成立产生了重要影响。我的评估报告在医药界得到了尊重，从而打开了通向药企的大门。生命科学到今天仍然是西蒙顾和最大的业务领域，其根源便在于此。

课题研究

在我自己的研究领域，我只能算是小打小闹。阿尔巴赫教授教的是普通工商管理学，他继承了他岳父埃里希·古腾堡（Erich Gutenberg）的衣钵。古腾堡是德国工商管理学的大家，著有 3 本教材，分别关于生产[62]、销售[63]和融资[64]的，这三本教材作为大学标准教材一印再印。古腾堡是老派绅士，一个非常受欢迎并朴实无华的人。我没能听过他的课，因为他在1967年就退休了，但我能经常遇到他，我的一个习惯，还要归功于他。古腾堡对所有寄给他的工作文件或者打印件都表示感谢，不管这些文字多么无关紧要。于是我给他寄了我在工商管理杂志发表的第一篇论文，我记得，当我收到这位德国工商管理大师的几行感谢词时有多么自豪。我继承了这一习惯，但凡有可能，都会回信。不过，在电子邮件时代，我不能百分百保证，偶尔从手指缝里溜过去几个。

对担任普通工商管理学这门课的教授助理来说，意味着需要做涉及多个领域的工作，包括决算、人事、组织等。我本人选了营销作为研究课题，并确定论文主题为创新的价格政策。当时波恩大学还没有开设营销学课程，几年之后波恩大学请来了雷根斯堡大学的赫尔曼·萨贝尔（Hermann Sabel）教授，才得以开设了营销学课。

由于阿尔巴赫教授讲课涉及的主题很多，导致做助理的什么都要了解一些。但我如果想就某个专业领域进行深入探讨，却总是找不到一个能够聊得深一点的谈话伙伴。图书馆也一样，有关营销的书籍和杂志少得可怜，有时候我不得不从农学系的图书馆借书，因为农学系设有一门营销课。为了克服专业方面的制约，我决定扩大活动范围，去别的大学进行拜访或者参加会议。让我大开眼界的是布鲁塞尔欧洲高级管理学院（EIASM）。

我努力做到最好，但当时的那种研究环境，出不了突破性的成果也不足为奇。我3年完成了博士论文，论文以《新产品的价格策略》为题，1976年由奥普拉登的西德意志出版社出版。[65]

执教资格

随着博士论文的完成，我再次站到了人生的十字路口。我很清楚我要去经济领域，便开始投递各种求职信，漫无目标，很不专业。我向不同领域的企业投递求职信，包括保险、消费品、化工、矿山、军工等，这还不是全部。当一家猎头公司终于邀请我去慕尼黑的时候，我有点喜出望外。这是我第一次乘坐公费航班，我离一个大保险公司董事长助理的职位已经很近了。5.2万马克（约合2.6万欧元）的年薪对我有很大吸引力。

然后电话响了，传来阿尔巴赫教授的声音："我可以给你提供一个博士后的位置。"我的第一反应是："什么？"。我从来没有真的想过进科学领域发展，一生坐在写字台边埋在书堆里的研究者形象与我对自己的定位离得很远很远。我刚做完博士论文，再做一遍这样的事情，况且与博士学位相比，要求还要更高，感觉没有太大意思。我请求给我几天时间考虑，但时间不能太长，当我询问正在日渐成为我的顾问的塞西莉娅时，得到的回答毫不迟疑："你当然应该接受这个提议！"顾问对我的信任胜于我自己。新的转变发生了。

博士后课题以我博士论文课题为基础，做了两个方面的拓展。博士论文中我论及了生产和作为营销手段的价格，核心内容是在产品生命周期中优化价格策略。博士后对此的拓展，一方面是论述营销手段系统化，在价格基础上增加了广告和促销；另一方面是对整个产品线的扩展，论文模拟了多个产品。这个课题曾被后来的诺贝尔奖得主赖因哈德·泽尔滕（Reinhard Selten，1930—2016）在他的博士后论文中进行过论述，他当时的论文题目是《静态理论中的多产品企业价格政策》[66]，我修订版的博士后论文题目是《商业信誉与营销策略》[67]。商业信誉在我看来是企业经过一定时间积累的信任资本，信任资本可以通过广告取得，也可以通过企业的其他产品转嫁，消费者对这一企业的好感，可以提升对该企业产品的购买欲望和价格认可。同理，消极的经验会起相反的效果，把厌恶感传导到该企业所有的产品上。

论文改进的地方在于，我对模型做了经验验证，汉高（Henkel）公司和赫希斯特公司（Hoechst AG）（赫希斯特当时是世界上最大的药企）给我提供了数据。正如上文已经提及的，这种经验数据对大部分市场营销研究人员来说是巨大的瓶颈。今天，在大数据时代情况则正好相反。如今数据泛滥，挑战是如何分析并找出接近实际的见解和结果。在当时，我很幸运能得到这些经验数据，我能用统计数字揭示受人关注的产品线中品牌之间的关联，可以说是碰到了好运。论文得到了系里的肯定，我得到了大学任教资格证书和工商管理课程的授课资格，这是晋升为教授的前提条件。

德国科学基金会（DFG）为我做博士后研究提供了数年奖学金，这一慷慨的资助给了我自由，让我可以完全专注于研究，并去麻省理工学院斯隆商学院做了一年的博士后。对这一段经历，我将在本书第 6 章详述。

回望过去，如何评价我在阿尔巴赫教授那里做助理和博士后的这段日子呢？我的视野在这几年打开了，其宽广程度难以想象。在阿尔巴赫教授手下的日子和与他的合作证明对我极富有启发性，这不仅涉及科学知识，也包括举止、效率、形象和报告风格。当我还是一个没有经验的毛头小伙的时候，阿尔巴赫教授就让我协助他管理讨论课，我可以不断观察他上课和做报告的风格，他具备的渊博知识和给予学生的高水平教育令他成为我的榜样，只可惜我永远达不到他的水平。

另外，我从他那里学到，在大学和科学领域效率意味着什么。一个例子是口授，我同样也会口授几句话。我感觉，虽然这一方法要比手写或电脑录入快好几倍，但用的人只在少数。当然，口授要求精神高度集中和遵守严格的纪律。如果没有在阿尔巴赫教授那里得到的经验，我不可能成为读写机如此频繁的使用者。早先，我们要去阿尔巴赫教授那里取录音带，并将它们带到学院里记录成文，今天已经方便许多，我们可以将任何计算机上的口授文件发送到自己的办公室，再将其誊写下来即可。

我和阿尔巴赫教授的私人关系不是一句话两句话能写清楚的。我对他，不论过去还是今天，始终非常尊敬，但我始终直言我的观点，我和他之间的关系总是有些紧张，这一点认识我俩的人都能看到，一位同事对我们关系的说法是："你们俩太像了。"很多次我做完报告，有听众跑到我跟前说："我觉得您做报告时，我面前站着的是阿尔巴赫教授。"这样的评价令我尴尬，因为我看重原版，鄙视盗版。

不过，在与一位榜样人物共事多年之后，这样的情况也许无法避免，阿尔巴赫教授的某些行为方式、手势和表达习惯，已在我的身上留下深深的烙印。这些无意识的模仿，是学习的一个重要方面，犹如孩子对父母的模仿。我还要感谢阿尔巴赫教授，他会组织同事及其家人参与社会活动，作为一个来自农村的孩子，我对这方面并不熟悉。阿尔巴赫教授每年都要举行舞会并邀请校友参加。特别是和阿尔巴赫教授一起进行的徒步旅行，每日步行40公里，始终让我记忆犹新。另外，如果没有他给予我在科学项目上的自由，我不可能成为今天的我。

06

ZWEI WELTEN, EIN LEBEN
Vom Dorfkind zum Global Player

走向世界

前往麻省

我在麻省理工学院、斯坦福大学和哈佛大学，这3所大学一共度过了两个半学年，虽然当时我已经过了30岁，但这段时光还是在多个方面打造了我。什么留在了记忆里？记忆有多深？

"我们在记忆的海洋里做一次时间旅行，便会看到，有一些事情会特别明显。仔细看这些记忆有哪些共同特点，我们会注意到，他们都是生命中最生动、最动情、最重要、最美丽或者最意外的经历。我们的记忆形成块，而且似乎聚集在生命的一些特定阶段。这一现象被称为记忆效应，或记忆山。"[68]在我的脑海中，美国那些年的记忆便形成了这样的记忆山。

在马萨诸塞州的最初几天，给我留下的记忆只是一些很小且并不重要的经历。我先是在一家位于波士顿查尔斯河沿岸的酒店下车，徒步走过哈佛桥到达麻省理工学院。在桥上,有人从一辆行驶的车里向我扔了一枚生鸡蛋,砸到我簇新的皮夹克上。应该和投鸡蛋的人希望的一样,鸡蛋碎了。"哦?"我想:"原来美国这样搞笑。"不过,这一经历是我在美国唯一一次这种形式的意外。

感觉不好的认知其实是我意识到自己的英语太糟糕。虽然我在文理中学学了9年英语,能读莎士比亚原著,但是一旦涉及美国人的日常用语,就暴露了我的英语极限。直到今天,和我说话的美国人听我一开口就会问:"赫尔曼,你是德国人吗?"相反,我妻子塞西莉娅总被问,她是不是美国人。语言的天分,竟有如此巨大的区别。

在马萨诸塞州看到的很多东西对我来说都是新事物,我想举两个例子来说明这一点。第一个例子是,那里的人们到处都在跑、随时都在跑,街上、街边、公园、白天、晚上,他们称之为"Jogging"(慢跑)。这一习惯在当时的德国根本无人知道,甚至有点不可思议。在我老家,我为了准备参加县里的森林跑步比赛,晚上在街上跑了几公里,都有人认为我疯了。我还是特地找的夜深人静时,希望不要被太多人看到。"Jogging"这个词,在当时的德国根本不为人知,一年后我在《明镜》周刊中才第一次读到它。

第二个例子是,那里的很多大学生和年轻人都背着背包,这在德国也很难想象。背包只在徒步或进行军事行动时使用,没有人在城里背,即使是学生。相反,我们那里前几年刚刚流行公文包,人们都以手提公文包为傲。直到2017年,我才用背包取代了公文包。这是一个明智的决定,因为背着背包旅行,比不得不用手拎或者单肩背公文包,舒服得多。但就算在今天,在德国,见我背着背包出现,还会有人感到惊讶。

这两个小发现说明,流行往往从美国开始,几年后才传到我们那里。我相信,这一点在今天也没有太大变化。互联网也许只会更进一步加强了美国的影响。

话说回到麻省理工学院。与麻省理工学院斯隆商学院的关系,是由阿尔文·J. 西尔克(Alvin J. Silk)教授介绍的,西尔克教授是我在20世纪70

年代在布鲁塞尔欧洲高级管理学院认识的。布鲁塞尔欧洲高级管理学院成了我早年通往国际营销学世界的最重要桥梁，这一学科在当时的德国还处于起步阶段。1969 年，黑里贝特·梅弗尔特（Heribert Meffert）教授在明斯特大学开设营销学课程，这是德国第一个营销学课。我上的波恩大学在 1976 年才开设营销学课程，请的是萨贝尔教授。营销学的书籍不多，营销学的杂志凤毛麟角，博士和博士后论文的资料来源十分有限。我的起点很低，但是我在麻省理工学院遇到了完全不同的情况。

麻省理工学院有 7 名营销学教授授课并从事研究，其中 3 位是终身教授，在学术界享有很高的声誉。除了上文提到的西尔克教授外，还有约翰·D. C. 利特尔（John D.C. Little）教授和格伦·乌尔班（Glen Urban）教授。加里·利林（Gary Lilien）也已很有名气，他是助理教授，此外还有 3 名助理教授。这 7 名营销大师的办公室挤在一起，就像一个"办公合租房"。我在一名助理教授的办公室得到一张办公桌，所以跟大家挨得很近，从一开始就处在一种开放的讨论氛围中。要衡量这种"营销集群"的意义有多大，人们必须看到类似的组合，哪怕规模小点。这个类似的组合直到 1999 年才在明斯特大学出现，那里的梅弗尔特教授、克劳斯·贝克豪斯（Klaus Backhaus）教授和曼弗雷德·克拉夫特（Manfred Krafft）教授一起，组成了"明斯特营销学中心"，后来托尔斯滕·亨尼希–图劳（Thorsten Hennig-Thurau）教授和托尔斯滕·维泽尔（Thorsten Wiesel）教授加入。[69] 现在曼海姆大学以 5 名在职营销学教授构成德国最大营销学系，但相较于当时的麻省理工学院，人数还是要少。

麻省营销学课研小组中，西尔克教授的教学方法最好。在他的博士研究生讨论课上，我们连着几个星期，讨论复杂的缩放技术和对统计要求很高的市场研究设计。当时就算营销学学者本身，大多数对于折衷和联合分析法也还不了解，但西尔克本人和我们一起深入研究这些方法，这一基础让我们后来在西蒙顾和也大受其益。乌尔班最感兴趣的是新产品及其营销，这一领域也正好是我的兴趣所在，因为我的博士论文题目便是《新产品的价格策略》。3 位教授中最出名的专业领域是利特尔教授的决策支持系统，利特尔在运筹界也享有盛誉，"利特尔法则"就是以他的名字命名的。[70]

利特尔和乌尔班成立了一家咨询公司，名为"管理决策系统"（Management Decision Systems），旨在通过量化方式为管理者提供决策支持。20 世纪 70 年代末已经开始运用的扫描仪数据起了重要作用，借此可以无须花费太多时间去了解某些产品或某些特定顾客的购买情况。利特尔专门就此写了一篇文章，发表在《市场营销》杂志上，我把它翻译成了德语，刊登在《工商管理》杂志上。[71] 后来公司被卖给了芝加哥的信息资源（Information Resources）公司，该公司堪称扫描仪时代的先锋。几年之后，信息资源公司与纽伦堡捷孚凯（GfK）公司合作进入德国市场，它们的主要产品是所谓的"行为扫描"（Behavior Scan），在消费品工业领域广受欢迎。我在比勒菲尔德大学的第一位博士研究生埃克哈特·库赫尔（Eckhard Kucher）的论文主题，便是在扫描仪研究和与利特尔教授的接触中碰撞出来的。

我是怎么摸到像麻省理工学院斯隆商学院这样顶尖机构的大门的呢？一个重要原因是认识了西尔克教授，有了他，我至少有了把材料寄去的地址。但起决定性作用的，却是我 1978 年在《管理科学》（Management Science）杂志上发表的一篇文章。今天已然成为 A+ 类杂志的《管理科学》，当时还处在营销阶段，直到 20 世纪 80 年代中期，《管理科学》杂志才有了现在的地位。不管怎样，当时我的文章"炮轰"了那时候很有名望的营销学大师菲利普·科特勒（Philip Kotler），科特勒 1965 年发表了一篇被广为关注的文章，提出一种产品生命周期中的营销组合理论，这是一个优雅的数学模型。我以《对科特勒竞争模拟模型的分析研究》为题，反驳这一模型会随着时间推移导致毫无意义的后果[72]，例如，该模型允许在产品周期中任意提高价格，而不会对销售产生重大损害。模型的含义在数学上有点复杂，所以一直没有人提出质疑。来自德国的一个名不见经传的毛头小伙，在著名杂志上"炮轰"知名人物科特勒，在圈内不可能不为人注意，于是我一举成名，许多本来可望而不可即的大门，一下子打开了。科特勒本人并没有因为我"攻击"他而心生芥蒂。相反，我还在1979年1月去芝加哥附近的西北大学埃文斯顿校区拜访了他。

在我们第一次见面时，我向科特勒介绍了我对产品生命周期中的价格弹性的研究成果，我自信地强调，我的目的是推动具有实际意义的价格研究。科特勒反驳说，大部分营销学学者都希望贴近实际，但很少有人达到目标，恰恰在价格方面，在学界占主导的是微观经济学，但其实用性有限。他是对的。

在同一趟旅行中，我还认识了芝加哥大学的助理教授罗伯特·J.多兰（Robert J. Dolan）和托马斯·T.内格尔（Thomas T. Nagle）。多兰后来去了哈佛商学院，1988～1989学年，我是那里的客座教授。我们开始了密切的合作，一起出书。内格尔几年后离开大学，成立了战略定价集团，主要从事价格训练。

从芝加哥出发，我去了印第安纳州的西拉法叶，拜访了普渡大学的弗兰克·巴斯（Frank Bass）教授。巴斯教授与利特尔教授齐名，是当时两位最知名的量化营销学学者之一，他的名字首先与所谓的"巴斯模型"[73]关联，该模型通过创新者和仿制者的相互作用解释产品的扩散过程，这是一种简单的数学模型，根据生命周期制定销售过程。数以百计的研究者使用这一模型，改变模型，用经验数据验证模型。我的第二位博士研究生卡尔-海因茨·塞巴斯蒂安（Karl-Heinz Sebastian）就运用这一模型说明了德国座机电话的普及原因，他还引入广告作为另一种变量，对模型做出了重要的解释性贡献。我们一起在《管理科学》上发表了有关文章。[74]

就这样，我拜访了中西部地区所有的著名学府，并认识了最重要的营销学学者。晚些时候，我在美国东海岸做了类似的走访，在纽约拜访了哥伦比亚大学和纽约大学，在费城拜访了沃顿商学院。我还与查尔斯河对岸哈佛商学院的营销学教授们建立了密切联系。

从个人方面来说，我在麻省理工学院的一个学年是艰苦的。去美国之前我很紧张，不管怎样，这是我人生第一次在国外逗留，而且还是在一个顶尖大学，对于是否能适应那里的生活和学术氛围，我心里没有着落。我原本不打算带塞西莉娅和 3 岁的女儿珍妮一起去美国，但塞西莉娅表示反对，她说："我们一起去"。后来证明，带她们一起去是一个非常正确的决定。

在剑桥找房子很难，最后我不得不找了一套很小但价格明显过高的公寓，由于大量的科学家和学生要去剑桥和波士顿，那里显然是一个卖方市场。日常生活也很棘手，当时德国比美国落后很多，我们那时候还没有信用卡，而在美国没有信用卡，就无法租汽车等。打国际长途也特别贵，而且很麻烦。但是，在美国生活的诸多方面都比德国简单，且轻松易行。

我给自己确定了一个目标，那就是在美国逗留期间完成关于动态产品线营销的博士后论文，这有点苛刻，尤其是我还想做很多经验数据分析，对其所需的时间总是很难预计。因此，我只能努力工作，有一段为期两个月的时间，我只有一天没有待在办公室，那就是我 32 岁生日那天。1979 年春天，我的家人比我提前几个月回到德国，这样我就能全力集中工作。不过，我们还是挤出时间，在圣诞节和新年期间去佛罗里达州过了一个短假，并去得克萨斯州的休斯敦，看望了塞西莉娅的亲戚。在佛罗里达州，我们租了一辆红色火鸟跑车，驶过代托纳海滩的坚硬沙滩。今天这样做还被允许吗？

对于 3 岁的珍妮，去奥兰多迪斯尼游玩是最高兴的时光。就算最简单的汽车旅馆，也让我们感觉舒适得很。我们还享受了无限量自助餐，这在当时的德国还根本没有。珍妮却已看到远处的麦当劳，这是挡不住的诱惑。在休斯敦，祸福同至。我们租的汽车抛锚，但离目的地却只有几米。我们去探望比尔·埃克（Bill Eck）和埃尔弗里德·埃克（Elfriede Eck），两人都是从萨尔州过去的。埃尔弗里德是我岳母的表姐，比尔·埃克于 1929 年移居美国，他一开始在底特律汽车厂工作，现在在休斯敦经营一家小旅馆。他酷爱钓鱼，在我们的一次郊游中，我平生第一次，也是唯一一次钓到一条鱼。在长长的旅行中，我们认识了得州之大。这个州也被称为"孤星"，面积69.5万平方公里，相当于两个联邦德国。

在斯隆商学院的逗留，给了我认识同一楼里经济系知名学者的机会。他们中包括于1970年获得诺贝尔经济学奖的保罗·萨缪尔森（Paul Samuelson）教授，还有因在增长和创新方面做出杰出贡献，而同样获得诺贝尔奖的罗伯特·索洛（Robert Solow）教授。每个星期我都有好几次机会可以听到名人们的演讲。这方面在波恩大学也有过几次，毕竟波恩作为当时联邦德国首都，经常会有政治家和部长级官员来访，但麻省理工学院和哈佛大学的阵仗，波恩难以望其项背。

1979学年，当我离开剑桥时，对我来说有一点很清楚：我会回来的。以何种方式回去，什么时候回去，当时我还不得而知。17年后，我们在离斯隆商学院只有几米远的肯德广场，开设了西蒙顾和管理咨询公司美国分公司。在麻省理工学院第一次逗留种下的缘根，多年之后结出了硕果。

枫丹白露

位于枫丹白露的欧洲工商管理学院（INSEAD）创建于1957年，是欧洲最早的商学院。INSEAD是欧洲工商管理学院的首字母组合，因为在法国他们习惯使用法语名称，正如法国人用OTAN取代NATO（北约）、用ONU取代UNO（联合国）。欧洲工商管理学院的创始人是出生于法国的美国将军乔治·弗雷德里克·多里奥特（Georges Frederic Doriot）和奥利弗·吉斯卡·德斯坦（Olivier Giscard d'Estaing），后来成为法国总统的瓦莱里·吉斯卡·德斯坦（Valerie Giscard d'Estaing）是他的弟弟。多里奥特在1899年出生于巴黎，后移居美国，二战时晋升为准将，被人称为"风险投资之父"。欧洲工商管理学院的启动资金是由巴黎工商会提供的，在寻找外部资金方面，哈佛大学是不少大学学习的榜样。欧洲工商管理学院可以被看成是哈佛大学的分支，和巴塞罗那的 IESE 商学院一样。

通过我在美国发表的论文、所做的报告，以及在欧洲会议上的发言，欧洲工商管理学院注意到了我，于 1980 年邀请我去兼职讲课，我不想错过这个能增加自己经验的机会。我主要教授的课程是管理讨论课，也教授我的专业领域"价格管理"方面的 MBA 课程。我经常早上飞到离枫丹白露不远的奥利机场，晚上返回。在假期，我会在那里逗留一两周，连续地教授高管培训课。我熟悉了学院的领导层和营销课研组，时任院长是维也纳人海因茨·坦恩海瑟尔（Heinz Thanheiser），他是哈佛大学的博士，也是企业战略管理方面的专家，该领域是一个在狭窄的营销领域之外让我越来越感兴趣的主题。我经常和赖因哈德·安格玛（Reinhard Angelmar）一起授课，他也来自奥地利，是西北大学的博士。当时让-克洛德·拉雷采（Jean-Claude Larréché）开发出著名的市场营销模拟游戏"商战模拟"（Markstrat），我在比勒菲尔德大学和美因茨大学授课时也经常使用。从教育角度来说，这一工具很有价值，因为它一方面演示了营销决策在一个接近现实的市场中的效果，另一方面模拟了竞争。我认为第二点尤为重要，因为学生可以学到，没有绝对正确的决策，所有一切都取决于竞争。

欧洲工商管理学院给我提供了一个难能可贵的国际网络，即使在德国，通过欧洲工商管理学院德国分院，也有许多很有意思的联系。在亚洲，欧洲工商管理学院伸出了第一个触角。该学院在亨利-克洛德·德·贝蒂尼（Henri-Claude de Bettignies）的领导下，于 1980 年成立了欧亚中心，他本人当了 8 年中心主任。我和赫尔穆特·许特（Hellmut Schütte）教授一起在亚洲教管理讨论课。在亚洲授课时，有一次我得闲从雅加达去一个小岛，小岛属于当时赫希斯特印度尼西亚分公司的总裁，岛上没有自来水，发电机只转几个小时，在回来的路上，我晕船了。这是我第一次的亚洲探险，后来还有很多很多次。许特后来成了上海中欧国际工商学院（CEIBS）的院长，2010 年，我在那里和他在几十年后重逢。在吉隆坡的一次讨论课，我趁机和家人一起旅行。当时我们坐怀旧火车从吉隆坡到新加坡，在岛上度过了愉快的一周。

与美国的哈佛"母校"相比，枫丹白露有更高的国际化要求，学院要求 MBA 学生会英语、法语和德语。但这一要求难以为继，尤其是随着亚洲学生人数日益增加，这一要求无法再满足。尽管如此，欧洲工商管理学院至今仍是最全球化的商学院，有 250 名教授，还在新加坡和阿布扎比等地有分院。与麻省理工学院相比，欧洲工商管理学院在更大程度上，给我打开了通往国际商业世界的大门。我在欧洲和亚洲，结识了很多高级管理人员。

在枫丹白露，我开始学着欣赏枫丹白露广阔的森林。面积超过 2.5 万公顷的森林，让只有 1.6 万人口的小城，拥有巨大的人均面积。森林闻名遐迩，在那里也上演着朱塞佩·威尔第（Giuseppe Verdi）的《唐·卡洛斯》。我在漫无边际的森林里慢跑，可以看到怪石和大象、青蛙、鳄鱼等动物，据说林子里还有 3000 余种蘑菇，只是要当心别迷路。

1985 年 4 月，我被任命为格拉赫特官大学经济研修学院（USW）学术院长，结束了与欧洲工商管理学院的合作，因为两所学院是高端教育领域的竞争者，我不好既领导着这边，又在那边上课。

日本插曲

大学教授生活最舒心的一面，就是所谓的研究学期，每三四年就能获得一次。在研究学期，教授可以免去讲课义务，全力投入研究，一直以来我都是利用这些时间待在国外。1983 年早春，我得到东京庆应义塾大学邀请，在接下来的冬季学期做客座教授。时间正好与我的计划吻合。

准备工作做得很匆忙，因为出发去日本前的一周，我们刚搬进盖在七峰山的新家。搬家基本靠塞西莉娅一个人管，我自己周五在特拉佛明德做完报告才能回家，回到家还要收拾行李，因为周六一早就要出发，毕竟要去半年。从东京还要去巴布亚新几内亚做短暂停留，然后无缝衔接到斯坦福大学，在那里逗留3个月，一直到1984年4月。

不过一切还好。要带着一个8岁和一个3岁的孩子旅行半年，需要一定时间做后勤工作。我们带着7只箱子上路了，不久前苏联和日本开始通航，所以我们飞日本不用再绕道阿拉斯加的安克雷奇，但还是需要经停莫斯科谢列梅捷沃机场。在飞机上，我们碰到了企业家托尔斯滕·格里斯-纳加（Torsten Griess-Nega），此人是我通过欧洲工商管理学院熟识的，他要去他在菲律宾的牙科工厂。在谢列梅捷沃机场，他给两个孩子买了小玩具娃娃，把孩子们高兴坏了。

长途飞行成了对塞西莉娅的折磨，我们坐在吸烟座位后的第一排，坐在我们前排的几个日本人一根接一根不停地吸烟，呛得塞西莉娅接二连三地咳嗽。到了东京机场，堀田和良教授（Kazuyoshi Hotta）带着全家来接机，庆应义塾大学派他做我在校期间的向导。这是一次非常令人愉快和热情的相遇，由此产生的友谊延续了几十年。

我们马上遭遇和日本文化的碰撞。大学给我们的公寓位于东京市中心的三田中央校区，我只需要步行几百米就能抵达我的办公室。公寓只有34平方米，是典型的日式风格建筑，要进入房间，我要使劲弯腰才能挤进门去。卫生间虽然一应俱全，但是只有大约2平方米，"卧室"只有两只壁橱，我们睡在蒲团上。不过，在麻省理工学院待过一年之后，我要找的正是这种新的、与西方完全不同的经历。

第二天一早是个星期一，不愉快的意外发生了。塞西莉娅的咳嗽更加严重，而且感觉肺部疼痛。堀田教授带我们去三田的小卫生所，卫生所的医生马上开具转院单将我妻子转至庆应义塾大学附属医院，我们连忙收拾东西，打车穿过整个东京市区前往大学医院，车开了一个多小时，医生和护士都非常友好也很礼貌，但语言交流成问题。塞西莉娅必须住院。

我带着孩子坐山手线回三田校区。这条"绿色线路"是绕东京的地铁大环线，列车几分钟一趟，车站有支线开往这个巨大城市的郊区。在接下来的两个星期，我们对山手线更熟悉了，虽然是被迫无奈的。我每天下午带孩子去医院探视塞西莉娅，那些站名，如惠比寿、五反田、品川和田町等，至今耳熟能详。只要我回东京，有时间的话一定会重坐这条地铁线以回味逝去的时光。

根本不在计划之列，也完全出乎意料，我带着两个孩子（珍妮8岁、帕特里克3岁）在东京孤立无援。我该怎么办？珍妮要去大森上德国学校[75]，必须穿过老城区走到田町站，从田町站坐山手线到下一站品川站，再在品川这个大站转车，过两站到大森，最后从大森站到德国学校路就不远了。我陪她坐了两次，之后便让她独自一人上下学。头两天很顺利，但突然就吓人一跳，有一天早上她9点回到了家门口，说在大森站走错一个出口，找不到学校了，谢天谢地让她找到了回家的路。第二天我又陪她走了一遍，此后这个8岁的孩子，走这条复杂的上学路就再没有出过问题。但3岁的帕特里克，我该怎么办？在这点上大学很帮忙，学校找到一个学德语的日本女孩做孩子的保姆。美奈大谷（Mina Otani）立即就位，在这一困难时刻提供了不可估量的帮助，这才使我的研究计划，至少得以部分实现。

这个研究学期，我给自己确定的目标是，调查德国企业在日本的市场准入问题。因为我不能说日语，更不能读日语，我的信息来源，只能靠与管理人员、企业主和学者的谈话。两周之后塞西莉娅出院回家，这是无比快乐的一天，无论对孩子还是对我。我终于没有了后顾之忧。

我走访了东京大区的所有德国重要企业，一般都能约到这些企业的负责人，不过我的研究并不只局限于德国企业，我也找美国和欧洲其他国家的企业谈话，因为它们的市场准入问题和策略，如无意外都是一样的。

与此同时，我利用这一机会，与日本的学者和大学建立联系。其中最有启发性、气氛最融洽的是与上智大学打交道。这是一所从属于耶稣会的大学，当时那里的国际化问题专家是比利时人罗伯特·巴龙（Robert Ballon）教授。在一桥大学，我认识了竹内弘高（Hirotaka Takeuchi）教授，他在美国待了13年，回日本接受了知名大学的教授职位，回归日本文化对他来说并不轻松，但在随后的几十年中，他在日本名声大噪。他创建了一桥大学商学院,这一商学院位于东京市中心,与一桥校区完全不同。他自始至终与哈佛商学院的迈克尔·波特(Michael Porter)教授密切合作,直到在东京退休后重返哈佛。我始终感觉,他的灵魂,被留在了他在美国最初的13年里。他在科德角有一幢房子,总是到那里去度假。我还认识了学习院大学(学习院大学在传统上是日本皇室上学的地方)的上田孝穗(Takaho Ueda)教授,并与上田教授产生了持续多年的友谊,到今天我们还偶尔一起组织大会,他也多次到德国来看我。

在庆应义塾大学,我做了一系列的营销战略讲座。在这方面,我与村田冒次(Shoji Murata)教授密切合作,他因翻译了科特勒的营销学教科书而在日本出名。在日本,通过翻译美国知名作家的书,可以使人很容易并很快享有盛名。这让人想到19世纪古典时期,当时德国很多已经成名的作家、哲学家和科学家,翻译外语名著。今天,这样的工作已很难有所成就,但村田教授出名,也因他的另一种本事。当时在日本,或者亚洲都大体一样,婚姻是靠说媒而成的,"媒婆"便常常起关键作用。这是一位中间人,他认识很多年轻人,然后把他认为合适的一对男女介绍到一起。村田教授便是一位成功率很高、名声很大的"媒婆"。几年之后我多次去一位日本医疗企业主家做客,这位企业主只有一个女儿,27岁了尚未婚配,他为后继无人忧心忡忡,最后求到村田教授那里,让他帮女儿找一位能够继承家业的夫婿。后来我听说,村田真的介绍成功,这个"半子"已经在企业工作了。村田教授介绍了超过200对婚姻,他于2015年去世。

被邀请到企业主家里做客,可不是一桩小事。在日本,这样的事情通常不会发生,也许这是他对我们邀请他到我们位于莱茵河边的私宅做客的回应。不论如何,这是一次让我和塞西莉娅难忘的经历。住宅位于东京市中心的一个公园旁边,我们第一次去得有点早了,便在公园里漫步。十月的东京,在傍晚充斥着温和的空气,在这个大城市的喧嚣之中,公园弥散着宁静,让我们仿佛置身于地中海边。房子有一个日式花园,像童话一般。晚饭后我们坐在花园里,聊天多次中断,不是因为尴尬,而是因为我们被花园美景吸引，环顾左右，心不在焉。

我得到机会，在东京大学、早稻田大学、一桥大学、学习院大学和中央大学等日本知名学府讲课，还忙里偷闲去了一趟关西。因为阿尔巴赫教授的课程，我们和那里有很好的关系，特别是和神户大学。我在那里与许多之前见过的教授重逢，他们中有的在波恩拜访过我们，有的在德国参加过会议。乘坐新干线也是一次经历，因为这比我第一次坐德国的城际特快（ICE）要早好多年。直到1991年，我才第一次坐ICE，从斯图加特到曼海姆，最高时速250公里。为了承办东京奥运会，日本的新干线在1964年就开始运营了。在东京，我第一次在一家日本旅馆过夜，但旅馆只是半日式的，不是传统的日式旅馆（Ryokan）。这样一个对于我们来说非同寻常、十分陌生的日式旅馆，我要在多年以后才亲身体验到。

我从日本插曲中学到了什么？得出什么结论？我在准备去日本的时候，看了很多有关日本的书，但现实证明完全不是那么回事，我们不可能从书本了解一个国家和它的文化，更不用提理解了。日本之行给我的最大认识是，人们可以按照安全不同于我们所熟悉的原则构建一个社会，而且运转得非常顺利。这样一种认知，不可能从美国或另外一个带有西方烙印的国家获得，因为那里占主导的体制和原则与我们德国十分相近。

还有很多其他认知。比如，日本人的谈话或报告，很少做具体的承诺，不论口头还是书面，表态在很大程度上不具约束性，日本人不说"不"，尤其当自己的观点与对方不同时。在后来几年，对我的询问或者请求，我偶尔会收不到答复。不答复，便是日本人说"不"的方式。我自己也在很多情形下运用了这种说"不"的方式，结果完全奏效。当然，如果有人较真儿，这个"不"字还是绕不过去的。对于我们在东京的咨询师来说，我感觉，不确定或者保持非约束性，反而是不利因素。不过我不得不承认，这是我的西方视角，日本听众是不是也这样认为，我并不知道。我本人更倾向于说得明白无误，也许对日本听众来说，这样不对。

日本给我的最深印象便是体制运转完美无瑕，这从铁路运转可见一斑。所有火车，不论是远途的新干线，还是短途的山手线，发车时间都分秒不差，停车位置与站台上画的线也分毫不差。上车下车、排队等候、大站里的楼梯使用等，都有严格规定。尤为重要的是，这些规定真的为所有人恪守。

日本死板的规定，必然造成其与社会改变和创新能力之间的矛盾。我经常被问及，日本自我第一次去之后有什么改变，我的第一反应是"没有改变"。当然，不可能绝对不变，但我的总体印象倾向于此。山手线与35年前一模一样，如果我穿行在三田区狭窄的弄堂间，无数相连的建筑、饭馆、小店、弹球机游乐厅，让我仿佛回到1983年的冬日。就连山手线的票价，也与那时候一样。今天我身处东京，有时不得不感慨，世界静止了。

塞西莉娅康复后，我们得空便去探索东京和它周边的地区。我们去看镰仓的大佛，去度假胜地日光市，看那里的猴子，在如画的山岩飞瀑之间嬉水。当然，我们也不会错过银座，世界最贵的购物街之一，尽管当时的我们在那里也买不起什么。

在东京的数月转瞬即逝。按我们的旅行计划，我们将乘坐西北航空从美国起飞的航班，飞往菲律宾的马尼拉，在马尼拉换乘新几内亚航空航班，飞往巴布亚新几内亚首都莫尔兹比港。但事与愿违，西北航空的班机晚点了几个小时，导致我们错过了从马尼拉飞往巴布亚新几内亚的航班，这一航班每周只飞一趟。与世界的边缘，直到今天连接依然非常稀薄。我们似乎得在马尼拉滞留7天，但西北航空把我们转到中国香港，那里3天后有航班飞往巴布亚新几内亚。深夜，我们带着两个孩子和7只箱子奔赴机场，紧张期待一个完全不同的世界———个在巴布亚新几内亚等着我们的世界。

世界尽头

踏着黎明的曙光，我们降落在巴布亚新几内亚首都莫尔兹比港。巴布亚新几内亚，几年前刚摆脱澳大利亚的控制，成为一个独立国家。来接我们的是赫尔曼兄弟，他负责着莫尔兹比史太勒传教站，我们在德国就已经认识他，所以我们感觉就像回家一样。我们在莫尔兹比港住了一个晚上，第二天早上，我们登上一架小型飞机飞往高地上的哈根山。飞机上的其余乘客都是在莫尔兹比工作的当地土著，他们要回家过圣诞节。与所有发展中国家的情况一样，飞机被塞得满满当当，乘客们带着各种行李和礼品，甚至还有人提着笼子上飞机，笼子里面关着好几只活鸡。

在哈根山，我的舅舅约翰内斯·尼尔斯带着司机，开着丰田越野车等着我们。我们最近一次见面是1976年他来德国的时候，已经是7年前了。他看起来显老了，但以他78岁的年纪来说还是很健康。他和我们认识的天主教神父有些不同，看上去更像一位"戍边人"，几十年在亚热带的生活使他皮肤黝黑，再加上宽边帽、野外服和旁边的丰田越野车，给人印象非常踏实。司机是一名神学学生，他在莫尔兹比学习，到高地过圣诞假期。和他在一起，我们的旅行精彩纷呈。

我们的孩子在我60岁生日的时候谈到我们那次从哈根山到明根德的开车旅行，是这样说的："一辆吉普车接上我们开了几公里，在茫茫荒野之中，一声巨响，轮胎爆了。一群光着身子、脖子上戴着犬牙串的当地人把我们团团围住，换好轮胎。几个小时之后，我们到了传教站。浑身疲惫，已经快被跳蚤和蚊子叮死。"真实情况并没有那么糟糕，但我真不知道，8岁的珍妮和3岁的帕特里克是如何承受这次冒险之旅的。

舅舅是圣言会（SVD）成员，民间称为"史太勒传教士"。这一名称来源于荷兰小镇史太勒，1875年阿诺尔德·杨生（Arnold Janssen）在那里创办了圣言会。今天，圣言会总部已经搬到波恩附近的圣奥古斯汀。我们去时，尼尔斯已经在这个偏远的国家生活了近50年。我们终于到达了位于明根德的传教站，他在那里做神父一直做到退休，现在在那里过着半退休的生活。

人们该如何想象这样一个传教站？以教堂为中心，覆盖周围几百居民。从建筑材料和风格来说，这个上帝之家不过是一座功能性建筑，部分墙体由波形铝材做成，这让大教堂既宽又深，却不会倒塌。这所教堂是教士们和当地人的骄傲。传教站还有一个很大的农场，农场里有牛群、商店、一个手工作坊、一家医院和一个育婴房，作坊里可以自己修理机器和工具，育婴房里当地妇女把她们的孩子带到这个世界。

传教站由一位修女管理，修女来自我老家。传教站负责技术和经济的主管也是个德国人，我们以前在德国见过。传教站同时也是钦布省主教所在地，主教是一位波兰人，安静友善，后来接替他的是一位荷兰人。

在世界最偏远的角落，我们找到一片欧洲飞地。在这里，与日本相比，我们无须太大调整就能适应。传教站有一家旅社，我们舒服地住了下来。出于气候和传教站的原始环境，对于蚊叮虫咬，我们很难防卫，偶尔也会有老鼠在楼道里窜来窜去。咬的、吸血的，各种昆虫在我们的皮肤上留下痕迹。

但这些都不值一提。巴布亚新几内亚高地上的生活，给我们留下了终生难忘的印象。只有我们 3 岁的儿子帕特里克对于这次经历很难留下印象，因为他当时还太小。其实对他来说，离开日本的狭小空间，在这里的日子是非常开心的。他和一个同龄土著男孩成了朋友，两个孩子可以在传教站巨大的范围内肆意玩耍。

杀猪狂欢

我们正好在圣诞节来到钦布省，是一件幸事。这里正好在举行盛大的杀猪节。杀猪节每 5～7 年才举行一次，数以百计的土著聚集在一个广场上，很多人画着战斗脸谱，身着五彩盛装，他们在地上挖出许多洞，点燃篝火，在炭火上烧烤猪肉。最好的肉用芭蕉叶包上，放在灰烬中煨熟。诱人的香味弥散在广场上空，激情的人群在其间流动，猪肉美食急不可待，饕餮大餐补充蛋白。平日里，土著人身体缺乏蛋白质，只能以蔬菜和水果为生，蔬菜、水果种在自家院里，四季可收，不用储藏，也无人储藏。亚热带气候条件下肉类不易保存，如果宰杀牲口，肉必须在最短的时间内吃掉。我们去时，冰箱和速冻柜还不属于普通家庭的标配。这正如30年前的埃菲尔，许多散落的定居点连电都不通。我们没有见到野兽，森林里的动物早已被猎杀殆尽，就连鸟都很少见，那里的人们为了获取蛋白质，使得它们同样无法幸免。在那里能享受肉食，成了难得的机会。

几个小时之后，肉熟了。男人们给早已等得口水直流的人群大块大块地分肉，这些人狼吞虎咽，好像根本吃不饱的样子，有些人吃了实在太多的肉，因平常不多吃，身体不适应，产生蛋白过量反应，不得不叫来医生，有几个人甚至被送进了传教站的医院。也有人给我们端来煨熟的肉，这样的盛情，自然无法拒绝。不过，吃这样的肉，实在有些轻率。这些猪，肯定没有做过旋毛虫之类的检测，像我们这里的肉类检查员，那里是没有的。

天边一隅

以明根德为据点，我们乘坐越野车，在钦布省做了多次郊游。钦布是巴布亚新几内亚20个省份之一，25万居民散落在一个巨大的区域。钦布省的省会孔迪亚瓦只有8000人口，更确切应该叫"省会村"，但它却有自己的机场，小飞机可以着陆，只是跑道很短，飞机几乎得俯冲落地，很是冒险。孔迪亚瓦有商店、酒吧、一家简单的旅馆，麻雀虽小五脏俱全，周围居民所需之物，也算应有尽有。

钦布省以钦布河命名，钦布河两岸深邃的峡谷，在孔迪亚瓦终止。从那里，我们和我的舅舅，还有那个司机——学神学的学生，向着登格拉古进发。这个世界上，肯定有很多地方堪称"天边一隅"，登格拉古无疑是其中之一。此行险象环生，在钦布河谷的陡岩峭壁上被人为开凿出一条毫无保护的土路，有些路段由于山体滑坡，剩下的路面只够一辆车通过。再说我们对司机也难以信任，他虽然在首都莫尔兹比港学习，但并没有改掉土著习惯，嘴里不停嚼着槟榔。槟榔，据说有麻醉作用。

我舅舅对此无动于衷，几十年来，他也许已经习以为常，但我始终密切关注着司机。最终，我感觉太过眼花缭乱，让司机把槟榔吐了。路上我们经过一个十字架，这个十字架是用来纪念一位早期传教士的，1934年他被土著杀害。毫无疑问，这些早期传教士对当地居民来说会引起强烈反应，在土著眼里，他们无异于敌对的外星人。传教士进入未知地区，经常需要佩戴步枪。在莫施霍伊泽（Morschheuser）被杀害之前，一位神父枪杀了土著的两头猪。1935年，一位史太勒兄弟也被箭射杀。[76]

几个小时之后，我们终于到达目的地登格拉古传教站。传教站周围的几十个小茅屋均位于威廉山脚下。威廉山海拔4509米，是巴布亚新几内亚的最高峰，有时会有登山者为了像集邮一样收集攀登"最高峰"的纪录，来到这一寂寞之地。我舅舅是怎么在20世纪30年代中期独自一人在这里竖起大旗的，超出我的想象。我们参观了近处的土著定居点和小茅屋，还被邀请参加一个传统的婚礼。人们用极大的热情招待我们，我们感到很踏实，也许是因为我们头上罩着我舅舅的光环，舅舅被这个土著部族任命为荣誉首领。没有他，我们不可能和土著走得那么近。

同语同种

这样热情和坦诚的人，除了在巴布亚新几内亚，我从来没有碰到过。但这种特质也有另一面，从过去到现在，部族争斗时有发生，有时这样的争斗甚至会以死亡结束。多年之后，在悉尼，我碰到一群来自戈罗卡（距离钦布省不远的一座城市）的大学生。在港口一个饭馆吃晚饭时，这些巴布亚新几内亚人聊起他们的家乡，其中一人说，他来自一个很小的村庄，茅厕离茅草屋有点远，他要是独自一人上茅厕，都会很危险，因为他随时都有可能被临近的敌对部落杀死，所以总得有人陪着，盯着外面，有情况时好报警。

部落之间的敌意，反过来加强了部落内部的凝聚。这印证了我们在首都莫尔兹比港的一次经历，当时我们坐着一辆土著开的车在城里观光，司机来自高原，他突然停车，喜出望外地喊着"Wantok, Wantok"冲过马路，和另一位土著拥在一起。发生什么了？"Wantok"是皮金语词汇，皮金语又称皮钦语，是一种简化的英语，多在大洋洲使用。"Wantok"便是"One Talk"的合成，意即"一种语言"，维基词典对此的定义是："亲密的同志，一人与他人基于共同语言而建立的牢固社会关系"。语言被看作凝聚力的最大特征。另一个土著是司机的同村人，所以他们讲同一种语言，这在巴布亚新几内亚非常重要，因为那里有 700 多种不同的方言，只有同村或同部落的人，才被称为"Wantok"。巴布亚新几内亚人把共同语言作为认同的先决条件，"Wantok""同种语言的"即是部落兄弟的意思，这和本书开头说的在埃菲尔的情况类似。我们的司机在首都遇到来自高原的"Wantok"，这让他忘乎所以。

这种热情在圣诞节尤其明显。土著人成群结队地来到传教站，给我舅舅——他们的名誉首领送礼，从自家院子里摘下来的水果堆成了山。他们抚摸他、拥抱他，久久不愿放手，他是他们的神。

寂寞传教

一个欧洲家庭来访，还带着一个 8 岁和一个 3 岁的孩子，这不仅对当地人来说是一件奇事，对传教士们也一样。我们住在旅社，每天和主教、神父、教士们一起，在一个专门的餐厅吃饭。餐厅供应的是欧式餐食，每天的午餐都有 3 道菜。我们的到来，一方面给神职人员带来了一种令人欢迎的变化；另一方面，与一个普通家庭的相遇，也让他们的认知产生错觉。神父和教士们始终过着单身生活，他们过得不错，有需要的一切，但突然之间，有那么几天，在传教站的生活中和餐桌旁，多出一位年轻的母亲和两个孩子，这足以让某些人或多或少失去内心平衡。我舅舅开诚布公地跟我们谈论独身的话题，说没有孩子对他是一种极大的失落。然而，有时候我们会在家庭讨论中半开玩笑地提出是否在巴布亚新几内亚有我舅舅的后代。要是把独居和在登格拉古偏远的传教站的孤独岁月联系在一起，这也不足为奇。

传教士们是否成功地赢得了土著对基督教的长期信任？是否能感化土著接受我们理解的文明行为？提出这种问题并非空穴来风。2000年，一些激进分子对教会提出了批评甚至敌对的观点，他们提出质疑，教会是如何获得土地的。他们认为在传教早期，教士们用贝壳从部落骗取了土地，而贝壳在当时作为交换的中介物使用，因此有人提出应该让教会为这些土地支付合理的价格，不然应该退还。那时候，我表姐韦雷娜·托马斯（Verena Thomas）博士正给她的大伯尼尔斯拍摄一部生平纪录片，片子的名称是《钦布爸爸》，首映地点定在明根德，我们计划全家前往。[77]但主教紧急劝阻我们，他不排除激进分子到时有可能把我们当作要挟施行敲诈，就连绑架人质索要赎金，也不是完全没可能。这让我们为难，但最终我们还是决定放弃此行，所以我们再没有重返巴布亚新几内亚，但韦雷娜·托马斯博士却经常行走于她大伯的国度，还在戈罗卡大学教了好几年书。

我舅舅是传教士和土著人心中的杰出人物，他在偏僻的钦布省生活、工作了54年。二战期间他滞留在澳大利亚，他利用这一时间在悉尼大学取得了民族学硕士学位。他是巴布亚新几内亚开国元勋，还做过几年议员。他传教士和政治家的双重身份也招致过非议。他与梵蒂冈有过冲突，因为他主张更大的婚姻自由，教廷的清规戒律让他很难与土著人的现实世界相协调。土著把他称为他们的荣誉首领，教皇给他颁发了"教会与教宗奖章"，伊丽莎白二世授予他"大英帝国勋章"。下面这段话，是我舅舅对他生平的总结："我有幸在任何外来影响侵入之前，了解了钦布的文化和习俗。我把自己的大半生献给了钦布，并衷心感谢这些称我为'钦布爸爸'的人。我的一生很长也很成功。我感谢上帝给了我宗教信仰、神职和传道事业，也感谢巴布亚新几内亚人民。"[78]

他84岁回到德国圣温德尔教堂，并于1993年在那里逝世和安葬。土著们很想把他接回去，他生前最交好的一位酋长，其女儿伊丽莎白·甘布格勒（Elizabeth Gambugl）在他去世后说："你们把他带回了家，我们却不知道，你们是否为他杀了猪，我们很失望。我们不知道，你们是否给了他合适的葬礼和追悼。我们不知道，我们只能哭泣。"[79]

两度跨年

我们两次从1983年跨入1984年（见图6-1）。

图6-1 在巴布亚新几内亚莫尔兹比港和夏威夷威基基我与妻子两度跨入1984年

1983年12月31日，我们从巴布亚新几内亚高地飞回莫尔兹比港。在晚上，我们和传教站的教友、教士们一起欢庆跨年；在午夜，我们用最好的祝愿，迎来了1984年。几个小时之后，我们登上一架巴布亚新几内亚航空公司老旧的波音707，飞行10个小时跨越太平洋，回到了1983年，在当地时间下午4点左右，降落在夏威夷，正好赶上再一次欢度跨年。夏威夷是除了太平洋的几个小岛之外,最后一个能第二次欢庆 1984 年新年的地方,这里要比巴布亚新几内亚晚 20 个小时。

我们在天堂般的夏威夷待了 3 天,然后继续飞往旧金山,伊夫琳·科尔(Evelyn Cole)接了我们。她把她位于帕洛阿尔托附近阿瑟顿的房子租给了我们,让我在去斯坦福大学时可以短暂停留。伊夫琳来自越南,嫁给了美国人亚历克斯·科尔(Alex Cole)。亚历克斯·科尔正在非洲马拉维首都利隆圭做发展援助项目,伊夫琳要去他那里几个月,所以她那座离斯坦福大学不远的漂亮房子就空了出来,让我们捡了个便宜。

客访加州

细数最美大学,第一名非斯坦福大学莫属。它比离它不远的姐妹学校加州大学伯克利分校,排名还要靠前。斯坦福大学 1891 年由美国铁路大亨小利兰·斯坦福(Leland Stanford junior)创建,从建校开始就选定了德语校训"自由之风永远吹拂"(Die Luft der Freiheit weht),尽管该校训受到猛烈攻击,但即使在纳粹时期,这一校训也没有被弃用,一直沿用至今。西班牙殖民风格的建筑依山而建,布满整个长长的校区。

群山把硅谷和太平洋隔开。1984 年那会儿还有很多空地,互联网时代公司林立的硅谷还没有形成,惠普公司鹤立鸡群,半导体公司英特尔正飞速崛起,苹果公司则刚刚起步。我还记得 1984 年 2 月,苹果公司首次推出 Mac 个人电脑,该产品的著名广告在当时的超级碗比赛[80]中首次出现。关于乔布斯的一篇文章中说:"导演里德利·斯科特(Ridley Scott)贡献了一则广告,广告里一名年轻的女运动员向一个团伙投掷了一枚榔头,那个团伙是被奥威尔式的老大所操控的组织。当榔头击穿投影屏表面时,屏幕变成了白色。犹如一道魔鬼闪电,消去了所有过去对黑暗的、极权主义的记忆。"[81]虽然没有提到名字,但谁都知道,广告当中的团伙暗指 IBM 公司。该公司当时拥有的市场权力远远超过今天互联网巨头的权力。乔布斯因这则广告，被人当成"邪教教主"。

学术方面，斯坦福大学的团队与麻省理工学院的团队实力相当，但这一团队的研究兴趣与麻省理工的有所不同。我的主要搭档是戴维·B. 蒙哥马利（David B. Montgomery）教授、西努·斯利尼瓦桑（Seenu Srinivasan）和才23岁的拉吉夫·拉尔（Rajiv Lal），那时他刚在卡内基梅隆大学博士毕业，来到斯坦福开始任助理教授。蒙哥马利教授与麻省理工学院的教授们水平相当，他此前也在麻省理工学院教课。斯利尼瓦桑是方法论专家，为发展联合测量做出了决定性贡献。联合测量在随后的几十年中成为最重要的量化市场研究方法，也对西蒙顾和的日后工作起到了重要作用。拉尔是量化模型制作产量最高的学者之一，他在新成立的《营销科学》杂志上发表了大量论文。他后来去了哈佛商学院，不再从事量化理论研究。

从单个个体来看，我认为影响最大的是罗伯特·威尔逊（Robert Wilson）教授。他在《营销科学》上发表了一篇有关非线性定价的突破性论文[82]，并在一次报告中讲到了这篇论文的逻辑和潜力，这深深吸引了我。我于是突发奇想，觉得可以把它作为博士论文题目，并将该题目给了格奥尔格·塔克（Georg Tacke）。塔克去斯坦福大学做了一个学期的客座研究员，他在1988年完成了题为《非线性定价》的博士论文[83]，这篇论文也成为德国铁路卡（以下简称"德铁卡"）的理论基础。德铁卡是5年之后，我们与当时的德国铁路股份公司市场营销和销售董事海姆杰·克莱因（Hemjö Klein）一起开发的，所以也可以说，1984年在斯坦福大学的一次报告与1993年德铁卡的问世，有直接关联。

加利福尼亚太美了，我不能把时间都花在办公室里和写字台旁。每天我步出住所，欢迎我的都是蔚蓝的天空和绚烂的阳光。这种情景，我感觉更像是勾引我去做一次郊游，而不是整天待在办公室里。在德国，如果你不充分利用好天气，就会有错失某样东西的感觉。这种感觉在几个星期之后不复存在，因为每天都阳光灿烂，即使今天我没能利用这个好天气出去，明天、后天或者等到周末，总是可以弥补，绝对不用担心会下雨。

我们游览了附近的旧金山。这个城市在我看来是美国最美的城市，在波士顿和纽约之上。我们还去了太平洋附近的阿诺努耶佛，并惊叹于海滩上成百上千的海象。在蒙特利，我们寻找约翰·斯坦贝克（John Steinbeck）《罐头工厂》的场景。这本书和斯坦贝克的另外好几部书，我在中学就读过。黄石国家公园的怪石，也令我们流连忘返。

在加利福尼亚的时光给我留下了非常惬意的回忆。我们有一栋漂亮的房子，8岁的女儿上美国学校，没有问题，3岁的儿子也很享受这段时光。我自己也比1979年的时候更放松，当时我正在准备博士后论文答辩，而现在我已经成为比勒菲尔德大学的教授。

重返麻省

哈佛大学与众不同，同样有别于麻省理工学院和斯坦福大学。我不得不说，哈佛大学与美国其他大学的区别，甚至大于一所典型德国大学与一所典型美国大学之间的区别。至少在我看来，对于哈佛商学院来说，一定是这样的。

在哈佛商学院，我度过了1988和1989两个学年。我看到的哈佛商学院，更像是一个拥有强大而独特企业文化的企业。这一独特性有多个方面。成立于1908年的哈佛商学院，是世界最古老的商学院，每年有900名新生入学，设有全球规模最大的两年期全日制MBA课程。在世界500强企业的CEO中，哈佛大学毕业生的占比远远大于其他学校。根据2012年的一份调查，这些大企业中有65个企业的CEO曾就读于哈佛大学，其中40人拥有哈佛大学MBA文凭，是斯坦福大学的4倍。毫无疑问，哈佛大学至今在全球享有最高的知名度和声誉。但是，这个学校也因为存在两极分化的问题而经常成为批评者们的攻击对象。[84]

哈佛大学精美绝伦的校园，就位于查尔斯河畔的波士顿但是，在天气这一点上，斯坦福大学略胜一筹，波士顿的天气与加州相比，只能自愧弗如了。8 月的马萨诸塞州，天气闷热难当，想到我曾在此度过两个冬季，我就瑟瑟发抖。在特别寒冷的时候，有 3 周在 0 华氏度以下，也就是 −17 摄氏度，加上被称为"蒙特利尔特快"的凛冽北风，体感温度经常在 −20 摄氏度以下。在这样的季节，我会更渴望回到温暖的波恩。

哈佛大学的与众不同之处在哪里？我认为第一位的是，在这里，教学被赋予极其重要的意义，这一重要性，与几乎没有例外的案例研究方法的使用密切相关。这一方法在哈佛大学长盛不衰，并为其在全球商学院中赢得了独特的地位。案例研究方法是哈佛商学院的灵魂。达夫·麦克唐纳（Duff McDonald）著书说："这是他们教学方法的基础，这也是他们宁肯花费比学校其他所有投入总和还多的资金用于研究的目的所在。有效编写和教授案例是考核老师绩效的主要标准，也是学校传播其商业思想福音的主要手段。哈佛大学以案例研究方法证明了它的实力。"[85]

全球商学院使用的案例研究大约 80% 源自哈佛商学院，或者至少也是通过哈佛案例交流中心（Harvard Case Clearing House）推荐的。[86] 我亲身经历了教授们紧张准备案例研究讨论的过程。900 名学生每 100 人一组，共分成 9 组，每组同时处理同一个案例。每个组的教授数量通常少于 9 名，因为有些教授同时在两个组教课。在经过紧张的分组准备之后，各组由该案例研究项目主任牵头，集中讨论多个小时，筛选出所有可能的问题和想得到的结果。这并不意味着 9 个组都将以同一方案运行。授课老师自然有自己不同的风格和方式，但激烈的讨论为各种可能性做好了准备，项目主任和其中两三位授课老师"久经沙场"，他们的经验会传授给年轻的教授。

值得一提的还有个人准备时间。这方面我不好多说，但多兰（人称鲍勃）与我合作密切，他每次都会用 10 个小时左右的时间准备每一次案例研究讨论，尽管将要讨论的案例部分是他自己编写的，而且已经讲过多次，但他还是要再过一遍所有细节信息、每一个数据、讨论中可能出现的每一个变量。学生的评价之高，说明这一巨大投入是值得的。多兰始终是评价最高的老师之一，这在这些"教学专家"的激烈竞争中，意味着很多。

教授们深层次的有备而来，要求学生们也得充分"备战"。不过，学生们每天要应战 3 个案例研究，因此需要在精神上高度集中，在时间上充分投入，所以每天都必须学习到深夜。当教授步入课堂的那一刻，学生必须处在最佳状态，因为谁也不知道，教授说完"开始案例讨论"后，谁会被叫到。一旦被叫到名字，那么这个人就需要用大约 15 分钟分析案例并提出解决方案。讨论课打分占总分的一半，所以每位学生都严阵以待，在这种竞争激烈的环境中，没有人甘心落后。小组中的声誉，讨论课上的表现是决定性的。

如何编好案例研究，是一门很高的艺术。一方面，作者和机构要有门路找到企业，企业不仅要愿意公开数据，最后还要允许发表编写的研究报告。这不是理所当然的，因为案例中涉及的往往是错误的决策，这样的案例研究特别能给人启发，毕竟人们从错误中常常能比从成功中学到更多。另一方面，情景再现中的决策不能太过明显，案例研究有意思的地方恰恰在于，要出现两种或者更多貌似现实的决策选择，只有这样才能形成正反双方，才能让双方观点交锋并出现紧张激烈的讨论。

为什么那么多的案例都是由哈佛大学编写的？一方面，这是一种企业文化问题，哈佛大学很重视案例研究。案例研究在哈佛的地位，相当于其他大学在 A+ 杂志发表科学论文。另一方面，案例研究也是哈佛大学在财政上一项利润丰厚的业务。据麦克唐纳的报告，2014 年哈佛大学共出售 1200 万个案例研究，获利 3000 万美元。[87] 如果一个案例成为热门，被世界数百所商学院同时采用，作者可以按使用案例的学生数量得到一笔可观的版税。许多哈佛大学的教授也做咨询，有些还经营企业。从学生和教授的组成看，哈佛大学的国际化程度很高，但同时学校内部仍然非常美国化。这是否是一种矛盾？并不尽然！人们必须承认，美国是对管理领域产生重大影响的国家之一。

犹如麦克唐纳所说："哈佛商学院自始至终是美国商业教育的主导力

量,也主导着国际商业教育。"[88] 美国以外类似的学校且能赢得国际声誉的,很多是哈佛大学的分支机构或复制品,其中包括枫丹白露的欧洲工商管理学院、伦敦商学院(London Business School)和巴塞罗那的西班牙 IESE 商学院,也包括亚洲的一些商学院,如上海的中欧国际工商学院,它受 IESE 商学院的影响较深。

这也就可以解释为什么哈佛大学的学生,更多想学美国的管理,而不是把自己国家的管理方式带到美国。这对教授们来说也一样。像多年和波特紧密合作的竹内弘高,肯定会把这样那样的日本经验带到美国,但他更多的是把美国的经验带回日本。德国籍教授,在美国人数众多,但基本适应了美国的体系,我没听说过哪一位教授成功地把德国的管理学经验带到美国并在美国推广的。坦率地讲德鲁克可以算得上一个,但他已属于另一个时代的人物了。非美国出身的教授大部分来自印度,包括现任哈佛商学院院长尼丁·诺里亚(Nitin Nohria)。这些教授基本清一色使用美国模式从事管理学研究和教学。其中只有两个例外,其中一位是 2010 年去世的策略研究者 C.K. 普拉哈拉德(C.K. Prahalad),其著作《金字塔底层的财富》(*The Fortune at the Bottom of the Pyramid*)[89] 第一次指出了发展中国家的巨大潜力。另一位是来自奥斯汀德州大学的维贾伊·马哈詹(Vijay Mahajan)教授,他始终密切关注着他的家乡印度和第三世界。[90] 对于一流大学,尤其是对于顶级期刊(A+ 期刊),还有如战略大师迈克尔·波特和市场营销大师菲利普·科特勒这样的国际知名学者而言,美国不仅现在是而且还将继续成为管理科学的黄金市场。

有意思的是,哈佛大学对于德国和日本的影响,远较其他国家要小。管理史学家罗伯特·洛克(Robert Locke)对此的解释是:"在德国寻找美式商学院的发展是一种徒劳,不论是德国企业还是德国高校,都没有像美国同行那样进行商业研究的,因此他们提出了与美国不同的教学要求。德国人把企业更多地看成一个具有自身生命的有机整体,而美国人则不带这种幻想,他们认为企业就是赚钱机器。"[91]

我在哈佛大学期间,坐办公室的时间明显少于 1978～1979 年在麻省理工学院时,这要感谢西奥多(特德)·莱维特(Theodore(Ted)Levitt)教授最初给我的建议:"在哈佛,只做你只能在哈佛做的事。"所以,我用了很多时间去谈去听。莱维特就是其中的一位,我与他相识,但从不谈论他在青少年时代与德国人的遭遇。从今天的角度看,我不知道不过多询问这段经历是否正确,但当时我觉得揭开伤疤总有些冒险。

记得有一次碰到伊利诺伊大学厄巴纳-香槟分校的朱利安·西蒙(Julian Simon)教授,我们在校园散步,他总让我感觉有些压抑,突然他开口说:"赫尔曼,你是第一个我与之说话的德国人。"朱利安·西蒙也是犹太人,他是一位全能型天才,不仅在人口学方面,同时也在营销学领域享有很高声誉,他的立场是反马尔萨斯的,即对世界长期发展持乐观态度。此人曾与对未来持悲观态度的知名生态学家保罗·R. 埃利希(Paul R. Ehrlich)在 1980 年打了一个赌,并引起广泛关注。这个赌即所谓"西蒙-埃利希世纪之赌"。埃利希认为,5 种金属的价格在今后 10 年之内一定上扬,西蒙持反对意见,并赢了这场豪赌。如果去掉通胀因素,他在今天也许仍然是对的。朱利安·西蒙于 1998 年去世,他去世时离他 66 岁生日只差几天。[92]

回到哈佛,当时哈佛商学院最年轻的明星是迈克尔·波特。此人在 20 世纪 80 年代早期出版了他著名的著作《竞争战略》(*Competitive Strategy*)[93]和《竞争优势》(*Competitive Advantage*)[94]。随后几年他开始关注国家竞争力,出版了印量很大的著作《国家竞争优势》(*The Competitive Advantage of Nations*)[95]。30 来岁就已经凭借其简单的方案赢得了世界声誉,其中包括"五力分析模型",该模型说明竞争不仅存在于水平方向,而且顺着价值链的延伸,也存在于垂直方向;也包括"U 形曲线理论",该理论认为企业要么应该做到很大很大,要么应该保持小而精;还有"竞争优势矩阵"等。这些理论都将问题归结到几个维度上,以捕捉核心要素,这是波特的专长,这一点从他讲课中也可以看出。他并不完全遵循哈佛大学的惯用模式，75分钟的课，他基本只用2/3的时间做案例研究，其余时间用欧洲模式做系统讲座。我认为这种结合比纯粹的案例研究更有利于学习。波特的学术声誉也体现在很高的H指数上，他的H指数为151，i10指数为500。H指数表示一名作者作品的被引用次数，i10指数表示，其至少被引用10次以上的作品数量。在我认识的学者之中，只有科特勒比波特更高，科特勒的H指数为156，i10指数为747，但波特比科特勒年轻整整16岁，H指数自然会随着年龄增长，因为被引用的作品会日积月累，越来越多。[96]

我在哈佛大学时，波特正从事国际竞争力研究，其中主要包括德国，尤其是德国的集群，这一研究部分与竹内弘高合作，并由克里斯蒂安·凯特尔（Christian Ketel）提供支持。他是为数不多的能理解德国的美国人，他在某种程度上"看透"了德国。1989年3月8日，我在一次与他谈话后做了如下记录：一个国家的工业，在满足以下3个条件时，才能强大：第一，国内市场需求必须高质量和高数量；第二，国家必须有强大的工业基础设施；第三，内部竞争必须十分激烈。

竹内弘高把波特的想法带回了日本。我记得他说，如果在日本内部进行激烈竞争，幸存下来的企业有可能少于7家，但这些企业将征服世界。这话在今天听起来有些令人惊讶，但在1990年以前，这是一种令人刮目相看的智慧。日本的狂热在《改变世界的机器》(The Machine that Changed the World)[97]一书出版时达到了高潮，今天我们已经看到，结果已大不如前。

当时，德国被看成一个问题案例，弱点明显。记得我有一次与史蒂文·惠特莱特（Steven Wheelwright）谈话，他是哈佛商学院生产方面的专家，他谈到了德国工业的弱点，包括以下几点：第一，太慢；第二，工厂软件太少；第三，终端生产中电子化程度太低；第四，软件开发中过于强调寻求"大型解决方案"（他用的词是宏伟计划）。

如今我们也知道，情况有所不同。

还有一位让人印象深刻的人物是罗莎贝斯·莫斯·坎特（Rosabeth Moss Kanter）教授，她从事企业领导问题方面的研究，所以注重心理和社会层面。她对美国工业和政治起到了很大的影响，她曾是当时美国总统候选人迈克尔·杜卡基斯（Michael Dukakis）的亲密顾问。她的学术名望，也体现在她得到的 23 个荣誉博士学位上。

我还认识了其他知名教授，如企业史学家阿尔弗雷德·钱德勒，他曾提出"结构遵循战略"（Structure follows strategy）的口号[98]；他的继任者理查德·特洛（Richard Tedlow）是一个教育程度和友善程度同样高的人；理查德·瓦格纳-法恩（Richard Wagner-Fan），在哈佛待了 31 年之后，于 2011 年去了苹果公司，引起轰动。我尊敬的还有瓦尔特·萨尔蒙（Walter Salmon），哈佛商学院零售方面专家，他真的很懂零售，而我对这一领域始终没有摸着门道。这让我想到麦德龙（Metro）的创始人奥托·拜斯海姆（Otto Beisheim）的 70 岁生日，生日庆典在科隆古洛米亚百货大楼举行，拜斯海姆带我们参观商场，介绍供应的产品，我身边走着的是罗兰·贝格（Roland Berger），我问他懂不懂零售，"那当然。"他回答。我不敢这么确定。马洛丽·萨尔蒙（Majorie Salmon），瓦尔特·萨尔蒙的夫人，一位心理分析学家，也是位知名学者，她走进我的办公室，一个布置很简陋的办公室，撂下一句简单评语，没有吸引力。塞西莉娅认为不能就此不理，于是我们买了一些廉价的印刷品，挂在墙上做装饰。

在哈佛大学，与我合作最密切的是多兰。1979 年我认识他时，他是芝加哥大学的助理教授。他的兴趣在于价格管理，师从罗切斯特大学金融学者迈克尔·詹森（Michael Jensen），并在那里做了博士，毕业后来到芝加哥大学应聘。我们在第一次见面后就保持了密切来往，我们的太太也成了好朋友，我们合作的成果之一是共同出版了《定价圣经》（Power Pricing）一书[99]，该书是 1996 年出版的，至今销量很好，虽然很"古老"了，但在 2016 年该书还进入了亚马逊"畅销书"目录。可惜没有再版，这是因为多兰自 2001 年起担任了密歇根大学罗斯商学院院长，一直做到 2012 年，院长职务太占时间，让他没有空余时间修改再版。2012年重返哈佛大学后，他全心投入教学，兴趣已在别处，我也已经走了别的路，用德语出版了《定价制胜》（Preisheiten）[100]一书，该书被译成英语，并以《定价人的自白》（Confessions of the Pricing Man）[101]为书名在美国出版。

我们两家建立了持续的友谊，多年来两家人经常聚会。多兰始终是一位批判性的对话者，他总是能够洞察问题，一针见血。他的最爱是在哈佛大学教书，常常把"教书之乐"挂在嘴上。除此之外，在给企业纠纷做评估方面，他也赢得了很高的声誉。特别出名的一次是宝丽来和柯达的专利纠纷案，他给宝丽来做评估。讽刺的是，柯达方面请的评估师，也是一位知名的哈佛教授，罗伯特·布泽尔（Robert Buzzell）[102]。宝丽来控告柯达侵犯专利权，最后柯达必须向宝丽来支付9.09亿美元。这样的胜利自然有多兰评估报告的功劳，他的价值也随着该起诉讼案大大提升。命运的讽刺是，如今两家企业都沉沦了，因为它们都没能跳上数码摄影的列车。

哈佛大学的亮点之一，是主要在秋季招聘季举办的高级管理人员演讲会。在演讲会上，我碰到过杰克·韦尔奇（Jack Welch）、迈克尔·戴尔（Michael Dell）等人物，1979年我第一次参与演讲会时还碰到了IBM的CEO弗兰克·T.卡里（Frank T. Cary）和其他很多名人。这些知名的顶级管理人员亲自来到哈佛，尽可能吸引更多毕业生来到他们的企业。在德国，难以想象能有这样的活动。但由于在哈佛大学高潜人才的高度集中，即便是时间宝贵的CEO们，也愿意自己跳上拳击台。我在格拉赫特宫的大学经济研修学院也碰到不少德国高级管理人员，但与哈佛大学的情况还是大不相同。人们可以看到，美国的管理人员在公关方面训练得更好，这一点德国现在有所进步，但尽管如此美国人显得容易接近，在绝大多数情况下，这些人在演讲结束后会举行一个小型招待会，所有人都可以毫无距离地与这些顶级管理人员交谈。

我本人也曾有过一次十分有趣的经历，那是在查尔斯河对面的肯尼迪政府学院，一次MPA（公共管理硕士）的颁证仪式。肯尼迪政府学院是很多国家领导人和名人发表演讲的地方，其中也包括尼基塔·赫鲁晓夫的儿子谢尔盖，此人在几年后移居美国并于 1999 年取得了美国国籍。在 MPA 颁证仪式上，我第一次碰到两位来自民主德国的研究人员，他们得到特别许可，允许其在 1988～1989 年前往肯尼迪学院访问几个月。他们两人在一起时只讲些冠冕堂皇的话，但我偶尔跟其中的某一位一起喝点啤酒，他们嘴里的世界就完全不同了。从单独的谈话中我听出，民主德国已经不可能这样继续走下去了。当我 1989 年年中回到德国开始在美因茨大学教课时，我做的第一件事便是布置了一个博士论文题目《西德企业的东德战略》。只可惜 1989 年下半年和之后一年发生的事情，让做这一论文的博士研究生应接不暇，论文被迫放弃了。

我曾提到哈佛大学的特殊文化。它有多个方面，其中一个是学院俱乐部，教授们每天中午在那里用餐，招待会也会在那里举办，可惜的是这个好去处现在没有了。秋季学期结束时，学院在索内斯塔酒店举办大型舞会，我没在其他学校见过类似的活动。哈佛大学校长德里克·博克（Derek Bok）在 1988 年 10 月 5 日为外国访问学者举办招待会[103]，客人中有一大批德国人，其中也包括上文提到的那两位民主德国学者。在那个时候，我们搞不清楚，我们该怎么叫我们自己的国家，在名牌上，我至少看到 6 种叫法：德国、西德、德国（西）、联邦德国、民主德国、东德。一年之后，这个麻烦被清出了世界，只留存下一个德国。

我在哈佛大学的身份是"马文·鲍尔研究员"。马文·鲍尔（Marvin Bower）是麦肯锡咨询公司的创始人之一，该公司向哈佛商学院捐赠了 4 个客座教授的名额，并以马文·鲍尔的名字命名。在这一项目框架里，哈佛大学邀请 4 位不同学科和不同国家的学者访问哈佛，期限为一年。与我同期的其他 3 位学者分别来自英国、法国和以色列，专业分别是物流、财务和组织，4 人中我是营销学专家。我们都有教授身份，是学院的正式成员。这样，我还进入了美国的社会保障体系，得到一个社会保险号，我从这一基金会得到的退休金，比我在德国做了 16 年教授得到的退休金还要高。不过，在我回到德国后，我还向美国社会保障系统缴费了好几年。与鲍尔的会面，我将在第12章中详述。

商院网络

在德国保险公司格尔林－康岑（Gerling-Konzerns）集团的一次监事会会议上，有人这样说："每一个行业都像一个村庄。"这句话也适用于全球的商学院。几年中，我结识了许多来自不同国家的教授。在欧洲，主要便是上文已经提及的布鲁塞尔欧洲高级管理学院。欧洲高级管理学院又发起并成立了欧洲高级市场营销学院（EAARM），这一名称让我觉得有些尴尬，1984年我做该院院长之后，我提议将其更名为欧洲市场营销学院（EMAC），这一名称沿用到现在。学院现在有来自57个国家的1000多名成员。

借助商学院网络，我得到了更多在国际学术和商务会议上做报告的机会。这种机会的一个侧面是，可以认识很多知名的报告人，并见识他们的报告风格。通过这样的机会，我认识了畅销书《寻找卓越》（*In Search of Excellence*）的两位作者汤姆·彼得斯（Tom Peters）（见图6-2）和罗伯特·沃特曼（Robert Waterman）；我在哈佛已经认识的迈克尔·波特（见图6-3）；因出版《三位一体的力量》（*Triad Power*）一书而闻名的大前研一（Kenichi Ohmae）；"核心竞争力"（Core Competence）概念的提出者普拉哈拉德和加里·哈默尔（Gary Hamel）；以企业再造理论出名的迈克尔·哈默（Michael Hammer）；发表《创新者的窘境》（*Innovator's Dilemma*）的克莱顿·克里斯滕森（Clayton Christensen）等大师。

1992年，我成为伦敦商学院客座教授，并在那里兼职授课至2002年。在一次做报告讲到德国企业生产率时，我用了一个标语式的评价："我们工作时，便是在工作。"我在伦敦商学院的同事帕特里克·巴里斯（Patrick Barwise）教授反唇相讥："你们德国人搞不公平竞争，你们上班时间真的在干活。"[104]

图 6-2　1995 年赫尔曼·西蒙和汤姆·彼得斯在柏林

图 6-3　1993 年赫尔曼·西蒙和迈克尔·波特在法兰克福

　　伦敦商学院提出要给我永久职位，被我拒绝了，我也没有接受欧洲和美国其他一些著名商学院的邀请（包括做院长）。我不想长时间在国外生活和工作的原因之一是，我不相信在一个陌生的国家，我能建立起一张与在德国一样的关系网络。

　　这些关系衍生出了很多超越时空的长期合作。1986 年，丹尼卡·普格

（Danica Purg）博士到格拉赫特宫来找我，她是斯洛文尼亚人，在巴黎索邦大学获得了博士学位。她介绍了一个在当时看来异想天开、根本不现实的计划。她想在苏联势力范围内建立第一所商学院，我在这里没说是"前势力范围"。虽然当时南斯拉夫，尤其是"半国家"斯洛文尼亚，已经在很大程度上摆脱了苏联影响。铁托压制西巴尔干部分地区并入南斯拉夫后于1980年去世，导致南斯拉夫出现分裂迹象，斯洛文尼亚1991年第一个宣布独立。但在1986年，后来的变化还无法预料。

在这种情况下，这位年轻女子要成立一家商学院，我认为非常雄心勃勃且具远见卓识，而普格女士脸上洋溢的坚毅，也让我当真。在第一次见面及以后的来往中，我把我积累的各种商学院和经济系的经验转授给她。普格教授冲破重重阻拦，实现了她的计划。国际高管发展中心（IEDC）成为中东欧第一家商学院，今天已成为自德国边境以东直到乌拉尔河以西地区领先的学校。普格教授的关系网远远超出了小小的斯洛文尼亚的国境，她成立了中东欧管理发展协会（CEEMAN），她本人也已成为当今全球商学院舞台上耀眼的人物。我被任命为IEDC国际顾问委员会委员，因此可以经常访问斯洛文尼亚这个美丽的国家并欣赏布莱德湖的美景。2009年，IEDC授予我荣誉博士学位。

我能想到的类似的长期合作，还有华沙的科兹明斯基大学。该大学创始人安德烈·科兹明斯基（Andrzej Kozminski）教授本来在华沙大学教课，是一位自由思想者，深受制度之苦，华沙条约组织瓦解后，他充分利用这一自由空间，在1993年创立了一家私立大学，并以他父亲列昂·科兹明斯基（Leon Kozminski）的名字命名。我们认识，是通过我在20世纪80年代早期结识的耶日·迪特尔（Jerzy Dietl）教授，迪特尔教授的孙子马雷克·迪特尔（Marek Dietl）博士曾多年担任西蒙顾和管理咨询公司华沙分公司负责人，2017年成为华沙证券交易所CEO。这样，我与科兹明斯基大学的关系就更为密切了。我被科兹明斯基大学任命为国际顾问委员会委员，并把我的经验带给他们。对我来说，在国际委员会的合作进一步丰富了自己，也让我与科兹明斯基教授之间产生了个人友谊。2012 年，科兹明斯基大学授予我荣誉博士学位。

中欧城市中，我去得最多的便是华沙。我父母的故事，对此是否也起着一定作用？但我从来没有尝试去寻找他们曾经的足迹。也许，我该在下次去华沙的时候试试。也许，我什么都找不到，因为华沙在 1944 年起义之后，被德国人完全毁了。斯大林的军队，在河的那边，隔岸观火，袖手旁观。

07

ZWEI WELTEN, EIN LEBEN
Vom Dorfkind zum Global Player

我的中国

少年时代，我从来都没有想过，中国会成为我迟来的爱。

其实我很早而且在很多方面就接触过中国。我的传教士舅舅尼尔斯就曾给我讲过他在香港、上海和青岛的旅程。他的讲述，让这些遥远的城市，在我面前变得生动、刺激、令人兴奋。在中学，我们有一位非常现代的宗教老师，他不仅教我们基督教知识，也给我们详细讲解了亚洲宗教、历史和辩证唯物主义、马克思主义。此外他还介绍了老子和他创立的道家思想、孙子和他的兵法、孔子学说等。

上大学时，我读了马克思的《资本论》全集，也许我是德国人中为数不多读过全集的人。当然，我们也读过毛泽东的著作，当年在德国大学生中，他可是有很多追随者的。20世纪70年代晚期德国开了第一批中餐馆，于是我们也品尝到了中国的烹饪艺术，即使这里的中餐与中国的大相径庭。20世纪80年代中期，我成为德国最大的管理和培训学院院长，与中国的关系日益密切。这种联系的顶峰源自政治学家克劳斯·克尼格（Claus Kernig）教授在卡尔·马克思的故乡——特里尔的一次报告，他在20世纪70年代多次去过中国，并拍摄了大量照片。10年后他再次来到同一个城市，在同一个位置拍下照片，10年前和10年后的照片形成强烈对比。通过这种冲击力极大的方法，人们看到了中国在10年间发生的巨大变化，感受到中国惊人的进步。

1983年，我本人第一次踏上中国的土地——香港，纯属机缘巧合。在结束了庆应义塾大学客座教授的任教后，我们要去巴布亚新几内亚探访舅舅尼尔斯。按原定旅行计划，我们将乘坐美国西北航空公司的班机飞往马尼拉，再从马尼拉转乘新几内亚航空公司的班机飞往巴布亚新几内亚首都莫尔兹比港。但计划赶不上变化，西北航空公司的班机晚点好几个小时才到东京，我们到马尼拉没能赶上飞往巴布亚新几内亚的航班，而这一航班每周只有一趟，与世界边缘的连接十分稀薄，这在今天依然如此。我们不得不在马尼拉滞留7天，因此西北航空公司把我们送到了香港，因为3天后香港当地的航空公司有飞往巴布亚新几内亚的航班，令人开心的附带条件是，西北航空公司替我们出在香港3天的酒店费用。这样，我们的长途旅行锦上添花，免费在香港待了3天。

我们充分利用了这几天的时间游览了这座城市。香港不论在哪个方面，都让我们印象深刻。山峦叠翠的自然风光、鳞次栉比的高楼大厦、富有传统特色的码头市场，传统和现代在香港紧密交融。照片上可以看到我和孩子们一起在港口（见图7-1）。

同时，我们也看到了香港持续的资本化发展。坐车环游城市时，人们看的不仅仅只是香港的城市美景和登高望远的开阔视野，导游时不时地提醒游客，看这位或那位百万富翁（当时还不曾有亿万富翁这个词）的豪宅，这些百万富翁往往从洗盘子起家，发迹成为大富豪。对这种经济成功的崇拜，在社会上蔚然成风。也许在1997年中国对香港恢复行使主权之后，情况依然如此。中国并没有对其完全实行制度一体化，而是给予其一定的独立性，这是中国政府的明智之举。

图 7-1　1983 年我和女儿珍妮（8 岁）、儿子帕特里克（3 岁）一起在香港港口

初步接触

与中国公司的第一次具体接触，是在 20 世纪 80 年代中期。我们管理学院接到委托，要与一家中国大型国营企业合作，在上海培训中国管理人员。合同都已谈好，只等签字，但是我们学院监事会最后却否决了这个项目，认为这一拓展与我们的核心任务差得太远，我们应该把业务集中在德国，培养德国的高级经理人才。我的同事克劳斯·考夫霍尔德（Klaus Kaufhold）博士花了很长时间跟进这一项目，他在一气之下离开了学院，和另一个培训企业一起合作实现了这一项目。我至今仍为此感到遗憾，我们没能实现这个和中国伙伴早期的合作。

不过，几乎同时我们又有了另外一个和中国合作的机会。邓小平提出的经济改革，让中国对按照西方标准搞教育产生了极大的兴趣。我当时参与支持欧盟委员会的一项倡议，在北京设立一个 MBA 项目，项目需要成立一个教务委员会。该委员会由各国教授组成，我是其中一名成员。因此，在中国颁发的第一批 MBA 证书上，教务委员们签下的名字里就包括我的名字（见图 7-2）。照片显示的，也许是中国最早的一份 MBA 学位证书。

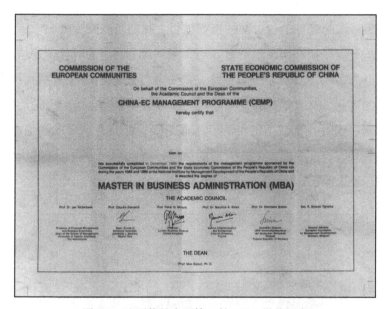

图 7-2　这可能是中国第一份 MBA 学位证书

由这个早期的 MBA 项目，产生了现在位于上海的中欧国际工商学院——一所亚洲领先的商学院。我的好朋友，巴塞罗那 IESE 商学院的佩德罗·努埃诺（Pedro Nueno）教授在其中起了关键作用。中欧国际工商学院的第一任院长是西班牙人阿尔弗雷多·帕斯托尔（Alfredo Pastor），他的继任者是罗尔夫·克雷默（Rolf Cremer），一位德国教授，他在接任院长前已在亚洲和大洋洲工作多年。在他之后担任院长的，是我在哈佛商学院的老友约翰·奎尔奇（John Quelch）教授，奎尔奇在担任了两年院长之后由许特教授接任，我和他在 1982 年就一起在印度尼西亚教管理课程。多年以来，我在中欧国际工商学院做过多场报告，也为那里取得的成就感到震惊。

经济转型

20世纪八九十年代,中国发展加速。一次偶然,成就了广东的一场大会,我在会上做了报告。以后每去一次,我都能更强烈地感觉到中国谋求增长和进步是认真的。

印象最深的是首个在中国的咨询项目,我们当时要为常州市武进区的高新技术开发区招募德国投资者。当我第一次去武进的时候,那块要做高新技术开发区的地方只是一片空地,偶有几处民房。18个月后我再去时,那里已经建起一所大学,有6个学院。武进人明白什么重要,他们的目标不仅仅是吸引寻找低成本的投资者,而是吸引那些有高要求的生产企业,而且还需要有与此相匹配的高素质的员工,所以第一步就是先建大学。这给我的印象太深了。(见图7-3)

图 7-3　2004年武进领导团访问波恩(背景为莱茵河,右一为西蒙顾和管理咨询公司北京分公司负责人陈凡)

那几年我在中国也参观了很多工厂,成千上万的工人从事着简单的工作。我记得有一个工厂,生产了1.6亿只用于手机的麦克风和喇叭。那时候中国仅靠低成本和低价格在世界市场上竞争,产品简单,质量不高。一个典型的例子是广东的一家工厂,这家工厂生产剪刀和指甲刀,在这一领域成为世界第一。企业主有 6 家工厂生产这一简单的产品,销售主要靠杭州的一家销售公司,还有就是参加欧洲和美国的同业展览,竞争优势就是价格低,这家企业的策略代表了当时的中国企业:价低量大。为了取得现象级的增长,低价阶段是不可避免的。

但是,这位生产剪刀和指甲刀的企业主也见证了低价策略的衰落。当我几年之后再见到他时,他对我说,不能再继续这样下去了。他的成本急剧增加,但他无法把增加的成本转嫁到价格上,因为他没有过硬的品牌,他的客户开始从更廉价的国家采购,如越南、孟加拉等国。加上员工队伍不稳定,其他企业出更高的工资拉走了他大量员工。最终,他停止了生产,转而成立了一家培训企业。今天,这家企业由他从美国读书回来的女儿管理。这样的例子也说明,中国企业有很高的灵活性。

即便廉价工厂沉沦,中国的出口依然保持强劲增长。2009 年中国超越德国,第一次成为出口世界冠军。这些年,我在中国做了很多次报告,宣讲德国中小企业,尤其是隐形冠军企业的战略和价格策略。我参观了各种各样的企业,注意到这些企业的发展水平参差不齐,即便看到的现代化企业越来越多,但也有一些企业仍很传统。来自广州的邓地教授经常陪我参观,他在暨南大学教课,自学英语,而且学得非常好。于是,他担任我的导游兼翻译。他到德国看我,也亲自了解了德国的隐形冠军企业,自那时起,我们一直保持了很好的友谊。邓地教授成为有关隐形冠军企业的中国专家,照片是邓地教授和他的一名同事 2006 年与我在广州。(见图 7-4)

下面是我在这些参观中留下的印象。在长沙,邓教授的老家,我参观了三一重工混凝土泵车厂。三一重工在短短几年时间里成为这一领域的世界市场领导者,夺走了德国隐形冠军企业普茨迈斯特(Putzmeister)世界第一的位置,这家企业的现代化程度给我留下了深刻印象。照片(见图 7-5)是三一重工的管理团队,右三是三一重工集团总裁唐修国,左二为邓地教授。

图 7-4 2006 年我与邓地教授及其同事在广州

图 7-5 我于 2009 年参观长沙三一重工

该公司采用了最好的组件,如博世力士乐的液压系统、西门子的操控设备、沃尔沃的卡车底盘等,生产流程也是最新的,因为几乎是同样的翻版,我几个月前恰好在瑞典的斯堪尼亚样板工厂见过。2012 年,三一重工收购了德国的混凝土泵车世界市场领导者普茨迈斯特,这一合作发展很好,这一点得到了普茨迈斯特创始人卡尔·施莱希特(Karl Schlecht)对我的亲口证实,相信他割舍了"自己的孩子",心情应该很沉重。

生活在像德国这样一个小国家的人,很难想象14亿人口意味着什么。和邓地教授一起的一次旅行,给了我一个"原来如此"的经历。我们坐火车从山东省省会济南去北京,当我们在北京下车时,我们名副其实地没入了"人海",我很少见到那么多人挤在一起,我看不到邓教授了,好在我的个子高出了人群,邓教授找到了我。类似的情况发生在2010年上海世博会,我和夫人塞西莉娅一起去参观,突然眼前人山人海,对我们德国人和欧洲人来说,这种情况太不习惯,塞西莉娅感到恐惧,不过,好在并没有发生什么。在上海乘地铁时更需要当心一点,因为在地铁里人群更会相互拥挤。这对我来说太不寻常了,但也还能应付得来。

自那时起,中国经济发生了怎样的变化?每一次,当我重返中国时,中国的进步、新的建筑、最现代的工厂,都令我惊讶到不能自拔。到处可见现代的高速铁路、炫目的机场和同样非常现代的停车场。几年来,我特别关注中国的出口发展,中国在出口方面无论从哪个角度看都是一片光明。如果不只看一年的出口数据,而是看10年的话,2008~2017年,中国更是绝对的世界第一。第二位,美国和德国接近。可以说,中国和德国是全球化最大的赢家,虽然中国和德国企业的对策完全不同,但自20世纪80年代末、90年代初开始,德国企业在中国开设工厂,开发中国市场,仅在上海附近的太仓,就有280家德国企业落户,开设了200多个工厂。克恩-里伯斯(Kern-Liebers),这个生产安全带弹簧的隐形冠军企业和世界市场领导者,于1993年作为德国第一家企业在太仓落户。同年,菲尼克斯电气(Phoenix Contact)——电子接口技术领域隐形冠军企业,在南京开设了第一家工厂。跟随这些先锋,数千家德国企业接踵而至,至今已有6000家企业落户中国,其中约2000家开设了自己的工厂。

相比之下,中国企业在德国并没有太多值得一提的投入。三一重工首先在科隆附近设厂,但这家工厂并没有按计划投产,因为工厂开建后不久,三一重工便收购了普茨迈斯特公司，在德国拥有了足够的生产能力。但这在不久的将来会很快改变，目前有多家中国企业，正在德国拟建或在建工厂。

中国企业国际化起步较晚，方式也不尽相同，方式之一便是并购德国企业。2014～2017年，共有162家德国企业被中国企业并购，同一时间只有31家中国企业被德国企业并购。中国企业的这一策略很有意义。相反，在德国建新工厂意义不大。通过并购，中国企业一举获得了足够的产能、经验和品牌，某种程度上跨越了发展阶梯。今天大约有2000家中国企业在德国落户，最重要的基地是杜塞尔多夫，其次是法兰克福。

2016年，杨一安、陈雷和汤拯发表了一份报告，对3家被中国企业并购的德国企业做了调查。第一个案例是杜克普爱华（Dürkopp Adler）于2005年被中国上工申贝集团收购，中国企业主让杜克普爱华这家工业缝纫机世界市场领导者取得了长期成功。第二个案例是2011年均胜电子收购汽车零部件供应商普瑞（Preh），随后收购消费电子和技术服务公司"Technisat"以及自动化技术生产企业"IMA"，均胜电子引领3家企业在世界市场，特别是在中国市场取得极大成功。第三个案例是消防车生产商齐格勒（Ziegler）于2013年被中集集团收购，这一案例成功的迹象也在逐步显现。

最新的并购，如美的并购领先的机器人生产企业库卡（Kuka）、中国化工集团并购注塑机世界领军企业克劳斯－玛菲（Krauss-Maffei）、潍柴集团并购世界第二大铲车生产厂家凯傲（Kion）等。虽然现在对这些并购做出评价还为时尚早，但我总体的印象是中国并购者对德国企业的管理非常明智，他们让这些企业，其中很多是隐形冠军企业，保持独立，不过多加以干涉。另外，他们不仅放弃从这些企业抽走资金（与美国的私募基金正相反），反而向这些企业注资，以促进并购企业的增长。这些中德合作迄今总体良好，这一点我不仅从与德国企业经理的谈话中，也从与中国企业领导的谈话中得到了证实。看来，中国和德国似乎很般配。

第二本土

很多德国和欧洲企业想要把中国发展成为第二本土市场,这些企业立意坚决,有些甚至已经实现目标。一个典型例子是丹佛斯(Danfoss),这家企业是制冷技术全球市场领导者,其 CEO 约恩·M. 克劳森(Jørgen M. Clausen)几年前就称:"中国将成为我们的第二本土市场。"为了让该目标成为现实,克劳森采取了很多措施,他甚至邀请到丹麦女王和她丈夫访问中国,此举让中国人深为动容。电子接口领域的隐形冠军企业菲尼克斯的总经理弗兰克·施图伦贝格(Frank Stührenberg)说:"中国是仅次于德国、在美国之前的第二大市场"。菲尼克斯公司目前在中国有 2000 多名员工,中国总部设在南京。我问菲尼克斯中国总经理顾建党,有多少德国人在中国上班,他答说:"实际上没有。"菲尼克斯公司真正成为一家德国的中国企业。

同样,在吉利并购沃尔沃后,沃尔沃的 CEO 称"中国是第二本土市场",高档车生产商奥迪很早就把中国宣布为它的第二本土市场。早在 2011 年,大众集团在中国共销售了 226 万辆汽车,占大众汽车全球总销量 816 万辆的近 28%。无论是对大众或奥迪,在 2011 年,中国已经首次成为其全球最大的销售市场[105]。即使像保时捷这样的利基供应商,2012 年中国也已成为其仅次于美国的第二大市场[106]。中国对于德国企业来说非常重要,这一态势仍在继续。2017 年,大众在中国的市场份额达到 14.2%,销售汽车近 300 万辆。奥迪近年在中国市场均保持年均近 60 万辆汽车的销售,占到奥迪汽车全球销量的 8%。奥迪在其"第二故乡"享有很高的声誉,价格也比一应大众品牌的汽车高。这两个品牌都取得了开创性的回报,因为两者都是在 20 世纪 80 年代就来到中国了。当时大众方面起关键作用的是马丁·波斯特,他多次来我们讨论课讲中国汽车生产建设,每次都让我听得很入迷,他关于大众汽车在中国发展的报告,让我得以直观而生动地窥见当时中国的飞速发展。

西蒙中国

对于我创立的西蒙顾和管理咨询公司来说，中国一样成为一个越来越重要的市场。早在21世纪初我们就意识到，我们必须进入这个高速增长的市场，但找到合适的人让我们花费了几年时间。在此，陈凡女士起了关键作用，她曾在卡尔斯鲁厄理工学院学习，并在德国生活多年，在我们德国的办事处取得了丰富的咨询经验。后来，陈凡女士想回到北京——她父母生活的地方。这本来很好，但遇到了意外的阻碍。

2007年，在和宝马公司总部合作期间，我们偶然了解到，"我们的中国公司也在给宝马中国公司做咨询"。当时我们根本没有中国公司，怎么会给宝马中国公司做咨询？谜底揭穿，在北京，有人冒用我们公司的名称和商标做咨询。这对我们来说太意外了，我委托北京的中国德国商会了解情况，德国商会雇请了私人侦探，给我们提供了下面这张照片（见图7-6），显示"我们"在北京的所谓办公室。

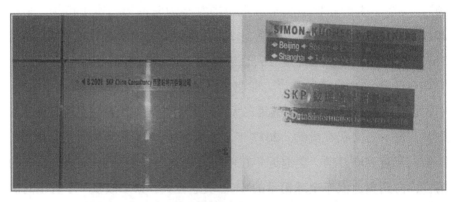

图7-6　2007年开设的所谓的北京西蒙顾和管理咨询公司

一个叫王某的人毫无顾忌地复制了我们的网页和其他材料。我起初还想通过政治渠道（一些还是高级渠道）解决非法仿冒事宜，可惜未能如愿。2008年我儿子去哈佛商学院读书，与一位中国同学说起，这位同学在北京的一家很大的律师事务所工作，答应接手此案。我们走上了北京的法庭，最终在 2010 年让冒牌货出局。现在我们在中国可以用我们公司的名称了，业务正在缓慢展开，因为咨询是需要信任的，培养信任需要时间。现在我们在北京、上海和香港设了分公司，我相信在未来 10 年，我们将在中国一系列城市开设分公司。

无限风光

通过去中餐馆、看图集或者看电影，我看到许多美得令人窒息的中国自然风光画面，我总以为这样的画面，大多是夸张、浪漫化、不合实际的。

我去中国，绝大多数只去大城市。因此，我对中国自然风光的认知，依然十分有限。但是每一次亲眼所见都超出我所有的预期，证明了在中餐馆看到的图画不是凭空想象的。当我们来到桂林，看到喀斯特峰林，我们不敢相信自己的眼睛。这些风景，果真和从画面上看到过的一模一样。类似的风景，我只在新西兰拍诸如《指环王》的地方见过。照片是我和夫人塞西莉娅以桂林喀斯特山林为背景拍的留影（见图 7-7）。

图 7-7　2002 年赫尔曼和塞西莉娅在桂林

在长江上，我们领略了同样壮观的风景。回想我和夫人从重庆到武汉的长江之旅，长江三峡的景象跃然眼前，两岸岩石拔地而起高耸入云。照片我是在长江上日落时分拍的（见图7-8）。

图7-8　我于2002年乘船穿过长江三峡

这一如画的风景，我们有幸在三峡大坝建成之前看到。有一些令人费解的结构，我始终不明白，三峡崖壁上那些方孔是做什么用的。据导游解释，这些方孔中曾经插有木棍，木棍上铺板，纤夫便在上面行走，拉着船只逆水而上。我不知道，是否该相信导游的话。

在武汉，我们欣赏了编钟乐舞，编钟是一种考古发现的已经有2500年历史的古乐器。我们还参观了长江边上高耸的黄鹤楼（见图7-9），还有其他很多景点。在主街，我看到来自世界各国的名牌产品，不得不惊叹，这是在2000年！

变化的中国，不断刷新着我们的印象。令我们最为难忘的一次旅行，是我们全家和山东寿光的朋友杨树仁一家在2018年的一次同游。主人给我们展示了我们从来没有看到过的北京的另一面。我们去认识北京的胡同，住在胡同里一个充满传统的旅馆里，去清朝时期最著名的京剧演员住过的宅子里吃饭。在山西大同，我们见识了云冈石窟中砂岩雕琢出来的许许多多的大佛，为这一世界遗产而赞叹。令我更为惊叹的是大同附近的悬空寺，我感到不可思议，这样独一无二的历史遗迹，能历经千年保存至今。在中国的一些其他地方，我有时感到失望，因为不能看到更多的遗迹。

图 7-9　塞西莉娅·西蒙在武汉黄鹤楼前

在内蒙古，我们认识了一个不一样的中国，其区别与我主要在商旅或报告之旅所见的大城市之大不可言表。在鄂尔多斯，郭秀玲和曹晓旭夫妇给我们准备了一场令人难忘的招待会。夫妇俩都来自内蒙古，在上海开了思安德瑞（Sand River）时尚羊绒公司，把高档羊绒产品销往全世界。他们对家乡充满自豪，也让我们跟他们的家乡走得更近。我们骑着骆驼，走过响沙湾；我们看到了巨大的羊群，了解羊绒从何而来；我们骑上骏马，飞驰在一望无际的内蒙古大草原上。

但是，所有这些强烈的印象，都比不上我们一路经历的主人无比热情的待客之道。主人给我们吃的每一顿饭都让我无话可说，我们碰到的每一个人对我们的友好，都是我在世界上所有旅行中，从来没有碰到过的。这显然是人口稀少地区的特点，所有人，尤其是路途上的人，都有赖于互相的帮助，从而形成了特别好客的文化。内蒙古之行拓宽了我的视野，让我能更好地理解中国。

对于来自小小德国的人来说，中国在任何一个方面，都超出了我们所熟知的维度。中国的人口是德国的 17 倍，中国的国土面积甚至是德国的 27 倍。辽阔的疆域、巨大的城市、铁路、公路、机场、内蒙古广袤无边的平原，所有这一切于我都远远超出了寻常的认知。每次来到中国，我总是需要几天时间，适应这些超乎寻常的大。美国对我来说已经比欧洲大许多了，而中国比美国还要大。我希望在将来，我还能了解这个大国更多美好的地方。

中餐美食

我不知道是否存在轮回，如果真有轮回，我的前生，一定在中国生活过。只有这样才能解释，为什么我对中餐如此钟情。

我的一位已在上海生活了 15 年的朋友萨瓦斯·图米斯（Savas Tumis）教授对我说，他每周至少还能发现一道没吃过的新菜。中餐的丰富多彩，让其他可比的一切黯然失色。我感觉我几乎吃了除狗肉猴脚以外的所有东西，不管是海参还是鹅掌，或者类似的食物，从来没有不好吃的、吃坏肚子的、吃倒胃口的，相反，我始终觉得，与一些友好的人们共同围坐一张圆桌吃饭是一种享受。几年下来，我学会了熟练使用筷子，使用筷子的好处是让人可以慢慢吃而不会吃撑。进食过程和饱食过程同步，这无疑比我们在欧洲经常的狼吞虎咽要好得多。

我现在就已经在期待下一顿中餐了。中餐的多样性和丰富性让我觉得，中国在历史上应该是一个繁荣富裕、讲究美食的国家。当然也有不一样的时期，但这样的厨艺，只能以一定程度的富庶、丰收的农业为基础，积累而成。

学术出版

经年累月,我与中国学者的联系也越来越多。广州暨南大学的邓地教授是我始终如一的宝贵顾问,给我在中国的活动穿针引线。他还曾去卡尔·马克思故乡所在地的特里尔大学,做了几个月的客座教授。我多次去中欧国际工商学院和其他大学做报告,北京的对外经济贸易大学授予我名誉教授称号,在默锐科技有限公司所有人杨树仁的提议下,我于2017年成立了赫尔曼·西蒙商学院。赫尔曼·西蒙商学院的宗旨是致力于隐形冠军的研究和教学。发起人杨树仁从2002年起实践隐形冠军战略,他的企业目前已在3种特种化工产品领域成为世界市场领导者。照片是与寿光市市长一起为商学院的成立揭牌(见图7-10)。

图7-10　赫尔曼·西蒙商学院成立时与寿光市市长一起揭牌

默锐德国分公司总经理迪特·伯宁(Dieter Boening)作为与德国经济和学界的牵线人,对商学院的成立起了重要作用。

我的著作中已有11部被翻译成中文出版,中文版部分图书的销售数量多于德文版。我记得一次与出版商在北京吃饭,其中也包括卡尔·马克思著作的出版商,他说他出版的书,销售量为几亿册,这对欧洲乃至美国的出版社来说,都是不可思议的。但这就是中国,随便拿个数字,就让其他国家的数字微不足道。

我在中国的杂志上发表了数十篇文章，我本人也多次登上中国杂志的封面，这对我一个外国人来说是无上的荣誉。这里是两个例子（见图7-11）。

图7-11　我登上中国杂志封面

我也多次接受中国电视台和广播电台的采访，照片是我在接受中央电视台经济频道采访，右一为主持人，左一的邓地教授担任翻译（见图7-12）。

图7-12　2005年我接受中央电视台经济频道采访

热情好客

我在世界各地遇到的人，大部分都友好，但友好也有所不同。德国人比较严肃，让人觉得保守，有时甚至拒人千里之外，要发展出亲近的关系需要时间；美国人很容易打交道，但关系往往流于表面。

在中国，我体会到了真正的热情好客。多少次，我受到异常友好的接待，鲜花欢迎，礼物留念，让主人那么麻烦，常常让我心生不安。我到过中国很多大城市和地区，不论何时何地，主人都以最大的努力，欢迎和招待来自德国的客人，不论走到哪里，我都感到惬意。

在许多次见面中，我特别留意到，中国的东道主会花很多的时间接待客人，西方不可能这样，遗憾的是连我本人也做不到。我们西方人始终处于时间压力之下，好像总是匆匆忙忙，有一份僵化的时间表。中国人要灵活很多，他们是随机应变的大师，事情也总能办成。我想起在广州的一个晚上，我和中国朋友一起吃晚饭，第二天一早我要飞上海。过了 8 点我询问明天几点的飞机，他安慰我说还没安排，但不用担心。到了深夜我才知道，已经定好了明天上午 11 点飞往上海的飞机，第二天一切正常。这样的事情总是发生，很随意但一样能成。

我感到特别好的一点是，中国人在吃饭时总是起身离席，走到别人面前单独敬酒。也许这也正说明，为什么吃饭永远是高潮，是中国人热情好客的显著象征。作为欧洲人，需要适应皇室般严格的座位排序，不过在最近，我也看到一些相反的新变化，大领导故意坐到次要一些的位置上。

我感觉自己最大的弱点是不会说中文，但在这一点上，我是一个毫无希望的个案，即便是讲欧洲的语言，我的德语口音仍然去不掉，而对中文来说，正确发音自然必不可少。因此我不得不认命，不能尽情挥洒与中国朋友和对话者交流的所有潜力。尽管如此，就算语言存在问题，我还是感觉，我们总能相处很好。让我感到困难的是记住中国人的名字，这一方面是因为，一些姓氏如王、杨、徐经常出现，另一方面是因为我对语言缺乏了解，不懂名字的含义。由于这一弱点，我常常会因为想不起对方的名或姓而陷于尴尬。不过，在欧洲也会有这种情况。

有惊无险

在中国的一个大城市，名称我不在这里提了，一位熟人开车接我去一个会议中心，我要在那里做一个报告。我们在城里绕来绕去，开了45分钟，我突然说："这不是我们的酒店吗？我们在哪儿呢？"城市实在太大，就连住在这里的人也迷路了。我们请一辆出租车带路，又开了45分钟，才终于到了会议中心。好在只晚到了几分钟，没有耽误报告。

在北京的一次会议，情况又有所不同。我入住的酒店离会议地点大约8公里，保险起见，我们比报告时间提前两小时出发，但途中遇到了堵车，堵得水泄不通，我晚到了一个小时。这真是一件令人无地自容的事情，因为让500多人整整等了一个小时，但听众对我的迟到很宽容。我开始报告时有些紧张，但过了一会儿情绪就恢复了正常。

如果经历连续多天的长途旅行，我便会感觉没着没落，总觉得好像忘了点什么，这种感觉从我在酒店打包行李开始一直延续到我抵达目的地。就算彻底检查了酒店房间，也不能保证所有的一切都已带上。最为糟糕的是，有一次做完报告已经在去机场的车里，我突然发现护照落在酒店的保险柜里了，没有别的可能，我只能返回。好在护照还在，虽然多绕了一圈，飞机还是赶上了。危险之处还在于上飞机后，当我把东西放在自己座位下方或旁边的空座上，下飞机时遗忘行李的可能性很大，我就曾好几次把读写机落在座位上，却几次都幸运地找了回来。我也多次在自己座位上发现前面的人落下的手机，显然，我也不是唯一健忘的人。

我的正式访问中有一次得到了警车护送，警车在需要时闪警灯或鸣警笛，以保证道路畅通，我们可以快速行驶。警车也护送我去过机场，而机场却在另外一个省。休息时我问警察，是否会一直把我送到机场，警察回答:"不能,我们不能进入外省境内。"

一次去中国,想让中医看看我有毛病的膝盖,陪我的团队带我去了一家中医医院,医生让我进了检查室,陪我的一班人马都进了房间看着我接受检查。这对我来说太不正常了,但对所有在场的人来说似乎极为平常。于是我想,理当如此,没什么大不了的。

一次我和卡尔斯鲁厄理工学院的一位机械制造教授一起应邀赴宴,去到那家漂亮的饭馆需要20分钟车程。起初,一切顺利,但随后遇到了一个上坡,载着3人的出租车爬不上去了,机械制造教授认为,离合器打滑了。在闻到一股焦煳味儿之后,我对陪同说:"先让我们下车吧,别等车烧坏了。"说了便做,我们下了车,步行上坡,没有我们在车里,出租车也爬上了坡,上坡之后我们再次上了车,剩下的两公里路,出租车载着我们以步行速度到了饭馆。

正如我在本章开头说的,中国对我犹如迟来的爱。每一次,当我来到中国,都会为中国的进步、速度和创新能力而震惊。除了这些成就,中国人非同寻常的热情好客,也每每吸引着我不断重返中国。我期盼,一次再一次,到访这个神奇的国家。

ZWEI WELTEN, EIN LEBEN
Vom Dorfkind zum Global Player

教授生涯

相见彼岸

相较于比勒菲尔德这个城市本身更有名的是一句咒语:"不在这个世界相遇,便去比勒菲尔德相见。"1994年出现一个所谓的"比勒菲尔德阴谋",让这座城市更加出名。该"阴谋"戏称比勒菲尔德这座城市根本不存在。人们对这座城市的态度呈现出两极化,比勒菲尔德人却对此兴奋不已。坐高铁经过的人,一般不会在比勒菲尔德下车,而下车的人往往是教授,因为比勒菲尔德有一所很大很好的大学,根据《时代》杂志评选的全球高校排行榜,比勒菲尔德大学属于世界高校300强之一。[108]

我参与了比勒菲尔德大学的筹建,不过只是一个小角色。每所大学在成立之初都一样,成立时没有教授,没有助理,也没有学生,于是就得请其他大学的有关人员,成立一个教务委员会,我作为波恩大学国民经济管理学系的学生会主席，被指派前往比勒菲尔德大学教务委员会。[109]

北莱茵－威斯特法伦州科学部最初的计划是在比勒菲尔德建一所研究型大学，与其他大学比，这里的教授们授课的压力减轻，科学部还要请来顶级学者，他们可以在东威斯特法伦相对僻静的环境中潜心于研究。克雷勒教授这样描述这一计划："当规划比勒菲尔德大学时，人们考虑建一所比较小的、致力于研究的大学，以吸引各领域对研究感兴趣的同事，借此传承研究和教学相结合的老传统。"[110]

这一雄心勃勃的计划，开始很令人鼓舞。首批任命的教授中，包括泽尔滕，他后来获得了诺贝尔经济学奖，也是德国唯一一名诺贝尔经济学奖获得者。后来，还任命了卡尔·克里斯蒂安·冯·魏茨泽克（Carl Christian von Weizsäcker）教授，他也是一位国际知名的经济学家。社会学系的尼克拉斯·卢曼（Niklas Luhmann）和弗朗茨－克萨维尔·考夫曼（Franz-Xaver Kaufmann）也是两位大家。但这样的成功没能继续，后来对一些高级学者的任命，均以失败告终，比如试图把波恩大学的克雷勒教授和阿尔巴赫教授转招到比勒菲尔德大学。阻碍这一雄伟计划实现的主要因素，是比勒菲尔德大学的地理位置没有吸引力。

对我来说，在比勒菲尔德大学教务委员会的工作丰富了我的生活，开拓了我的视野。我从一个新的角度，了解了一所大学面临的挑战。我拓展了与德国众多大学成员的关系网络，而这段时期积极向上的精神，也激励了我对科学和研究的兴趣。只是当时我还想不到，多年以后我自己也会成为比勒菲尔德大学的教授。事实上，我自1979～1980年冬季学期开始在那里教课，开始几个月我只是作为代课老师在那里任教，等我结束博士后学业之后才被正式任命为教授。

生命之流并不总是均匀的，有些阶段，经历爆棚，让人记忆深刻；又有些阶段，平淡无奇，风平浪静，让人记忆淡漠。我在比勒菲尔德的时光，与在美国不同，只属于后者。我教课、做研究、批改作业、参加口试、批改硕士研究生论文、带博士研究生，也就是做教授该做的一切。也有或大或小的成就，比如在知名杂志发表文章并出版第一版《价格管理》(*Preismanagement*)[111]和《商业信誉与营销策略》(*Goodwill und Marketingstrategie*)[112]，还有就是我的首批博士研究生库赫尔博士和塞巴斯蒂安博士毕业。没太大意思的是从事行政管理，开没完没了的会议，还有就是做了一年经济学系主任。但这一切都属于一个整体，我总说，如果工作的70%带来快乐，只有30%成为负担，那这种平衡便是正常的。

我们的教职员队伍严格限定人数，这种做法依我看有利有弊。有利的一面是学生可以自主选择课程。在大学开始时就是这样，主修课程更是如此。达不到教学要求的学生，从一开始就避开了比勒菲尔德大学，波恩大学与之类似。基础阶段会有大量学生被淘汰，结果是，我们在高年级的学生数量很少，但学生水平高于平均水平。不利的一面是，教学内容非常偏向理论并依赖模型。

但总体来说，教学和研究的质量很高，虽然大学还很年轻，但已赢得国际认可。我是那里的第一位营销学教授，我成功地把我带的所有博士研究生，都送去美国顶尖大学学习半年。库赫尔先去与我们有项目交流的佐治亚州大学学习一年，然后去了芝加哥大学，塞巴斯蒂安和克劳斯·西莱克（Klaus Hilleke）去加州大学洛杉矶分校做了客席研究员，格奥尔格·塔克去了斯坦福大学从事研究。

我们也经常邀请外国教授，包括利特尔、弗兰克·巴斯、约翰·奥塞尔（John Hauser）、理查德·施迈伦瑟（Richard Schmalensee）、利林等人。毕业生质量可以从他们的职业发展中得到验证，哈特姆德·奥斯特洛夫斯基（Hartmut Ostrowski）成为贝塔斯曼管理公司董事长，布卡德·施温克（Burkard Schwenker）多年领导罗兰·贝格咨询公司。西蒙顾和的建成和发展，比勒菲尔德大学的毕业生起了关键作用。莱昂哈德（莱尼）·菲舍尔（Leonhard（Lenny）Fischer）36岁就成为德国一家大型银行最年轻的董事，他也是比勒菲尔德大学的学生。众多中小企业和隐形冠军企业的负责人，尤其是东威斯特法伦地区的负责人，都曾在比勒菲尔德大学学习。

20世纪80年代出现改善妇女地位的各种呼声，于是也导致了大学里的很多名词中性化，Studentenwerk（学生照管处，此处的"学生"为阳性名词）改名为 Studierendenwerk（学习者照管处，此处的"学习者"为中性名词），最为轰动的是工商管理硕士学位，不能只颁发 Diplom-Kaufmann（男商人），对女性毕业生应颁发 Diplom-Kauffrau（女商人）。这一革新引发激烈争论，我的一名同事坚决反对，我则对此保持克制，因为我根本无所谓。今天来看，这类争论十分荒谬，人们应该从中吸取什么样的教训？对于任何革新，人们都不应该急于下结论，尤其是当这一结论为情绪所左右的时候，因为结论往往可能被纯粹的习惯所左右，而不是出于对对错的理性判断。人们应对所有革新首先持观望态度，而不是马上拒绝，或者马上跟风，而是通过对支持和反对立场的分析，做出理性判断。最好还要从未来的角度观察问题，想想5年或10年之后，人们会怎么看这一主张？即使眼前不看好，它会不会一样得到执行？对一些主张，如果它不管这样那样都会实施，那么与其斗争便是徒劳无益的。

我在比勒菲尔德大学的任教因多次休假而中断，其中3年我到科隆附近的格拉赫特宫担任大学经济研修学院学术院长，而我在比勒菲尔德大学的教学和监考责任则由其他人代为履行，帮我代课的首先是讲师福克特·哈瑟堡（Fokkoter Haseborg），哈瑟堡不久被任命为汉堡大学教授，他的工作便由讲师卢兹·希尔德布兰特（Lutz Hildebrandt）接替，希尔德布兰特后来去柏林洪堡大学做了教授。还有一年我去哈佛商学院任教，这也得感谢比勒菲尔德大学。几年休假都是带薪的，所以也不乏有人反对，就有一名学生在《经济周刊》上发表文章说："美国人不需要营销学方面的指导，可是为什么西蒙还在哈佛商学院教书？西蒙先生应该回到比勒菲尔德大学教课，1000多名学生会为此感到高兴。"[113]

比勒菲尔德大学的一大特色是其建筑结构，"改革大学"的想法，要求内部实现跨学科的紧密合作，为了方便和促进这一合作，所有系都放到了一个大楼里，大楼的核心部分是一个玻璃屋顶的大厅，犹如中世纪城市的中央市场。事实上，这一"市场"有人们每天所需要的一切，商店、饭馆、邮局，甚至还有一个游泳池，从市场出发，也可以直通课堂。各院系所在楼层下面的第一层为各自的图书馆，往上直到 10 层，分列办公室和教室。按这一方案盖成的巨型大楼总共有 120 万平方米，实际使用面积有 14 万平方米。效率是不能再高了，从我在 10 层的办公室，可以在最短时间到达教室、图书馆或饭馆，几分钟之内可以解决采购。不过，这样一个大楼，是否人性化？在里面舒服吗？让历史来评价吧。

宫殿主人

谁不曾梦想，有朝一日"住进"一座宫殿？我就有幸享受了一回。3 年时间，我在一座巨大的宫殿里，有自己的办公室。与比勒菲尔德大学的教学楼相比，这种反差没法更大了。

格拉赫特宫是科隆周围地区最为令人赞叹的水上王宫，秀丽的王宫由两部分组成——U 形的前殿和 L 形的主殿，王宫花园最初按法式风格建成，19 世纪改建为英式乡村风格。整整 400 年，这一精美绝伦的王宫属于沃尔夫－美特尼西（Wolff-Metternich）家族，直到 1945 年该宫殿都是沃尔夫－美特尼西家族的主要住所。格拉赫特宫降生过很多名人，1658 年那里诞生了弗朗茨·阿诺尔德·冯·沃尔夫－美特尼西（Franz Arnold von Wolff-Metternich），此人后来成为帕德伯恩和明斯特大主教；1829 年出生的卡尔·舒尔茨（Carl Schurz），曾在 1848 年为自由而战，后来成为美国内政部部长。[114]

我是如何搬进这个美丽的工作地点的呢？很简单，我被任命为格拉赫特宫大学经济研修学院学术院长。大学经济研修学院 1976 年从科隆搬到格拉赫特宫。1969 年，应我导师阿尔巴赫教授和他波鸿大学的同事瓦尔特·比塞·冯·科尔贝（Walther Busse von Colbe）教授倡议，大学经济研修学院成立，学院由 110 家企业赞助，囊括了德国所有大公司和精选出来的中小企业。根据最初设想，学院将由一位教授领导，他的一半时间用于在波恩大学任教，另一半时间用于研修学院的工作。这一设想得到北莱茵-威斯特法伦州同意，出于这样一种一半一半的组合，学院便起了这样一个名称。但这样一个有意义的计划，却于1968年政治动荡中遭到左派和大学部分人的强烈抵制，反对者称，不能让企业通过这样的结合，影响大学的学科设置。最终，大学和私立教育学院一体化计划夭折，工业界继续走自己的路，但保留了大学经济研修学院的名称。

学院的任务是对具有更高潜质的高管做管理培训，类似于哈佛商学院和欧洲工商管理学院的高级进修班，特别偏重于对技术人员和自然科学家的管理培训，为期3周的"技术人员和自然科学家工商管理培训班"（BTN），至今仍然深受欢迎。德国统一后，一个类似的德国企业协会在柏林成立了欧洲管理和技术学院（ESMT），学院设在原民主德国的国务委员会大楼内。德国工业界不想让两家学院并列存在，便把大学经济研修学院并入了欧洲管理和技术学院，成为后者的高级教育臂膀，但大学经济研修学院仍然留在格拉赫特宫，目前院长是乌尔里希·林霍夫（Ulrich Linnhoff）。

我1985年走马上任的时候才38岁，无疑是大学经济研修学院历史上最年轻的学术院长。大学按我预定的3年任期给了我假，这样保证了我能专注于新的任务。我感觉，领导大学经济研修学院，对我既是挑战，同时也很适合。我曾在阿尔巴赫教授那里受到了严格的训练，当我还只是名年轻的助手时，他就让我参与管理研讨会的工作。我二十四五岁就不得不面对经验丰富的经理们，他们往往比我大十几二十岁，在世界很多国家积累了经验。容易一点的任务是讲课，因为我可以提前准备和计划。技术人员和自然科学家特别感谢能获得这样的知识，因为他们在实践中经常碰到诸如成本核算、融资和定价等问题，却没有得到过系统的教学。

难度要大很多的是完成案例研究讨论。成功的案例研究，就是要引发争论激烈的讨论，这就要求专业上必须过关，记牢案例研究中的信息，更为重要的是要有能力引导讨论并控制讨论节奏，而且在讨论结束时要得出一些明确的结论或教训。我第一次和阿尔巴赫教授一起参加讨论课，坦诚地说，那的确是我第一次参加这种形式的课。讨论课是在1975年10月，巴德瑙海姆的一个酒店举行的，我眼前坐着30名老道的赫希斯特公司的经理，赫希斯特当时是德国最大的化工企业，也是世界最大的药企。阿尔巴赫教授事后对我承认，当我介绍自己是毫无经验的新手时，他的心沉了一下。但我通过两个星期的烈火洗礼，不仅没有被灼伤，而且当时建立的联系，成为10年后西蒙顾和的重要起始资本——赫希斯特是我们最初几年的最大客户，而其中几位对话伙伴，便是我在第一次管理讨论课上认识的。

除了哈佛的案例研究外，我们也使用阿尔巴赫教授编写的案例。最早这些管理讨论课积累的经验，对我来说非常有意义。通过在欧洲工商管理学院教课，我在这方面的知识得到不断的丰富。对我来说最大的认知是，与理论不同，实践中很少有简单明了的解决方法，而必须权衡可能的处理方法的利和弊，对执行人及其动机的理解，在此尤为重要。这本来只是一个浅显的认知，但对我以后的咨询工作却意义极大。对自然科学家、销售员或者金融专家，解释的方式必须有所区别。

凭借这些经验，以及在麻省理工学院和斯坦福大学的经历，我感觉在格拉赫特宫担任领导职务绰绰有余。我给自己设定的目标之一，是让大学经济研修学院大幅度国际化，因为当时它还是一个很德国化的机构。但我可以在这里说，这一目标基本失败了。因为要实现真正的国际化，必须换掉大部分的人员和讲师，这在3年之内不可能做到，而一部分内部阻力可以说是非常巨大，我们虽然引入了几个英语研修班，但更多的想法"流产"了。国际化努力失败的教训是，一个非常本土化的团队和组织，很难实现国际化，这对服务行业来说更甚于对生产行业，因为服务行业的人员必须是"国际化的"。

格拉赫特宫的3年，属于我人生最美丽、事业成长最快的时光。我当时没有意识到的是，这段经历甚至对我后来的路，也起到了里程碑式的决定性影响。在格拉赫特宫，我学到了什么？哪些是特别之处？我第一次和一位负责行政、基础设施、酒店等事务的行政院长一起领导了一个相对较大的机构，学院虽是公益性的，不能盈利，但它必须赚出自己的经费。这个拥有 50 名员工、大批大学教授的学院必须能够有足够的资金给其支付工资和报酬，并能支付宫殿使用的昂贵费用，这不是一件容易的事情。我们是一个中小型企业，管理和发展这样一个企业，给我带来极大的乐趣。从一开始，我就嗅到了一种新的机会，发展的动力在心中萌芽。

我们有一个稳定的研修班课程设置，却只有很小的发展潜力，提供的课程基本爆满，但涨价的空间却十分有限。这倒不是因为需求不足，而是因为学院的所有者和客户基本是同一个群体。所有者组成的理事会自然希望收支平衡，如果费用增加，他们会同意涨价，但他们同时会想，他们也是客户，要把员工送来培训或者购买为企业量身定制的课程，就得支付更高的价格。出于这种考虑，他们会阻止涨价，我们只能十分有限地涨价。增长点是开设新的课程，这方面举例来说，我为医药和贸易开设了新课，还增设了总经理培训班。我们把重点放在为企业提供量身定制的课程上，赢得了像通用汽车公司这样的大客户，由此我也更进一步地认识了欧宝和通用汽车在底特律总部的高层领导。总体而言，我在任的这 3 年，成功地把学院的营业额从 350 万马克提高到了 600 多万马克，这可以算是对我没能成功实现国际化的些许安慰。

格拉赫特宫的生活偶有美中不足是因为行政院长。他是常设院长，所以想当然地把自己当成真正的宫殿主人，与 3 年一任的学术院长之间产生摩擦是家常便饭。阿尔巴赫教授作为大学经济研修学院的创始人和影子院长，就因为这种情况不想再管格拉赫特宫，而是转向了科布伦茨的法伦达尔商学院（WHU）。我的继任者罗尔夫·佩费科芬（Rolf Peffekoven）教授，干了半年就拂袖而去了。我在开始时也遇到了困难，但随着时间流逝，我逐渐战胜了自己。《经济周刊》对此评价说："在这一不平等的拳击赛中，赫尔曼·西蒙占据了主动，比勒菲尔德大学的营销学教授让所有小的攻击不攻自破，西蒙巧妙地展示着自己的外部影响，并以此影响大学经济研修学院。"[115]但我并不排除，在阻拦我们的中国计划之中，行政院长可能插了手。

人脉爆棚

我在格拉赫特宫那段时间，最令我开心的事是人脉爆棚。这些社交网有三个方面：组织机构、讲课老师和听课学员。

我的顶头上司是拜耳股份公司董事长赫伯特·格吕内瓦尔德（Herbert Grünewald）教授，他是赞助者协会主席，他的助手是德意志银行董事霍斯特·布加德（Horst Burgard）和赫希斯特公司的董事埃哈德·布伊隆（Erhard Bouillon）。这三人都是老派绅士，在他们手下干活和与他们合作都非常愉快，他们同意我所有建议，只是在国际化问题上我碰到了壁垒。这件事让我感到蹊跷的原因是，至少拜耳和赫希斯特，那时已经成为真正的全球化公司。

托管董事会是一个相当于监事会的机构，主席是奥托·沃尔夫·冯·阿梅龙根（Otto Wolff von Amerongen，1918—2007），德国经济界的知名人物，还有德意志银行董事长阿尔弗雷德·赫尔豪森（Alfred Herrhausen，1930—1989）博士。成员的级别很高，而且这些高级管理人士会亲自参加会议。

赫尔豪森是我见过的组织能力最强的人之一，但他的身份优越感也很强烈，当时安全问题很敏感，每次他来访或者来做报告，头天便会来一个安全小组检查宫殿。他是唯一一个被允许坐车过桥进入内院的人，还有保安车护卫。也许早年间的宫殿主人，也是这样进入他们的宫殿的。

形成强烈对比的是时任瑞士银行联合会总干事的来访。[116]瑞士银行联合会当时管理的资产，从规模来说至少和德意志银行一样大，其总干事瓦尔特·弗雷纳（Walter Frehner）来访时坐了一辆大众出租车，他在宫外下车,拎着个小公文包,按门铃自报家门:"我叫弗雷纳,我来做一个报告。"没有人会认出他来,或者会想,这个不起眼的小个子是个什么角色?

赫尔豪森不乏自信,他和奥古斯丁·海因里希·格拉夫-亨克尔·冯·唐纳斯马克(Augustinus Heinrich Graf Henckel von Donnersmarck,1935—2005)伯爵是朋友,一个巴洛克的佩蒙特遗老,经常来格拉赫特宫做报告。一天晚上我们一起坐在饭馆,说起科隆红衣主教约瑟夫·赫夫纳(Joseph Höffner,1906—1987),奥古斯丁说,赫夫纳拿下了4个博士学位,能有如此成就的人一定不会太多,只听赫尔豪森开口说:"奥古斯丁,如果我们想的话,我们一样也能。"

赫尔豪森1989年11月30日遇害身亡,当时我正坐在慕尼黑MTU公司(今天的MTU航空发动机公司)董事京特·瓦格纳(Günther Wagner)的办公室,瓦格纳的秘书走到瓦格纳跟前说:"赫尔豪森刚刚被谋杀了。"我们深感震惊。

格拉赫特宫社交网的第二部分是讲课老师。这部分人由实习生和学者组成,我们请了大量学术方面的助手,让我记忆深刻的有卡尔海因茨·施武晓夫(Karlheinz Schwuchow),他是我的博士研究生,现在是不来梅大学国际管理教育中心主任。施武晓夫后来成为人事发展领域的权威,25年多来,与约阿希姆·古特曼(Joachim Gutmann)一起发表人事发展手册,2018年手册的名称是《2018 HR 趋势——策略、文化、创新和方案》[117]。还有一位扎比内·劳(Sabine Rau),当时是格拉赫特宫的助理,现在已成为柏林欧洲管理和技术学院教授,是该学院隐形冠军研究院(HCI)第一任院长。

除了学术院长,格拉赫特宫没有教授级别的专职教师,而是请国内外各大学的教师做兼职,但讲课老师中大部分是高级别的实习生。从这一圈子,我结识了数百名德国工业界的顶级管理人员,其中有众多大企业和大型中小企业的董事长、董事会成员和部门经理。3年时间我结识了西门子、博世、曼内斯曼、蒂森、克虏伯等大批活跃于德国电子、汽车、化工、科技领域大型企业的董事，这些企业贯穿于整个德国经济。还有个别较大的中小企业的老板也会亲自来访，比如通快（Trumpf）集团的老板贝特霍尔德·赖宾格尔（Berthold Leibinger）教授，他的直升机直接降落在宫殿内院，掀掉了屋顶一堆瓦片，到今天见到赖宾格尔时，我们还在讲这一笑话。

这些来自企业的经理和企业主，是大学经济研修学院的基石，因为他们的讲课，保证了学院能够切近实际。1988年《经理人》杂志发表了一篇报告，报告调查了500名德国企业主管进修培训的负责人，得出结论："显然，重要的是课程的实践意义，这也是为什么大学经济研修学院为德国进修培训专家高度肯定的原因，大学经济研修学院甚至胜过知名管理学院如欧洲工商管理学院、圣加仑和哈佛。"[118] 需要加注的是，调查人群是德国企业进修主管。

格拉赫特宫社交网的第三部分是听课学员。我所在的3年，亲自负责大学经济研修学院的旗舰项目总经理研修班。这一培训班开始由阿尔巴赫教授负责，培训课程为期10周，这一高级课程于1969年开设，上课地点在波恩附近的圣奥格斯丁修道院，修道院的气氛与培训班所要求的艰苦学习相得益彰。除了授课内容外，课程的主要目的，是培养有潜力进入董事会的经理人才，把他们组织到一起，大家有明确的目的，经过数周紧密接触，培养终生的友谊。不过事实证明，为期10周有些长了，于是我们把这一课程缩减到6周。

6周的培训时间课程安排很紧，每天从早锻炼开始，8点开始上第一节课，一直要持续到晚上，晚饭之后，8点还有一个讲座，讲座结束还要准备第二天的案例研究，所以大部分人，包括我本人，很少能在午夜之前上床睡觉。这6周中，每堂课我都亲自参加。我们请来的讲师有100多位，其中不仅有经济领域的高级管理者，也有政治家，如联邦部长、联邦高级部门负责人，其中包括联邦反垄断局局长沃尔夫冈·卡特（Wolfgang Kartte），还有将军，如联邦国防军海军上将迪特·维勒斯霍夫（Dieter Wellershoff）。

总经理研修班名称里这个"总"字名副其实，课程覆盖一名高级管理者可能涉及的所有领域，此外研修班还加入了神学家、社会学家和艺术家的报告。我亲自负责了 3 期研修班，每期 30 人，这 90 名学员中只有 1 名女性，多洛媞·施泰因 – 格林（Dorothee Stein-Gehring），她是斯图加特机械制造商格林公司的老总。一些学员后来成为董事长，如 BHF 银行的彼得·格吕施泰恩（Peter Strahammer）博士、奥钢联集团（Voestalpine）的彼得·施特拉哈默（Peter Strahammer）博士、拜耳材料科学公司（今天的 Covestro 股份公司）的哈根·纽伦贝格（Hagen Noerenberg）博士、药剂师和医师银行的京特·普雷乌斯（Günter Preuss）、腓特烈港 MTU 公司（今天的劳斯莱斯动力系统公司）的罗尔夫·汉森（Rolf Hanssen）博士和德国汽车驾驶员协会（ADAC）主席彼得·迈尔（Peter Meyer）。还有其他很多人也成为各行各业的董事会成员。

在阿尔巴赫教授时期就有学员重聚活动，人们可以称之为同班聚会，由学员组织，这一传统至今保留，这让学员结下终生友谊的初衷成为现实。学员的家属也被邀请前来格拉赫特宫参加聚会，通过相互认识，加强友谊纽带。

从今天的视角，如何评价这一研修班？它与哈佛主要以案例研究为基础的课程完全不同，我们这里的参加者都是企业的控制者，讲授的是"亲历案例研究"。我在格拉赫特宫 3 年时间，听了 458 堂课，其中企业家讲的 345 堂，大学老师讲的 113 堂。从这些数量巨大且花样繁多的讲课中，我得出以下经验：人比他们讲的内容重要。老实说，他们讲课的内容，我记住的不多。但这些人，尤其是他们中个性鲜明的人，我从未忘记。

直到今天聚会时，格哈德·阿克曼斯（Gerhard Ackermanns）的故事仍在不断重提，他是消费品连锁店"全买"（Allkauf）的创始人，后来他把这个连锁店卖给了麦德龙，由此诞生了"利来"（Real）超市连锁店。阿克曼斯继而转入了新兴的私立电视行业，成立了 Pro7 电视台。Pro7 与 Sat1 合并后，形成了今天的 ProSiebenSat1 电视台。当他被问道，为什么给连锁店起名"全买"时，他回答得干净利落："很简单，全部都买（Alle Kaufen），全买（Allkauf）。"这样的命名方式别的公司也有，比如现购自运批发连锁店"自批"（Selgros），便是从"自助批发"（Selbstbedienungsgrosshandel）缩略来的。这种特性在中小企业比在大型企业更为典型，我在后来做隐形冠军企业调查时，碰到了很多这样的例子。

格拉赫特宫是静怡的天堂，宫殿位于埃尔福特市的里普拉尔，这个地方地处科隆附近莱茵褐煤产区[119]。当人们跨过宫殿护城河的小桥，穿过厚重的橡木门，步入宫中内院时，里普拉尔和它的周边便被关到了门外。U形的前殿和L形的主殿形成环状，包裹了这个世界。建筑物之间留有空隙，宽大的护城河构成一道屏障。照片显示出从南面看到的格拉赫特宫（见图8-1）。

图8-1　格拉赫特宫全景

宫殿非常适合做课堂，格拉赫特宫也因这些课出了名。没有干扰，学员们可以集中心思学习，互相交流。3年时间里，我只有一节课没有上，而是在晚上带着学员去了科隆，那是一个象征狂欢节开始的女权日，众所周知，这一天科隆会闹翻天。虽然学员们差不多天快亮了才回来，但第二天的课照常8点准时开始。

我的办公室位置极棒，它是角楼里的一个房间，从这里可以看到护城河和宫殿后花园（照片前部右侧）。在这里，我第一次看到了苍鹭。今天这种大型鸟类已经不稀罕了，但在20世纪80年代，这种鸟刚刚重新出现在德国，格拉赫特宫周围的水面，正好给它们提供了理想的栖息地。我的办公室有一架木制螺旋楼梯，通到上面一个空置的房间，分明就是宫殿主人给自己设计的理想处所。格拉赫特宫的隐秘，也对来这里的人和工作气氛产生了影响，与我生涯中到过的其他所有地方不同的是，格拉赫特宫很少闹腾。讲课的人和听课的人到我们这里来之后，很少需要出门。那时候还没有手机和互联网，最新的科技创新是传真，学院里连个人电脑都还不是标配，而是在我任内渐渐装备的。

临走时，大学经济研修学院送我一幅画家奥特马尔·阿尔特（Otmar Alt）的画，他也常到我们学院来，画的标题是"向格拉赫特宫致敬"。这幅画至今仍挂在我家的书房里，让我每天都能回忆起那几年作为"殿主"的美好时光。

辞去公职

哈佛商学院为期一年的学术交流结束后，我没有回比勒菲尔德大学，而是去了美因茨约翰内斯·古滕贝格大学（简称"美因茨大学"），在那里我遇到了完全不一样的情况。比勒菲尔德大学是一所"革新大学"，而美因茨大学则是一所结构固化的传统高校。美因茨大学于1477年创建，创始人是美因茨大主教、侯爵、德意志民族大臣迪特·冯·伊森伯格（Diether von Isenburg），法国大革命时期因动荡停课，直到1946年才重新成立，并被命名为美因茨约翰内斯·古滕贝格大学。约翰内斯·古滕贝格（Johannes Gutenberg）是现代印刷术的发明人。顺便说一句，大主教侯爵的另外两所大学科隆大学和特里尔大学，也遭遇了同样的命运。[120]

我接手了贝克豪斯教授的课，他转聘去了明斯特大学。但接手并不完全顺利，美因茨大学在当时没有工商管理硕士学位，只有国民经济管理学硕士学位和商业教师硕士学位，我找文化部部长格奥尔格·戈尔特（Georg Gölter）博士，一位有能力的基民盟党员，把引入工商管理硕士学位作为接管该课程的条件，这和戈尔特一拍即合，因为他本有此意。贝克豪斯走后，工商管理学教授只剩3名，国民经济学教授占压倒性多数，个人影响也大得多，他们把我的要求视为对其既有权力的攻击，系里要求戈尔特部长撤回对我的任命。部里约见我和系里的代表，我迟到了2个小时。先让子弹飞一会儿。

这么重要的一个日程，我让有关的教授和文化部官员等了两个小时。我不是记错，更不是故意，但不排除对方是这么认为的。为什么会发生这么尴尬的迟到？我本来想从我当时住的柯尼希斯温特开车前往美因茨大学，但在去高速的路上突降大雪，这样的天气要想开车抵达美因茨大学毫无希望，我只好掉头去波恩火车站，坐下一趟城际列车（当时还没有ICE），最终晚了2个小时才到莱法州文化部。这段时间太长，让系代表们有气没地方撒，我的这些同事只能跟部里的主管官员磨，官员已得到部长授意，不肯退让，强调必须引入工商管理硕士专业。对我的任命保留，我到任不久，学校开设了工商管理硕士专业，由此，学校得到了5个新的工商管理学教授职位，改变了国民经济管理学和工商管理学师资的力量对比。和预期的一样，随后几年，选工商管理学的学生，是选国民经济管理学学生的4倍左右。

在美因茨大学最有意思的是指导博士和博士后，我继续推进在比勒菲尔德大学业已作为重点的课题。凯·维尔廷格（Kai Wiltinger）做的博士论文是关于价格管理的执行问题，这是一个在当时还很少有人研究的问题[121]，马丁·法斯纳赫特（Martin Fassnacht）做的是复杂的服务行业价格差异问题[122]，克里斯蒂安·洪堡（Christian Homburg）1995年的博士后论文课题是客户凝聚[123]。这三人现在都成了教授，洪堡在曼海姆大学做教授，他是德国不仅在营销学方面，也是工商管理学方面成就最大、国际知名度最高的学者，他的H指数为90，在德语区遥遥领先，我也和他一起出版了《客户满意度》（*Kundenzufriedenheit*）一书[124]，该书一版再版。格奥尔格·武佩克（Georg Wübker）也在美因茨大学做了博士论文，课题是价格捆绑，他现在是西蒙顾和全球银行部主管，非常成功。马丁·缪勒（Martin Möhrle）和埃卡德·施米特（Eckard Schmitt）在工业领域发展。

由于我们系学生爆满（这不光是因为开设了工商管理专业），我们得到了一座耗资8800万马克建造的新楼。不过莱法州当时已经处在财政拮据的困境，我便提议系理事会，为新楼找一名赞助商，并以赞助商之名命名这座大楼。我首先想到的是当地的一些大企业，比如在美因茨的伯林格·英厄尔海姆（Boehringer Ingelheim）制药公司和肖特（Schott）集团，但这一下子等于捅了马蜂窝，让我再度回想起20年前波恩大学打算开设大学经济研修学院时的尴尬经历，所有的私立大学都在利用这样的资金，作为回报，到处都有以赞助商命名的大楼和教室，但这种与商业的结合，让美因茨大学法律系的法学家们无法接受。

虽然美因茨大学比比勒菲尔德大学更为保守，但这对我的工作影响不大。前者的巨大优势是其拥有的中心位置，它到法兰克福机场只有一步之遥，我作为机场俱乐部的创始会员，经常在那里和经济界人士相聚。另外，在美因茨也容易找到含金量高的报告人，来参加过我活动的有，于尔根·施伦普（Jürgen Schrempp）（他当时是空客的前身DASA的董事长，后来成为戴姆勒公司的董事长）、福特董事长丹尼尔·格乌德弗特（Daniel Goeudevert）、德意志银行董事长罗尔夫·布罗伊尔（Rolf Breuer）、拜耳董事长于尔根·黑罗伊斯（Jürgen Heraeus）和曼弗雷德·施耐德（Manfred Schneider）、联邦国防军总监莱恩霍尔德·维特（Reinhold Würth）和海军上将维勒斯霍夫。后来，在西蒙顾和管理咨询公司的支持下，我们还争取到更多含金量很高的报告人，如德意志银行联合CEO于尔根·菲辰（Jürgen Fitschen），巴斯夫股份公司CEO于尔根·汉姆布莱希特（Jürgen Hambrecht），当时的费森尤斯CEO、现在去了雀巢做CEO的乌尔夫·马克·施耐德（Ulf Mark Schneider），美诺董事总经理赖因哈德·辛格曼（Reinhard Zinkann）以及吉博力董事局主席阿尔伯特·贝尼（Albert Baehny）。最有意思的报告人是格哈德·诺伊曼博士，他是前通用电气公司航空发动机部CEO、"喷气机之父"，他来美因茨大学做报告时，1200人的大厅人满为患。关于他，我在本书第12章再讲。

除了做教授、搞政治，我还做报告，并帮助UNIC营销和管理研究有限责任公司（以下简称"UNIC"）发展。UNIC是我和我的两个博士研究生库赫尔和塞巴斯蒂安一起成立的咨询公司，那时候公司叫这个名称。也就是说，我当时是脚踩四条船，虽然着力有所不同，但在时间上的消耗超过了我的承受极限，我再次站到了人生的十字路口，我选择了企业方向，做咨询师。

1994年年底，我向美因茨大学提交了辞呈，放弃了在美因茨大学的教授职位。打那以后，我没再在大学讲过一节课，但做了无数的报告。1995年4月1日，我出任更名为西蒙顾和管理咨询公司的经理部主席，当时我们只在波恩有办公室。我后面又用了几年的时间，结束了在美因茨大学接收的硕士研究生和博士研究生的所有考试，最终合上了我人生的美因茨章回。

德国营销

还在给阿尔巴赫教授当助手的时候，我就很快意识到，营销学不存在"德国孤岛"，可以在德国大力发展。在国际会议上和在国外得到的印象更是在不断加强我的这一认知，还在我做博士后之前，我就发表了题为《德国营销学的国际地位》的文章，呼吁我专业的学者，加强在国际上发表作品并增强活跃度。[125] 这自然不会让老教授们高兴。一个还没有做完博士后的毛头小伙，怎么能去责怪老教授们，说他们没有国际知名度，告诉他们应该用英语发表论文？不能排除，就我这篇文章，可能已经给自己在成为教授的道路上设置了障碍。

几年之后，我又在《工商管理杂志》上发表了一篇题为《国际竞争中的德国工商管理学——一个黑洞》的文章，做了差异分析。[126] 中心思想是，德国工商管理学的学者虽然读英语杂志，但不用英语发表论文，这就像一个黑洞，只汲取信息，不向外吐露信息。其结果，就是德国的工商管理学在国际上毫无影响力。我还更进一步，要求德国杂志改用英语出版。这对很多同事来说纯属异端邪说，举个例子，我引用一下柏林自由大学瓦尔特·恩德雷斯（Walter Endres）教授的说法："赫尔曼·西蒙在他的文章中提出建议，让我不得不提出反对。他建议在德国杂志上发表英语文章，这不太合适。他要求德国工商管理学学者发表更多英语论文，这对美国人和英国人来说的确很舒服，但为什么他们自己不努力去学德语呢？西蒙把克服语言障碍的责任完全推到了德国人身上，却显然置德语作为科学语言的传承于不顾。"[127]

今天，有些德国杂志已完全或主要用英语出版，如《商业经济杂志》（以前是德语的《工商管理》）、《施迈伦巴赫商业评论》（以前是德语的《工商管理研究杂志》）以及《ZFP——研究与实践杂志》（原德语的《市场营销——研究和实践杂志》）。这些德国杂志在国际上的被认可度不高，这可能主要是因为，他们是很晚才换成英语的。像《运筹学》等专业杂志，语言转换早很多，情况就不同。

令人高兴的是，德国营销学者在国际层面上的影响力已得到大大提升，这不仅体现在会议上，也体现在杂志上。对此，柏林自由大学教授阿尔弗雷德·库斯（Alfred Kuß）写道："最近几年可以看到，发表在国际知名杂志上的德国论文明显增加。"[128] 但库斯也指出，这些论文仅出自很少几位作者之手，其中首先是洪堡（曼海姆大学）和苏恩克·阿尔贝斯（原基尔大学，现汉堡物流与企业管理技术大学），以及他的学生贝恩德·斯基拉（法兰克福大学）和曼弗雷德·克拉夫特（明斯特大学）。在以前的《营销学杂志》上，德国作者的比例，从2001年的6.2%，上升到2011年的12.6%，大概翻了一番。[129] 这一发展非常令人高兴，在这一领域，德国是仅次于美国的第二梯队，几十年前在我提出挑衅性的要求时，我可不敢这么想。

我不否认，这让我本人和其他大多数德国作者，相对于以英语为母语者，不得不始终处于劣势，即使英语多多少少掌握了一些，但总不可能达到一个受过良好教育的以英语为母语者的水平。但这一问题不是新问题，我的同乡，库萨的尼古劳斯作为中世纪晚期的博学家，自然是用当时科学界通用的拉丁语写作，他在1440年就说，"Terra non est centrum mundi"（"地球不是世界的中心"），比伽利略要早200年。但他内心一样在与语言劣势的困惑做斗争，就像今天的我们面对英语一样。他在他的著作《天主教之约》的前言中说，作为一位德国人"只能尽最大努力才能讲好拉丁语，就像必须用暴力对他的天性一样"。[130] 尼古劳斯抱怨自己不熟练的拉丁语写法，赞叹受古典楷模熏陶的意大利人写作拉丁语的轻松和优雅。今天我和许多同事在面对美国人和英国人时一样，在语言上我们始终处在劣势。

写作生涯

做学生时我没有想过，我会成为一名作者，而且一生中很大一部分时间，会在写书、写文章中度过。中学时，写作是德语课和外语课中最让我讨厌的作业，因此成绩也就可想而知。1964年我们创办了中学的学生报，起名为《闹钟》，刚开始的时候，我们还引起了一次小小的轰动，同学沃尔夫冈·施密特（Wolfram Schmidt）采访了《革命抛弃了自己的孩子》的作者沃尔夫冈·莱昂哈德（Wolfgang Leonhard）。莱昂哈德不久前搬到了我们行政区内的曼德沙特，所以我们能够接近他。他在那里一直住到去世，2014年8月30日，我们在西莫罗德修道院为他举行了隆重的告别追悼会，连汉斯·迪特里希·根舍都参加了。我不是《闹钟》的撰稿人，而是发行负责人。这难道就是我对营销和销售感兴趣的萌芽吗？

我发表第一篇作品是在1968年，题目叫《哈斯伯恩之批判》，讲的是老家的小村庄，发表在新教堂落成时的纪念册上，[131] 在文章中我统计了有关人口、教育程度、动产、居民职业和经济能力等各种实时数据。这种用简单的统计学方法分析现状的做法，没想到后来在做研究生时我会再次碰到。"批判"货真价实，分析在村里给我带来的，不光是朋友。

在发表了第一篇业余作品之后，8年来我没再发表过可当得了"发表"这一名号的作品，写博士和博士后论文，历时经年，我只感觉压力多于快乐。对我来说，和对所有教师群体一样，"要么出版，要么沉沦"这句话的真谛同样有效。随着写的东西越来越多，我的写作兴趣也与日俱增，当长时间在写字台前的写作，没有了要通过考试这一压力，而是完全出于自愿时，这一兴趣便越发得到加强。

就这样，几十年来我也出版了不少书，但具体数字不能说明问题，因为不是每本书都是新作品，有些书再版，内容和上一版又可能或多或少有所区别。可以说总共大约有40本书，是我自己撰写或出版的，这些作品以26种语言出版，所有算到一起，有近150个不同版本。我在这些书上花费的时间和精力不尽相同，"最快"的一本写了6周，必须快，因为书名叫《应对危机的33种紧急措施》[132]，如果认真对待紧急这个字眼，就必须急，没人知道危机什么时候过去，对这个话题的兴趣什么时候减弱，最终证明这本书的出版时机把握得非常恰当，此书一年之内以13种文字出版，2015年在俄罗斯再版。耗时最长的是第一版和第二版《价格策略》[133]，不是6周，而是6年。写这样的著作，类似于跑比马拉松长得多的长跑，如果今天再让我从结构规划到完成写作这样的书，我的精力已经跟不上了。写哪本书让我最开心呢？我倾向于说有关"隐形冠军"的书，原因也许是，凭借进行隐形冠军的相关研究，我认识了大批企业领导者，他们是我遇到过的所有人里，最让人难忘的。

我的书没能成为畅销书。在德国，2007年出版的《21世纪的隐形冠军》一书在商业类图书畅销名单上排第二，是我这些书中的最好名次。销量较大的书，有些销到几十万册，大多是在中国出版和销售的，中国市场就是要比德国大很多倍。我的作品更适合专业读者，不适合大众，而且价格也相对较高，我追求的不是销量，而是找到合适的目标群，这一点在某种程度上是成功了。想靠卖书赚很多钱，这本来就不可能，但书对提高声誉很有效（不是知名度，除非畅销书），能吸引来不少做报告的需求。我一直不明白，为什么一个报告的报酬能比一本书的版权费还高。对此，我至今没能找到令人信服的答案。

出书之外的挑战是发表学术论文，20世纪七八十年代我看到的在美国杂志发表论文的情景令我神经紧张，如果我相信年轻学者的话，那今天的情况似乎更糟糕。对于作品的反复修改、与出版商和评估师的再三交涉、最终是否能够发表的焦虑都要求作者有极大的忍耐力。但这样的努力是值得的，要不是没有在美国杂志上发表的那篇文章，我在国际上不可能有名气。辞去高校职务后，我的热情也就减退了，不想再重复这样的事情，更何况我的目标人群，已不再是学者，而更多是从业者。

说到目标人群，我在《经理人》杂志上多年的专栏，证明其对吸引目标人群来说是行之有效的。专栏作者的角色是这样来的，在我1988年去美国之前，我找了《经理人》杂志当时的总编乌尔里希·布勒克（Ulrich Blecke），我向他建议，给我开设一个月的专栏，专栏栏目叫"来自哈佛的报告"，这些报告将给德国经理人介绍我在哈佛产生的想法和观点。对这一目标和目标人群，《经理人》杂志是最理想的媒体，杂志于1971年作为《明镜》周刊的补充而成立，首任且任期很长的总编是莱奥·布拉万德（Leo Brawand），一位精明能干的《明镜》周刊记者，我们曾邀请他到格拉赫特宫做报告，题目是《媒体和经济》，当时正值石荷州州长乌韦·巴舍尔（Uwe Barschel）被发现死在瑞士一家旅馆里，一位摄影记者拍摄了尸体的照片，而且刊登了。总经理研修班的学员认为这是严重不当行为，要求布拉万德表态，布拉万德报告开头就表明，如果他是那位摄影记者，他同样也会这么做，没有任何一位记者，会放过这样的机会。我们这些学员一下成了泄了气的皮球。

布勒克是布拉万德的继任者，他对我哈佛专栏的建议表示肯定。这样,《经理人》杂志便开设了西蒙专栏,结果一下开了 25 年多。这一专栏涉及各种不同话题,有些很热门,有些则很基础,从此我掌握了一种能力,一种对作家来说十分重要的能力。一方面,专栏字数限定在 4000 字以内,这就是说,不论多么复杂的问题,我都必须用差不多两张 A4 纸的篇幅讲清楚。我的初稿往往长很多,作者最不愿意做的事情大概就是缩短已经写好的文章,但字数被严格限定,迫使我把内容浓缩到精华,概括要点、去难求易、去繁从简。

最初几年,我的文章经常需要有经验的《明镜》周刊记者修改。这并不总是让我满意,但我不得不承认,文章经修改后通常会好一些,尤其是标题。有些事情就是要交给行家处理,他们能做得更好。经过越来越多的训练,这样的修改变得越来越少,最后成为多余。我相信,通过做专栏作者积累的经验,我写书的时候,也跟以前做学者时不一样了,想说服从业者,就得用适合从业者的写作风格,做报告也一样。很可惜,很多学者,哪怕是学识渊博的学者,因为他们的表达方式,而不能被从业者接受,他们没有能力调整自己写作和做报告的风格,以适应从业者的需要和习惯。

在我做专栏作者的时候,经历了《经理人》杂志 5 任总编。布勒克更像个知识分子,只可惜他英年早逝。他的继任者是彼得·克里斯特(Peter Christ),此人是我在哈佛认识的,他当时在哈佛欧洲研究中心做短期交流。克里斯特之后是沃尔夫冈·卡登(Wolfgang Kaden),他做了很多年,是 5 人中最专业的。其他两位是阿尔诺·巴尔策(Arno Balzer)和史蒂芬·克卢斯曼(Steffen Klusmann)。久而久之我也没有了精力,继而为不必再继续交专栏稿而高兴。我一共写了 150 多篇这样的专栏文章,没有任何其他的活动能像该系列专栏一样,让我在《经理人》杂志读者群中,有如此之大的知名度。

1990 年,在一次接受 W&V 杂志采访时,我被问道:"您在退休后打算做什么?"我回答:"写一本书,《变迁的时代——时间永不回》,写写我亲历的变迁，从农业社会到全球服务社会。"[134] 2017 年夏天，当我从档案里发现这段采访时我感到惊讶，因为 2016 年我正好就写了当时提到的这本书，书名叫《失忆园》，讲述了我生命中头两个十年的巨大变迁。[135]。竟然在 1990 年，我脑子里就已经有了写这样一本书的念头，这让我自己都觉得不可思议。但我已多次验证，脑子里的想法，后来真的会变成现实。我有一个笔记本，记录了做研究生时的一些有关学术文章的想法和题目，今天回头再看，可以发现绝大多数的题目都实现了，虽然有些想法要花费 10 年的功夫。笔记很重要，这样可以防止想法记忆不深，或者彻底被遗忘。

企业监事

在 20 世纪八九十年代做大学老师的时期，我被先后任命为 7 个企业监事会和 4 个基金会托管董事会的成员。在这些机构中，我处在经验丰富的职业老手和企业主之间，感觉自己是一个没有经验的新手，让我学到最多的是做下面几个公司的监事会成员，即位于斯图加特市的杜尔股份公司（Dürr AG, 2016 年销售额为 35.7 亿欧元）和柯达公司，以及新成立的 IhrPreis.de 股份公司。[136]

杜尔股份公司是汽车喷漆领域的世界市场领导者，公司于 1989 年上市，但家庭企业主海因茨·杜尔（Heinz Dürr）和他的家庭仍然是公司的最大股东。杜尔后来成了德国铁路股份公司的董事长。公司监事会成员含金量很高，其中包括德意志银行董事长布罗伊尔、巴符州州立银行董事长瓦尔特·齐格尔（Walther Zügel），以及后来成为德意志银行董事的泰森·冯·海德布莱克（Tessen von Heydebreck）。

我从一个监事会成员的角度，了解了一家上市公司的运作方式，其中包括股东大会、董事会和监事会的互动以及大股东的作用。与许多大企业类似，监事会里比业内人士更多的是银行家和法务人员。监事会需要信任更接近业务的董事会,从这一意义上说,对于当时的董事长施密特(Schmidt),我给了他十分的信任。杜尔股份公司虽是世界市场领导者,但其市场占有率只有不到1/4。市场是由寡头垄断的,我认为正确的做法是,专注于这一市场,避免分散化,但杜尔股份公司并购了达姆斯达特的卡尔·申克(Carl Schenck)公司,该公司是一家门类很广的汽车零部件供应商,这便引发了问题,最后杜尔不得不亲自出手,把自己的企业带回到正确的轨道上来。20世纪90年代末,在我离开大学后,我辞去了监事会职位,我给杜尔的辞职理由是:"你雇请我是因为我是大学老师,而不是咨询公司首席执行官,由于我的职务发生了改变,我不想再继续出任这一职位。"

在柯达德国子公司,我积累了与在杜尔股份公司完全不同的经验。在柯达公司监事会,也有德国五金工会的代表。监事会开会前,资方代表一定会先开一个会,协调立场。在监事会的正式会议中,资方和劳方经常对立,因此我觉得会议没有什么建设性意义。我感觉五金工会代表无非利用会议给自己挣分,而这个美国集团德国股份公司的董事长,没有什么话语权,在美国罗切斯特市的柯达总部地区负责人总是直接下达指令,常常置德国董事长于既成事实。类似情况我在通用汽车公司和欧宝公司也碰到过,只不过在那里我是作为顾问,而不是监事会成员。

柯达的最终失败,我认为并非因为认识不足。在我去监事会之前,我给柯达做过多个管理培训班,数字化是一种威胁,这一认识早已有之。早在1983年,柯达就重新定义了它的业务概念,强调柯达是"成像业务"公司,不管图像以什么技术呈现。这无疑是一个正确的认识,但认识不代表行动,柯达10万名员工熟悉的是传统照相技术和化学胶卷,柯达数十年的市场统治地位,也致使柯达孤芳自赏无意改变,这样一个团队和这样一种企业文化,不可能开发一个新市场,更何况要去摧毁自己的既有市场。

也不能说他们没做任何努力,柯达也曾尝试进入制药工业并收购了斯特林药业（Sterling Drug）公司，斯特林在美国市场拥有阿司匹林专利，其他却也没什么了不起，不属于领先的研究型企业。与大部分多元化努力一样，一个局外企业，通过收购一个中等的药企，想与业内领先的药企抗衡，基本是不可能的。对于拜耳来说反倒捡了一个便宜，斯特林陷于困境，拜耳最终收回了拜耳的公司名称和阿司匹林的专利权。一战时拜耳被剥夺了这项专利，原拜耳董事长赫伯特·格吕内瓦尔德（Herbert Grünewald）教授曾多次跟我抱怨，在美国经常遇到麻烦，因为拜耳和阿司匹林的美国专利不在勒沃库森。格吕内瓦尔德的后任的后任曼弗雷德·施耐德博士，终于在20世纪90年代，把这一麻烦清除出了这个世界。

我在初创公司IhrPreis.de股份公司监事会的经历又完全不同。这家互联网公司是1999年9月8日成立的，创始人是科布伦茨法伦达尔商学院毕业生弗兰克·比尔施泰因（Frank Bilstein）、马克·格林德勒（Marc Gründler）、克里斯蒂安·朗根（Christian Langen）、托尔斯滕·韦伯（Torsten Weber）、信息工程专家马克·拉科奇（Mark Rakozy）和法律专家托马斯·施托弗美尔博士（Dr. Thomas Stoffmehl），监事会主席是后来成为基民盟联邦议员和议会党团副主席的米夏埃尔·福克斯（Michael Fuchs）博士，成员包括前经济部部长京特·雷克斯罗特（Günter Rexroth）博士、欧洲工商管理学院教授克里斯托夫·洛赫（Christoph Loch），还有我。公司业务构想基于所谓的"买方定价"模式（Name Your Own Price Mode），即买方报出价格，卖方决定是否接受这一价格。"买方定价"也被称为"消费者导向定价"（Customer Driven Pricing）和"反向定价"（Reverse Pricing），卖方希望，通过这种模式，了解消费者的真实价格定位。买方报价是具有约束性的（至少IhrPreis.de股份公司最初是这样），支付通过信用卡卡号或银行扣款授权来担保，如果买方报价高于卖方内部掌握的最低价则成交，买方以他所报价格付款。"买方定价"模式的首创者是美国的Priceline.com公司，在德国也有好几家这样的公司，除了IhrPreis.de股份公司，主要还有Tallyman.de股份公司。

IhrPreis.de 股份公司的创始人全部都是董事会成员，他们项目做得也很专业。监事会的工作给人乐趣，因为不断有新主意、新方法，融资不成问题，不少知名企业，如国际旅游联盟集团（TUI）、美迪昂（Medion）和奥托集团（Otto），加入了投资者和供货商行列。业务开始很给人信心，但渐渐我们发现，很多客户报出的价格都低到不切实际，要么是有些追逐优惠价的客户在"买方定价"页面碰运气，要么就是消费者不愿公开真实价格定位，只是试图用超低的价格拿到产品。尽管"买方定价"模式理论上很有潜力，但没能达到预期。IhrPreis.de 股份公司在成立两年后歇业，遭到了与很多开始充满希望的互联网经营模式公司同样的命运。但我不抱怨在这家初创公司的付出，我毕竟在那里学到了很多新东西。

对前经济部部长雷克斯罗特，我通过与其在 IhrPreis.de 股份公司监事会共事，对他有了更深的了解，但他给我留下的是悲伤的记忆。他很倒霉，而我则很幸运。1996 年 5 月，我们两人分别到了津巴布韦的维多利亚大瀑布，他是借出差顺道私人前往，我是去那里给南非纸业巨头赛佩（SAPPI）公司做报告。头天晚上我们在赞比西河上乘船观光，最后在河岸烧烤，一位南非人随口问我有没有打疟疾预防针，我说没有。因为只在那里待一天，德国医生认为没必要采取这种预防措施。"你疯了吗？"是南非人的第一反应。回到酒店后，那位南非人马上给了我抗疟疾药片，我服下了。接下来几周，我紧张地观察着，看自己有没有疟疾的任何症状，还好没有。雷克斯罗特就没那么好运气，他在与我同样的地方，得了"热带疟疾"——这种病里最危险的一种。一个月之后，他发病严重，被送进了柏林夏里特医院。他于 2004 年 8 月 19 日去世，年仅 62 岁。他是一个让人很有好感的人。

其他的几份监事会差事，分别是在格尔林—康岑集团、科隆机械制造厂希而科股份公司（Hermann Kolb AG）、德国沥青市场领导者德泰格股份公司（Deutag AG）和一家出版社，进一步扩充了我在这方面的经验。很多会议，即使不是绝大部分会议，与在 IhrPreis.de 股份公司不同，主要是走形式，监事会对各自企业战略发展做出的贡献，在我看来寥寥无几，我对这种会议越来越觉得无聊，我的学习劲头减弱了。1995年出任西蒙顾和首席执行官后，我退出了所有监事会，因为企业顾问和监事会成员两个身份不适合兼任，一方面企业在进行咨询委托时会有所顾忌，另一方面这种身份也会把同业中另外一些客户关在门外。而在我辞去CEO之后，倒又有不少企业邀请我去监事会，但我决定，不再接受监事会职位。

抗拒诱惑

通过在格拉赫特宫的工作、管理课、报告和出版，我在实业界赢得了一定的知名度，让我自己都感到惊讶的是，两位德国企业的CEO不约而同地来找我，两家企业都属于德国50强，年营业额几百亿。两人都找我谈了好几次，其中一人甚至专程跑到美国，约我共进晚餐，并介绍我认识企业主家人。找我的目的，是请我加入董事会。

我当时才40岁出头，这样的诱惑对我来说太大了，当时我还根本没有想过会全职做西蒙顾和的CEO。我面临选择的痛苦，是在大学发展，还是兼职做企业咨询，还是去大企业，还是入行工业。在两家企业中，我更看好那家家族企业，我认为这家家族企业更强，那里的发展前景更好，只是这家的几位家庭成员让我感觉很奇怪，既然要去一家家族主导的集团做雇用的管理力量，相互之间的感觉一定要对，但在这点上我感到没有把握。我认识这家企业的所有高层，他们也不过如此而已，但我考虑到我对该行业和相关管理经验不多，最终还是决定不去实业。

有时候我也为自己感到些微的遗憾，如果我接受了其中一家的董事职位，会变成什么样？但同时又觉得这样的问题多余，人一生只能走一条路，回顾自己的人生，我认为，我选定的路，对我来说是一条正确的路。

09

ZWEI WELTEN, EIN LEBEN
Vom Dorfkind zum Global Player

价格游戏

价格智谋

我把我写的其中一本书,定名为《价谋》(*Preisheiten*),取自 "价格" (Preis)和 "智谋" (Weisheiten)的合成。这个奇怪的书名,可以用下面这首打油诗来解释:

> 价格最具智谋,
> 我便戏称价谋。
> 常说价格烫手,
> 现实更加棘手。
> 看穿价格游戏,
> 不然彻底没戏。

价格是经济的核心,一切围绕价格而转。价格调节供求平衡,没有任何其他市场工具,能和价格一样,快速有效地控制销售。在典型的工业成本体系中，价格是最强劲的利润驱动器。在竞争中，价格是最常用的和最有效的进攻武器。在市场上，价格战是常态而不是例外，大多会对盈利带来巨大影响。特价供应和价格促销在销售中司空见惯，在德国，啤酒70%的零售销量通过特价取得，最大折扣到50%。[137] 经理们特别怕提价，因为从来不可能有100%的把握，预测顾客对提价的反应。降价真能让顾客多买吗？提价后顾客仍然会留下，还是会大批跑到竞争对手那边？这些问题给经理们造成极大的困惑。出于疑虑，他们情愿不提价，而是设法降低成本。我没有把手从价格那里缩回来，相反，研究价格是我的使命。

生猪价格

在我们的那所农家小院，我从小就开始零距离接触价格。父亲会把养肥的猪送到大市场，在那里出售。很多农民都把猪送到市场，而市场也会有大量屠夫和商人作为买方出现，形成一个巨大的交易市场，然而没有任何单独一位供方或者需方，能对生猪价格产生影响，父亲从农业合作社得到每公斤猪肉的价格，农业合作社负责买卖的交割。我们卖给当地奶厂的牛奶也一样，我们对价格没有任何话语权，而是从奶业合作社得到牛奶价格，牛奶价格会随着供需情况波动。小猪市场的情况也大同小异，小猪市场在县城维特里希，每两周开一次，我们会坐着马车去，如果供应超量，价格就会下跌。

在所有市场，父亲都是"价格接受者"，这是一个极不舒服的位置。钱很紧，这些销售所得是我们唯一的收入来源，这一切让儿时的我感觉极为不爽。几十年后我在一次接受采访时说，这一经验教育我，绝对不要做对价格没有影响力的生意。[138] 我不是说我小时候就已清楚地认识到这一点，但直到今天，想到生猪和牛奶价格，我仍然会感到不舒服。也许从那时起，我就产生了一种感觉，不赚钱的生意，不叫生意。不论如何，价格这个问题，再也没有让我解脱。

终生为伴

价格成了我终生的伴侣。我在波恩大学学习时,克雷勒教授的价格理论讲座深深地吸引了我。事实上,这一精美的理论在数学上也很优雅,但很复杂,很少能得到实际应用,但这段艰苦的学习,带给我扎实的思考和方法论基础,只不过当时我根本没想到,这一价格理论真的能付诸实践。给我们以一种实际价格经验的,是泽尔滕教授,他用真钱做实验——一种真正的创新。一次在克雷勒教授的讨论课上做报告,泽尔滕教授拿出100马克,游戏A方1人,B方4人,分享这100马克,同时需要组成一个联盟,至少保持10分钟,A方可以和B方两人联合,也可以B方4人联合。我是A方,经过不断变换,我的联盟保持了10分钟以上,我赢得了60马克,B方两人各赢得20马克。

这一最直观的实验告诉我,价格的实质,就是价值的分配。8年之后,我成了泽尔滕教授在比勒菲尔德大学的同事。1994年,因实验研究方面的杰出成就,他成为德国迄今唯一一位诺贝尔经济学奖得主。他的实验属于我大学学习重点,考试结束后我立即开始了他的实验研究,一个决定性的里程碑,是我作为霍斯特·阿尔巴赫教授的助手写的博士论文,论文题目便是《新产品的价格策略》[139]。做助手期间,我也参与了几份评估报告的撰写,评估报告涉及的也是价格政策问题。这些评估报告让我第一次看到了大公司的定价,我感到,这方面尚有巨大的改进空间。

在一次访问埃文斯顿西北大学时,科特勒给我推荐了一人,一个自称"价格顾问"的人,而这个人着实从事着价格方面的实际操作工作,并靠这个过着非常不错的生活。"价格顾问",这对我来说是个新概念,让我感到不可思议。不久以后,我联系了丹·尼米尔(Dan Nimer),就是那个在芝加哥的"价格顾问",他寄给我一些他写的文章,这些文章与我之前接触的纸上谈兵的文章完全不同。在之后很多价格大会上,我碰到过尼米尔很多次。2012年,他90岁生日,我们给他发去了贺电[140]。他一直保持活跃，到处做报告，尽管已过耄耋之年，还给人做价格咨询。在早年间，他曾做过下面这样的结论，这对今天依然有效："价格的目的不是抵消成本，而是要让消费者对'产品'的价值，形成主观意识。"[141] 尼米尔于2015年1月9日去世。

关于定价，我与知名管理思想家德鲁克，也有多次有意思的讨论。他鼓励我坚定目标，永不放弃："你对定价的重视给我留下深刻印象，这是最容易被忽视的领域，今天的定价政策基本就是猜测。你做的是先锋工作，但我认为，贵公司要在竞争对手中脱颖而出，尚需时日。"[142] 价格让德鲁克从两个层面产生兴趣，一是经济，二是道德，他把利润视为企业的"生存成本"，而合适的价格则是生存的手段。对诸如充分利用市场支配力、价格透明、公平行为等话题，他有很高的道德观念。在他去世前不久，他给我们的书《利润至上：如何在高度竞争的市场中获取高额利润》写下了这样的感言："市场份额和获利能力必须平衡，但获利能力往往被忽略，所以，此书是一个非常及时的必不可少的修正。"[143]

自博士论文之后，我始终关注这一主题，把研究集中在定价上。1982年，加布勒出版社出版了我的第一本教材，我给书名发明了一个新概念"价格管理"[144]。我用了很长的时间考虑书名，"价格管理"这一概念在当时极不平常，没有人在之前用过这一概念，这一概念也不可能一下子为人接受。在此之前，所用的标题大多是"价格理论"和"价格政策"，价格理论是我在侧重理论量化的波恩大学学到的，价格政策定义的是面向实践的内容，但主要用于口头，这些定性的概念不能说明什么，价格最终一定是量化（也就是以数字的形式）呈现的。

在使用"价格管理"这一概念时，我尝试把价格理论和价格政策两个领域融为一体，让量化的理论方案适用于实践，以此为实践中改善价格决策做出贡献。第一版《价格管理》共有483页，已有相当的厚度，再版时保留了原书名，补充小标题"分析—策略—实施"，内容增加到了740页，于1992年出版。2008年出版的第三版，法斯纳赫特教授作为第二作者，主要是确保体现学术现状，毕竟我已不再贴得那么近。我已经从事了 13 年的实践，和学者一起组成创作团队，编写教材，这种情况很少见。2011 年，《价格管理》被授予格奥尔格 – 贝格勒最佳市场营销教科书奖。2016 年，《价格管理》经过全新改编，出版第四版，新版与前几版相比，更加深入地分析了数字化的影响。

2010 年，德国一家著名出版社出版了一本同名书《价格管理》，作者是德国一所著名大学的教授，由于该书和我们的原版"重合"度很高，在 2010 年底被迫下架。2010 年 12 月 9 日，那家著名的出版社写信给我的专利律师："我方保证，今后不再印刷和发行 X 教授的第一版《价格管理》，并已立即撤销对我方版权许可人 Y 的授权。"此外，该出版社还保证今后不再出版其他作者以价格管理为书名的专业书籍。我的专利律师也给亚马逊发去了律师信，因为亚马逊仍在销售该书。亚马逊 2011 年 7 月回信："我们在收到贵方来函后，即刻从亚马逊网站撤掉了 X 教授的这本书。"

《价格管理》第一版英文缩减版同样以《价格管理》（*Price Management*）为书名，由纽约爱思唯尔出版社在 1989 年出版[145]，"价格管理"一词在英文中也属首创。1996 年，我和多兰一起出版《定价圣经》[146]，2018 年施普林格出版社纽约分部出版英语版教科书《价格管理》。《价格管理》这本书已被翻译成 20 多种语言，并先后发行了各种不同的版本。

我在比勒菲尔德大学（1979～1989 年）和美因茨大学（1989～1995 年）做教授的时候，经常就价格管理做讲座或讨论，也就此给了很多硕士研究生和博士研究生论文题目，我们涉及的每一个课题，都会产生新的问题，这些论文，为拓宽我们对价格管理的科学认知做出了贡献。除了在比勒菲尔德大学和美因茨大学任教，我还在那些年去了世界各地，在各种大学、商学院和大会，就价格管理做了很多报告，开设了很多培训课。价格这一"睡美人"，终于苏醒了。

价有所值

我也许已经被问了几千遍，价格管理的核心要点是什么。我一贯的回答："价值。"或者换句话说："客户所需。"客户对价格的接受及与之相关连的供货商对价格的实现，始终体现了客户对产品价值或者对产品需要的认同。客户认为该产品具有更高的价值，就愿意付更多的钱；反之，如果客户认为该产品的价值不如竞争产品，那么他们只会在价格相应更低的情况下才会购买该产品。就可以实现的价格而言，客户主观感知的价值才是关键。

古罗马人深谙个中关联，拉丁语中价值和价格便是一个词"Pretium"。从字面理解其特征，价值和价格是同一体。这一理解，对处理价格问题不无指导意义，它更加接近于，首先需要了解的，是客户眼里的价值，从而产生了以下三个重要任务。

第一，创造价值：挑战在于创新、材料采购、产品质量；

第二，传递价值：任务包括产品、定位以及品牌宣传，也包括包装、展示、商店摆放；

第三，保持价值：主要着眼购买后时期，一般适用于奢侈品和耐用品，如汽车。对第一次购买该产品的客户来说，是否愿意接受价格，起决定性作用的，是能不能保持价值。

只有当供货商对价值有了明确的了解之后，才可以确定价格。对需求方来说，搞清楚价值同样重要，买主只有清楚价值，才不会上当，才不会付过多的钱。对价值的认知，可以保护买方，避免买入乍看便宜事后皱眉的产品。[147] 西班牙智者巴尔塔莎·格拉西安（Baltasar Gracian，1601—1658）对此很有见地："被价格欺骗，总好过被商品欺骗。"[148] 如果卖方在价格上欺骗我们，也就是说卖给我们的产品贵了，这让人生气，但生气是一时的；如果卖方卖给我们的是劣质产品，那么愤怒会一直陪伴着我们，直到我们实在不堪忍受，把东西扔掉。这一认知的要义是，在购买或讨价还价时,要更多地注意产品,而不是价格。当然这并不简单,价格是一维的,或者维度不会太多,而商品是多维的,因此不好判断。

法国人的智慧指向同一个方向:"价格被遗忘,质量永存。"("Le prix s'oublie, la qualité reste.")人们会忘记价格,留下来的只有质量。有谁不曾亲自领教过这样简单而深刻的真理呢?价格只是一时的,往往很快就被遗忘。相反,价值和质量则更加持久。谁不曾为低价商品一时兴奋,以为占了便宜,事后却发现,价是廉了,物却不美。反之,谁又不曾为价高而一时纠结,事后却为产品质量的无与伦比兴奋不已。英国社会改革家约翰·拉斯金(John Ruskin,1819—1900)对这一关系做过同样精准的描述:"付多了不聪明,更糟糕的却是付少了。付多了,只是损失了一些钱。相反,如果付少了,往往失去的是一切,因为买来的东西不顶用。经济法则不允许用少量的钱换取更大的价值,如果你接受价低的商品,那你就必须接受其中隐含的风险。如果你能接受隐含的风险,也就意味着你其实有足够的钱来购买更好的东西。"[149]

我少年时代的一次经历,能证明这些说法。我们村庄的农业经营规模很小,所以两三个农民合用一架收割机,这意味着,农民在收割时要帮助别的农民。16岁的我没有兴趣再帮别人,于是没问父亲就花了800马克(约合409欧元),从一位打算放弃经营的农民那里,买了一台二手收割机。我觉得这个价格很低,机器很新,状态很好,我很兴奋,以为捡了大便宜。收割时才发现,用新系统工作的机器很容易出故障,低廉的价格很快被遗忘了,对机器的愤怒留下了,一直到两年后我们将它抛弃。我从中学到:价格被遗忘,质量永存。那些公共招投标者,习惯于选用最低标的的人,是否知道这一智慧和拉斯金的金句?

价格为先

企业在开发产品时,需要反向思维。不是先开发产品,再确定价格,值得建议的是，企业可以先对可能取得的价格做一些思考。这种"价格第一"的想法，是我的合作伙伴马德哈万·拉马努詹（Madhavan Ramanujam）和格奥尔格·塔克在其合著的《创新变现》¹⁵⁰（*Monetizing Innovation*）中的核心思想。他们提出建议，围绕价格开发产品，这样可以避免出现一些严重的错误，而这些错误在实际中经常出现。作者指出一种经常出现的叫作"功能休克"的现象（Feature Shock），用德语来说大概就是"产蛋的羊毛奶母猪"（Eierlegende Wollmilchsau）。一个产品中塞进了太多的功能，这种试图给所有人以一切的努力，最终导致不能给任何人以真正适用的产品，却推高了价格，不为市场所接受。这类产品的一个实例是亚马逊推出的"Fire"智能手机，手机配了4个摄像头，以实现人脸识别。这款产品2014年7月以售价199美元推出，4个月后降价到99美分，尽管如此产品依然滞销，给亚马逊造成了1.7亿美元损失。

还有一类产品，它们没有真正的需求，而且有的产品还很贵。很多神级科技产品可以归入此类，其中一个实例便是平衡车赛格威（Segway），当这一创新产品投放市场时，其发明人狄恩·卡门（Dean Kamen）宣称，第一年将销售5万台。6年之后，他只售出了3万台，不是每年，而是6年，也就是说每年售出了5000台，比最初的预计，缩水了90%。主要原因可以归咎为昂贵的价格，产品售价5000美元，因规格不同最高价为7000美元。显然，实际的需求远远低于预期。古罗马的智慧：价值等于价格，没有得到尊重。

以我的观察，开发产品以价格为先，这样的企业仍属少数。这方面的先锋是保时捷，只有少数几家车企和其他行业企业，能如此始终如一，在投资研发新产品之前，首先研究价格。举例来说，拉马努詹和塔克如此描述卡宴的开发过程："在第一辆样车在威撒赫问世之前很久，产品团队即已对潜在客户进行了详尽调查，以测试客户对保时捷SUV的胃口，以此评估价格，找到可接受的范围。分析表明，客户愿意为一辆保时捷SUV，比其他车企的同类车辆，付更多的钱。这说明卡宴存在走红的潜力。"¹⁵¹

保时捷成为利润最高的汽车生产商，绝非偶然；卡宴汽车的推出成为我们最有意思的经验之谈，也不是偶然。

定价权力

定价权（Pricing Power），是一个重要的方面，这里涉及的是，卖方能在多大程度上，让自己的价格期待，在客户和市场中得到贯彻。反过来，定价权也可以说成，买方能否把自己的价格期待，在卖方那里实现。比如说，汽车制造商对于零部件供应商，拥有更高的定价权，或者叫买方权力。大型零售商对于生产商，也有很大的买方权力。德国食品零售85%的销售额，集中在4家连锁店，它们是艾德卡（Edeka）、利维（Rewe）、奥乐齐（Aldi）及拥有卡夫兰（Kaufland）和利多（Lidl）的施瓦茨集团。

知名投资人沃伦·巴菲特（Warren Buffett）把定价权力视为企业价值的决定性因素。他说："评估企业商业价值的关键要素是定价权。如果你在提价之前还得祷告一个小时，那你的生意一定很糟糕。"[152]一个品牌的价值，也体现在这一品牌能否取得高价格。

法国社会学家加布里埃尔·塔德（Gabriel Tarde，1843—1904）对价格做出了不同寻常的定义，把权力因素放到了中心位置。塔德把每一个价格、每一个工资和每一个利息看成是暂时停止的争议，[153]这在劳资协议中一目了然，和平只能保持到下一轮劳资谈判，然后爆发罢工，直到达成新的一致。定价实际就是买卖双方的权力斗争，虽然这里不是零和游戏，但买方和卖方之间的蛋糕分配，主要就是由价格决定的。

我们经常和定价权打交道，实际上，很多公司的定价权都处于下风。西蒙顾和发表的《全球定价研究》（Global Pricing Study）对50个国家的2713名经理人做了调查，只有33%的人认为自己所在的公司拥有较高的定价权，67%的人认为，自己所在公司的产品无法在市场上售出能为公司带来足够利润的价格。调查表明，那些由最高管理者自己定价的公司，其定价权要比那些由下一级经理定价的公司大 35%，如果有专职定价人员，定价权要大 24%。显而易见，雇请含金量高的管理人员专门负责定价是值得的，这能带来更大的定价权，而定价权大的公司，能更成功地实现提价，同时也能更好地保持高价，从而获得明显更高的利润。

价格挺进

在过去，很多商品没有价格。国家、教会和公益组织免费送东西，从道德上来说，为一定的贡献开价，是不可取的。高速免费使用、高校不收学费、单项服务费用隐藏到总价里，在很多领域，价格是禁区。

但变化来得很快，正如美国哲学家迈克尔·J. 桑德尔（Michael J. Sandel）在其著作《金钱不能买什么——金钱与公正的正面交锋》中所指出的，价格越来越强地挤进生活的各个领域。[154] 航空公司允许乘客多花一点钱先上飞机。连入境美国也要花 14 美元，这是登录旅行授权电子系统（ESTA）的手续费。在美国，高峰期可以付费使用特别车道，收费标准按交通状况不同而有所区别。美国医生每年收费 1500 美元，就可以给客户提供自己的手机号并 24 小时待机，而且随叫随到。在阿富汗，可以一天付 250~1000 美元，请雇佣兵参加战斗，价格取决于雇佣兵的质量、经验、国籍。在伊拉克和阿富汗，被雇佣的私人保安和军人，多于美国士兵。[155] 一些大学拍卖紧俏的录取名额，谁出价高给谁。

市场和价格机制日益充斥着人们的日常生活，一切都被打上了价签。我们时代的最大变化，就是原本用市场以外标准衡量的领域，现在也受到价格冲击。哲学家桑德尔这样评价这一发展："当我们允许某种物品被买卖时，就代表我们认定，至少是暗示，它可以被视为商品，可以作为用以获利和使用的工具。但并非所有商品都能被恰当定价，即使人们把其视为商品来看，比如人。"[156]

颇具挑战性的是，也包括对公司的估价，这里有可能会涉及很高很高的价格。2000年3月2日，在路德维希港，我们坐在时任巴斯夫股份公司（BASF AG）（以下简称"巴斯夫"）财务董事马克斯·迪特里希·克莱（Max Dietrich Kley）的办公室里。巴斯夫不久前把与科诺股份公司（Knoll AG）捆绑的制药业务，卖给了美国的雅培（Abbott Laboratories）公司，我们为此做了多个项目。克莱的秘书进来，递给克莱一张条子，他看了一眼说："这张纸是收购科诺股份公司的69亿马克已经汇入我们账号的确认证明。"这笔钱相当于35亿欧元，这在今天的并购案里没有人会再感到激动，但在当时是一个天文数字。

在那座农家小院的童年时代，我所看到的世界是另外一副模样。尽管我提到了猪肉价格，但钱和价格只起次要作用，在当时的经济方式中，钱和价格的地位很弱，自给自足占据主导，邻里之间的互相帮助——没有形式的价格机制——广为流传。今天，价格已经主宰生活的绝大部分空间。对于市场和价格究竟该有多大影响范围的问题，我们还会在今后深入探讨。正因如此，认清价格和价格机制尤为重要，就像我说的："看穿价格游戏，不然彻底没戏。"

走近价格

当我在20世纪70年代初开始做硕士和博士研究，把价格确定为主题时，并不知道这条路将把我带向何方，后来这成了一条陪我终生、越走越远的路。可以毫不夸张地说，西蒙顾和开创了价格咨询市场，并持续对之加以开拓发展。表9-1显示了我个人的价格研究之路，它由很多很小的步伐组成。

表9-1　价格研究之路上的重要事件汇总

时间	事件和经验	受谁影响
1960～1966年	父母农庄农产品定价经验	父亲
1969～1973年	大学学习，尤其是听讲座和学习《价格理论》	威廉·克雷勒教授

(续)

时间	事件和经验	受谁影响
1972 年	与后来的诺贝尔经济学奖得主做价格谈判实践	赖因哈德·泽尔滕教授
1973～1976 年	撰写博士论文《新产品的价格策略》	霍斯特·阿尔巴赫教授
1977 年	参与价格竞争评估报告	霍斯特·阿尔巴赫教授
1978～1979 年	参与麻省理工学院研究，撰写多篇有关价格的论文	阿尔文·J.西尔克教授
1979 年	遇见菲利普·科特勒教授，并结识科特勒教授推荐给我的"价格顾问"丹·尼米尔	菲利普·科特勒教授 丹·尼米尔
1981 年	在枫丹白露欧洲工商管理学院开设价格管理课程	
1982 年	确定"价格管理"概念，并出版同名教材	
1983 年	做第一个咨询项目，并就价格主题做系列报告（巴斯夫，制药企业）	
1985 年	与埃克哈特·库赫尔博士和卡尔-海因茨·塞巴斯蒂安博士一起成立 UNIC 营销和管理研究有限责任公司	埃克哈特·库赫尔博士 卡尔-海因茨·塞巴斯蒂安博士
1988～1989 年	作为哈佛商学院马文·鲍尔研究员，出版英文版教材《价格管理》	西奥多·莱维特教授 罗伯特·J.多兰教授
1992 年	全新改版的第二版《价格管理：分析—策略—实施》	
1993 年	与海姆杰·克莱因和格奥尔格·塔克博士一起开发德铁卡	海姆杰·克莱因 格奥尔格·塔克博士
1995 年	出任西蒙顾和 CEO，结束教授生涯	
1996 年	与哈佛商学院罗伯特·J.多兰教授一起出版《定价圣经》，该书被翻译成 20 多种语言出版	罗伯特·J.多兰教授
2002 年	《商业周刊》评价西蒙顾和是价格咨询方面的全球市场领导者	
2008 年	出版《价格管理》第三版，马丁·法斯纳赫特教授（科布伦茨法伦达尔商学院）成为第二作者	马丁·法斯纳赫特教授
2009 年	辞去西蒙顾和 CEO 和主席职务	
2012 年	出版《定价制胜：大师的定价经验与实践之路》，2015 年出版英文版，该书被翻译成多种文字出版	
2016 年	与马丁·法斯纳赫特教授一起出版第四版《价格管理》	马丁·法斯纳赫特教授
2018 年	在纽约出版英文版《价格管理》	马丁·法斯纳赫特教授

ZWEI WELTEN, EIN LEBEN
Vom Dorfkind zum Global Player

隐形冠军

1987年，哈佛大学知名教授西奥多·莱维特访问德国，并约我面谈，我们在杜塞尔多夫的布雷登巴赫霍夫酒店会面。莱维特在《哈佛商业评论》(*Harvard Business Review*)上发表了一篇备受关注的文章，让"全球化"这一概念成为热词[157]。他对国际竞争力的话题很感兴趣，并对我提出了一个简单的问题："为什么德国在出口方面如此成功？"1986年，德国第一次成为出口世界冠军。一方面，令人惊讶的是，德国作为比美国和日本更小的国家，为什么能成为出口世界冠军。另一方面，在第二次世界大战结束之后，为什么过了40多年，德国出口强势才得以充分展现。

与莱维特的这次会面令我久久不能忘怀（参见第12章与莱维特相关部分），他的问题困扰着我。是啊，为什么德国能在出口上如此成功呢？在思考这一问题的时候，我首先想到的是大企业。事实上，拜耳、赫希斯特、西门子、博世、默克等，当时都是很强的出口公司。这些大公司自19世纪就构建了国际销售网络，比如拜耳，它在1864年就进入了美国市场；

再如博世,第一次世界大战前其销售的一半以上就已在国外实现;西门子的国际化起步更早,1890 年就已在中国设立了机构。相反,德国的中小企业自 20 世纪 80 年代才开始国际化,即使到了今天,也不见得所有中小企业都有出口业务。

《销售经济》杂志记者彼得·汉瑟在我和莱维特于杜塞尔多夫会面时做了采访(见图10-1),莱维特的提问包括下面这个问题:"德国工业的问题之一在于,出口占比很高的中小企业占了很大的比重。'全球营销'对这些企业来说也是一种战略吗?"[158] 莱维特强调,所有企业都是从小做起,但基本只有大企业才能够生存,家族企业不得不与生存问题斗争。我插话,年轻人也越来越多地去中小企业,莱维特对此持不同意见。对于隐形冠军的现象,当时我们谁也没有想到。

图 10-1　我与西奥多·莱维特教授在杜塞尔多夫会谈(右为《销售经济》杂志记者彼得·汉瑟)

德国企业有 80% 属于中小企业,其中也包括街角的面包房,还有手工业者,他们不是出口商。在处理莱维特提出的问题时,我发现,在中小企业中有一大批企业,它们在各自的行业中是世界市场的领导者,而且发展非常迅速。相应地,这些企业对德国出口成就的贡献率,也与日俱增。突然有那么一个瞬间,我的眼前一亮,德国出口成就的非凡之处,答案会不会就藏在这些成为市场领导者的中小企业中呢?

当然，我认识一些这样的企业。赖宾格尔不就来过格拉赫特宫吗，他的直升机还把宫殿屋顶的瓦片掀掉了一角。他所在的通快集团，正在完成从机械机床往激光机床的转产。我对豪尼（Hauni）公司也有所了解，他们生产的卷烟机在世界市场占的份额达到90%以上。在比勒菲尔德大学时，我也遇到过一些企业，如雍尼纽扣（Union Knopf）——纽扣全球市场领导者、杜克普爱华——工业缝纫机全球市场领导者、魏德米勒（Weidmüller）——电子连接技术领先企业之一、卡内吉塞尔（Kannegießer）——洗涤设备全球第一、森海塞尔（Sennheiser）——高性能麦克制造专家、位于哈塞温克尔的克拉斯（Claas）——收割机的最大生产厂家之一，最后这家企业我在少年时代的农庄就已经认识。

但是，究竟有多少这样的市场领导者在德国呢？它们在出口数额上，能对德国出口成就起决定性作用吗？它们的战略究竟如何？这些问题在我脑海涌现。1988年，我给现在已经成为柏林洪堡大学教授的丹尼尔·克拉佩尔（Daniel Klapper）一个硕士论文课题，让他找出更多的德国中小企业世界市场领导者，收集它们的基本数据。克拉佩尔确定了39个这样的全球市场领导者。我们得出的结论让我感到很有意义，并促使我做进一步研究。

这些企业成长非常迅速，有很多自己的子公司，而且即使在诸如日本等一些竞争很激烈的市场，都非常成功。通快集团于1964年进入日本。伦茨（Lenze），一家位于艾克斯特塔尔的小型传动设备制造企业，已经和一家日本企业紧密合作多年。这些企业都是真正的冠军，但除了一些专家，没有人知道这些企业，应该怎么定义这些全球化的中小企业呢？

经过较长时间的思考，我想出了"隐形冠军"这个概念，事实证明这一概念起得很成功。当然，内含的矛盾构成有趣的文字游戏。"冠军"在正常情况下应该是人所共知的，它们怎么会"隐形"呢？这原本不能组合到一起。1990年9月，我在《工商管理杂志》刊登的一篇文章中首次使用了这一概念，文章标题是《隐形冠军——德国经济之矛》（Hidden Champions——

Speerspitze der deutschen Wirtschaft）[159]。在这篇最早发表的文章中，我还只敢称其为经济之"矛"，而尚不清楚这些企业在德国出口中总的贡献有多少。美因茨大学埃卡特·施密特的一篇博士论文，使我们推进了一大步，他确定了457家隐形冠军企业。[160]

1996年，我通过哈佛商学院出版社，出版了第一部关于"隐形冠军"的书，书名为《隐形冠军——全球500家最佳未知名公司的成功之道》（Hidden Champions——Lessons from 500 of the World's Best Unknown Companies）[161]。德语译本一年之后由法兰克福坎普斯（Campus）出版社出版，书名为《秘密的赢家——人所不知的世界市场领导者的成功战略》[162]。为什么德语版没有用隐形冠军这一概念呢？坎普斯出版社创始人和负责人弗兰克·施沃勒（Frank Schwoerer）一定要用一个德语书名，尽管他自己还在纽约生活过好几年。我们还没有到这种程度，能在德语书里也使用隐形冠军这一简单明了的概念。从今天的角度来看，这是一个错误。我们在全新编撰的第二版里修正了这一错误，第二版依然由坎普斯出版社出版，出版时间是2007年[163]。那时我通过不断观察和收集，已经发现了1167家德国隐形冠军企业。到2012年坎普斯出版第三版时[164]，德国隐形冠军企业增加到了约1300家。

我把隐形冠军研究扩大到全世界，总共找出了大约3000家市场领先的中小企业，按人口来算，瑞士和奥地利拥有的隐形冠军数量与德国接近，在其他国家中，这一现象只是个别的。隐形冠军也许是德国有别于其他国家的最明显的特征。为此我做了一个并不那么严谨的表格，如表10-1所示，德国不同领域在世界市场所占的份额，没有任何一项比隐形冠军所占的份额大。

表 10-1　德国不同领域在世界市场所占的份额

领域	品种	德国所占世界"份额"
中小企业	隐形冠军数量	48.0%
艺术家	最佳声誉100名榜单	29.0%
一级方程式赛车	世界冠军	16.1%

(续)

领域	品种	德国所占世界"份额"
足球	世界冠军	15.8%
科学	诺贝尔奖	12.5%
大学	2018年《时代周刊》大学排名（前100名）	10.0%
体育	1896～2016年奥运会金牌	9.3%
大型企业	2017年福布斯全球500强企业	5.8%
网球	男子世界排名	5.5%
维基百科	词条（214万，总4390万）	4.9%
社会	2009～2011年100位世界最有影响力的人物	3.3%
居民	人口	1.2%
国土	平方公里	0.2%

发现隐形冠军，对于我的人生意味着什么？发现这一题材，并让我越陷越深，偶然多于计划，在这一过程中我对隐形冠军的兴趣越来越大。在此之前，我对大型企业的世界已经非常了解，特别是在格拉赫特宫的那段时间，但与隐形冠军企业的接触，给我打开了一幅全新的画卷，让我看到完全不同的企业战略和管理方法，我要把这些隐形冠军领头人的特质描绘出来。我在另外的一些相关著作中对这些企业的战略做了详尽介绍。

从纯粹数量上看，隐形冠军领导者在该企业领导位置的时间平均高达20年，而大型企业领导者的平均在位时间只有6年，这一区别比任何更多的语言，都能说明持续性和长期的目标是多么重要。隐形冠军企业的领导不是用一个模子压出来的，他们是特征鲜明的个体，有些还带有奇特的性格。他们主要有五大特点，如图10-2所示。

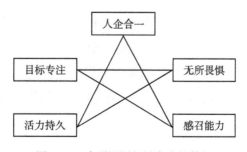

图10-2 隐形冠军领导者个性特征

人企合一

像汉斯·里格尔（Hans Riegel）、莱恩霍尔德·伍尔特、马丁·赫伦克内西特（Martin Herrenknecht）、海因茨-霍斯特·戴希曼（Heinz-Horst Deichmann）和京特·费尔曼（Günther Fielmann）等企业领导者，这些人可以做到与他们的企业合二为一，获得企业的身份认同，人和企业密不可分。对哈瑞宝（Haribo）软糖公司的汉斯·里格尔，有这样的评价："他个人和他的企业始终是一个整体。"戴希曼说："我是就着皮革的香味喝着母亲的奶长大的，我爱人们，我爱鞋。"戴希曼的父亲有一个做鞋的手工作坊，他把他的企业从这个手工作坊，培养成一个欧洲鞋业的市场领导者。

这样的联系，让人想到艺术家和他们的工作："对许多搞创作的人来说，工作就是他们的生命。他们把私人生活与工作完全结合在一起，使这两者成为生命密不可分的两部分。"[165] 对于很多隐形冠军的领导者来说，同样是这样。由于他们个人与企业完全合体，这些领导者有很强的说服力。与雇用的经理人相比，尤其是一些大企业的职业经理，他们不是扮演某种角色，而是生活着，活出他们的自我，活成他们想成为的人。

这种对工作的态度意味着，金钱不是这些人的主要动力。他们的主要动力来自与企业的同一性和从工作中得到的满足，经济的成功相反成为次要动力。罗伯特·博世（Robert Bosch）曾说："与其失去信任，我更情愿失去金钱。我始终受不了一种设想，有人测试我的产品，然后会说，我提供的是劣质产品。"亨利·福特（Henry Ford）的说法也一样："如果我生产的汽车有一辆失灵，那便是我的罪孽。"全身心的投入和责任感，让这些企业领导者从员工和客户那里取得极大的信任。他们对工作毫无保留，充满责任。真正的领导者，从来不可能只扮演一种角色，而是始终以价值内核为基准点。

目标专注

德鲁克曾写过两位科学家，两位都是他本人认识的，而且都已载入史册，一位是物理学家巴克敏斯特·富勒（Buckminster Fuller），另一位是传播学家马歇尔·麦克卢汉（Marshall McLuhan）。德鲁克如此写道："他们让我明白了，专注于目标有多么重要。目标专注的人、专一的狂人，是唯一真正的成功者。其余的人，如我辈，也许更喜欢乐趣，但容易跑偏。富勒们和麦克卢汉们是在执行一项'使命'，其余如我等，只是出于兴趣。但凡有所成就，必然是一个专一的狂人完成了一项使命。"[166]

这句话对于很多隐形冠军的领导者们来说，简直就是一语中的：这些人都是痴迷于其使命的"专一的狂人"。我略加修改，改成"专注于目标追求的人"。这些人真的就在市场中，千万别让他们成为你的竞争对手！我在研究隐形冠军和做咨询的时候，认识了无数这样的人。凌晨两点叫醒他们，问他们在想什么，回答一定只有一个：如何改进产品，如何让产品更有效地为客户所接受。正如德鲁克说的："但凡有所成就，必然是一个专一的狂人完成了一项使命。"这绝对适用于隐形冠军的领导者。

无所畏惧

勇气，这是人们在评价企业家的时候一般都会提到的特征。赖宾格尔甚至把"敢于冒险的勇气"，看成企业家最重要的特征。对于隐形冠军的领导者来说，用"无所畏惧"这一字眼，比泛泛的勇气更加恰当。"无知者无畏，无畏者无惧。"他们似乎理解了中国的这句谚语，并且铭记在心。他们没有平常人感觉的束缚和恐惧，所以能更有效地发挥他们的能力。这些企业领导者真的给人留下了深刻印象，他们往往没有受过太高的教育，也不具备很多的语言知识，却占领了世界市场。但他们并不是赌徒，一次压上所有投注。

活力持久

隐形冠军的领导者似乎有使不完的精力、活力和耐久力。这种精力是因为与工作的合体得到了馈赠吗？可能是！一位美国的经理对此是这样说的："没有任何比明确的目标和宏伟的计划，更能激发个人或企业的活力。"[167] 隐形冠军的领导者心里始终燃烧着一把熊熊烈火，一直烧到退休，甚至到退休以后（这反过来又成了问题）。很多人在过了 70 岁以后还在积极参与自己企业的工作，我去拜访他们时总能感受到这些领导者散发出来的能量。是否有一种未知的能量，为一小部分人所拥有呢？

感召能力

一位艺术家也许可以凭借单枪匹马闻名于世，但没有任何人可以凭一己之力，成就一个在世界市场领先的企业，他需要得到许多人的支持，所以，仅仅领导者自己体内燃烧着大火还不够，他必须点燃许多人体内的大火。领导力研究者沃伦·本尼斯（Warren Bennis）反反复复地强调，我们直到今天都没有弄明白，为什么人们会跟着某些领导者，而不跟别人。隐形冠军领导者最关键的能力也许是，鼓动别人为他们的使命兴奋并拼尽全力。我只能说，他们在这方面非常有成效，非常成功。这一定不是因为外在的，如会面和沟通，他们中很多人不善交流——至少从表面来看。我个人认为，上述诸多特征——人企合一、目标专注和活力持久等，是对其他人产生感召力的决定性因素。

最终，隐形冠军的领导者，是这些企业取得杰出成就的基础。几十年来，我个人认识了数百位这样的领导者，每位都给我留下了深刻的印象。通快集团的赖宾格尔我已经提过了，伍尔特始终不懈谋求增长，让销售额在达到 3 亿欧元时，快马加鞭冲向 10 亿欧元，突破 10 亿欧元屏障只是新的开端，下一目标是 30 亿欧元。直到今天，伍尔特有 71 000 名员工，销售额近 120 亿欧元。

不过，领导力和全球化不是大小问题，曼弗雷德·博格丹（Manfred Bogdahn）便是一个例子，他的公司福莱希（Flexi）虽然只有约 7000 万欧元的销售额，但其柔性狗绳在世界市场的占有率达到 70%。再举一个年轻领导者的例子，如易格斯（Igus）的弗兰克·布拉泽（Frank Blase）。这家公司即使在其所在城市科隆，都很少有人知道，但它却是塑料滚珠轴承和拖链的双料世界冠军。易格斯也早已不是个小企业，公司有 3000 多名员工，在 35 个国家设有分公司，年销售额 5 亿欧元。贴近客户是易格斯的显著特点，至高无上的原则是"KNOC"，意即"老板不点头绝对不摇头"（kein Nein ohne Chef），任何一名员工，在没有征得老板同意之前，都不许回绝客户提出的要求。

格罗曼工程公司（Grohmann Engineering）的创始人克劳斯·格罗曼（Klaus Grohmann）也是一块硬骨头，这家公司在埃菲尔小镇普吕姆，生产电子和类似产品组装设备。特斯拉公司董事长埃隆·马斯克（Elon Musk）为格罗曼的能力所征服，于 2017 年 1 月收购了格罗曼工程公司，改名特斯拉格罗曼工程公司[168]。企业文化是否融合，尚有待证明。

当然，我了解的隐形冠军企业不仅仅是德国的，也有世界各地的，包括中国、新西兰、南非、东欧国家，自然也包括美国。我得出的结论是，这些中小企业领导者无论来自哪些国家和地区，都有相同的个人特征。对于其中两人，中国的杨树仁和日本的中田智弘（Tomohiro Nakada），我将在第 12 章中详述。他们中的绝大多数管理着不上市的家族企业，他们想的是世代传承，而不是支撑几个季度，但很多人却面临同样的问题，即接班人人选的问题。全球化对这些领导者提出了更高要求，家族中不见得一定就有人能够担当这样的重任。因此，不属于家族成员的经理人占比越来越大，希望隐形冠军企业不要因此而失去其已有的认同性。

在哈佛商学院出版社 1996 年出版第一部关于隐形冠军的书之后，隐形冠军概念引起全世界的极大关注，各种版本的书被译成 20 多种语言出版，仅在中国就有 5 个版本。如图 10-3 所示，可以看到各国和地区出版概貌。

图 10-3 《隐形冠军》各国和地区版本

我估计，数以千计的文章和采访的素材以"隐形冠军"为主题。《商业周刊》还给隐形冠军做了一期封面（见图 10-4），把封面人物泰诺健（Technogym）的创始人兼 CEO 内里奥·亚历山德里（Nerio Alessandri）作为这类企业领导者的代表[169]。

图 10-4 隐形冠军成为《商业周刊》封面

隐形冠军的话题也在更广泛的领域掀起了浪潮，从我差不多每周都会接到的问询来看，一定得有数百篇有关这一话题的硕士论文。在亚马逊，不算我自己的那些书，至少还有20本书名带隐形冠军的书。在德国，有各种名目的隐形冠军会议，其中最著名的是每5年举行一次的"隐形冠军峰会"。n-tv电视台每年颁发隐形冠军奖，黑森州也给领先的中小企业颁发隐形冠军奖，柏林欧洲管理和技术学院在2017年成立了世界上第一所"隐形冠军研究院"。

在中国江苏省苏州市的太仓，2017年也举行了第一届"隐形冠军峰会"。峰会组织者未来计划与赫尔曼西蒙商学院合作，定期举办"隐形冠军峰会"，峰会在不同城市举办，每年向中国企业颁发隐形冠军奖。

隐形冠军概念在金融领域也产生了影响。柏林阿维斯科金融服务股份公司（Avesco Financial Services AG）推出了一项"可持续隐形冠军基金"（Sustainable Hidden Champions－Fonds）；在新加坡也有一个"隐形冠军基金"；在中国台湾地区，有一个很大范围的隐形冠军竞赛。对德国中小企业密切的关注，在全球范围大幅升温。特别是在中国，以及中小企业薄弱的韩国和日本，隐形冠军的热度持续不减。

法国成为一个特例。特别是在2008～2009年危机之后，法国人花大力气研究德国经济，想搞清楚德国成功的原因，并从中学习。德国中小企业成为关注的中心，我本人就多次受邀做报告，介绍隐形冠军，其中一次报告是在法国参议院未来委员会举行的[170]。我介绍了隐形冠军，最后推导出两个具有挑衅性的结论：第一，一个过于集中的国家培养不出中小企业；第二，如果一个国家过于注重精英教育，会对培养中小企业形成阻碍。

我认为两个结论都切中法国的要害。由于过于集中，所有有能力的人都想去巴黎。理想的职业从上一所精英学校开始，接着是进大公司或者部委工作。很少有人愿意去法国的农村，或者去中小企业工作，在这种集中化的体系中，中小企业势必知名度不高，声誉更差。我的印象是，不断把法国企业和德国的隐形冠军比较，使很多法国人沮丧和压抑，他们认识到，即使不是完全不可能，也肯定会非常难以"复制"德国中小企业。这种万般无奈的感觉造成的压抑，导致法国对德国中小企业兴趣的减弱——至少我是这种印象。2017年当选总统的埃马纽埃尔·马克龙（Emmanuel Macron）发起了新的中小企业倡议，在这一背景下成立了一个"隐形冠军俱乐部"。把我的书译成法文的斯蒂芬·甘沙尔（Stephan Guinchard）告诉我，所有诸如此类的倡议，在法国都会遇到麻烦[171]。

韩国也碰到同样的困难，尽管做了极大努力，组织了各种活动。在韩国，少数几个大公司，即所谓的财阀，依然是权力中心。中国的情况则截然相反，许多中国大企业更多着眼于国内市场（如中国移动、电力公司、银行）。中国巨大的出口额，2/3来自中小企业，很多中小企业以极大的兴致接受隐形冠军理论，我看到，中国企业是德国隐形冠军未来最危险的竞争对手。这一点从并购中也可以看出，如中国建筑机械公司三一重工并购水泥泵车生产厂商普茨迈斯特、美的集团并购机器人制造隐形冠军库卡公司等。

也恰恰就在中国，隐形冠军理论引起最大的关注。早在2005年，人民大会堂举行"首届国际隐形冠军企业高峰论坛"，我去北京做了第一个关于这一主题的报告（见图10-5）。

图10-5　2005年，在人民大会堂举行中国首次隐形冠军会议

我在中国做报告，如果我问，谁愿意成为隐形冠军，往往有半个会场的人会举手。"隐形冠军"成为价格管理之外我的第二个关注点，"隐形冠军"也成为国际管理语言里的概念。如果在谷歌输入"Hidden Champions"（隐形冠军），有 31.4 万条信息[172]。这一话题从第一次发表到现在，人们的兴趣一直持续不减。2017 年 11 月 22 日，柏林欧洲管理和技术学院成立全球第一所隐形冠军研究院（HCI），成立研究院的目的是要更科学地深入研究这一现象。中国也有极大兴趣，让从属于青岛大学的赫尔曼·西蒙商学院，成为研究中国隐形冠军的专业机构。还有一点对我本人来说非常重要，那就是我在管理西蒙顾和的时候，始终坚持践行隐形冠军战略，这构成了下一章的内容。

ZWEI WELTEN, EIN LEBEN
Vom Dorfkind zum Global Player

雄鹰展翅

艰难起步

我在做学术研究的同时，一直努力与企业界建立联系。这方面，我的导师阿尔巴赫教授的声誉和人际关系给了我很大帮助，他让我参与管理讨论课，让我参与撰写评估报告，还帮我与很多企业建立联系。在我被任命为比勒菲尔德大学教授之后，我也更加努力，做面向企业的研究和教学。企业也来找我们，请求我们帮助解决营销方面的实际问题，这样便产生了一些小的咨询项目。

对我的下一步计划起决定性作用的，是世界最大的化工公司巴斯夫股份公司工业油漆部门委托我做的项目，报酬是 12.5 万马克（约合 6.25 万欧元），这对当时的我来说，是一个很大的数目。通过多维缩放和判别分析等现代统计方法，我们为巴斯夫开发了一个复杂的客户细分法，该细分法以客户的行为差异为基础，对员工来说又容易操作。通过细分找出产品和价格的差异，以及不同的营销措施。那些满足诸如技术要求和采购数量等特定条件的客户，由拥有较高技术决策权限的中心部门提供服务；那些要求简单、对价格比较敏感而采购量又不大的客户，继续由区域销售分理处提供服务。我们走访了100多家使用工业油漆的企业，做了深入的了解。

当时负责联系协调的是我的第一位助理库赫尔，那时他还不是博士研究生，他在内容和方法上以极大的细致和绝对的可靠做完了这个项目，客户方巴斯夫的肯定，以及我们从这个项目获得的经验，让我和库赫尔很受鼓舞。通过这个项目，我看到，这样的项目在大学不可能真正做到专业，也不可能取得客户足够的信任。参与项目的员工都得到了应得的报酬，我们也没有占用大学很多资源，无非占用了一些电脑资源。尽管如此，我感觉，在大学处理如此保密的数据和战略建议方案，不是很妥当。

如果顺着企业咨询的思路认真做下去，在大学以外建立一个机构，显得很有必要。不过，我当时还只是一名年轻的教授，还在做着专业知识的构建和扩展，我必须把研究放在更高的位置。但是，做企业咨询这一思想的种子，已经埋进土壤。

接着我便去日本做了一学期研究。1983年11月21日，库赫尔和塞巴斯蒂安（我最早的两位助理）给我寄来一封长信，汇报了法兰克福市场营销服务展览会的情况。在这个几个月前举办的展览会上，我们设了一个展位，我们的口号是"市场营销的决策支持"，在参观者中引起很大反响，很多人来问我们是否可以提供咨询。我们做过的项目取得的经验，以及这次展览得到的反馈，让两位助理鼓起勇气，提出了对未来的建议。他们在信里这样写道："我们想在此详细提出对未来职业合作前景的可能性设想、考虑和建议，从市场营销展可以看到，企业对分析方面的需求是存在的，这对您来说一定不新鲜。我们认为，在完成博士论文后，这一领域值得我们更深入地思考。要唤起或促成这一需求只能通过我们的团队加以管理，我们看到，目前的教学团队西蒙－库赫尔－塞巴斯蒂安，从多个角度来说都是最适合成功接受这一新机会的，作为团队，我们有以下特点：

第一，在量化营销研究和决策方面受过良好而扎实的教育；

第二，与企业界存在广泛联系；

第三，具有专业方式和个人性格的协同效应。

总体上看，我们在这一领域作为分析服务供应者，不用担心目前会有强劲的竞争者。出于这些理由，我们认为，为未来合作组成团队，对所有参与者都是一种机会。"[173]

这一想法在我心里生根发芽，我考虑了一个星期，在12月1日给了回信，对两位助手提出的"愿景"表示高兴，并建议等我1984年初回到德国后马上见面详谈，做出具体方案。事实上，两位助手能主动来找我，我真的很高兴。成立咨询机构的想法和实现这一想法之间会有障碍，克服这些障碍需要同事，他们不仅要具备做咨询的能力，还要有从零开始创业的勇气。创业对两位助理来说意味着接受巨大的风险，而我毕竟还有教授的职业做后盾。当然，对我来说，声誉可能会受损失，但经济方面的风险有限，因为投资金额看得见。

离开日本之后，我还去斯坦福大学待了3个月，回到德国后，我们3人坐到一起讨论创业方案。我们会面大多选在阿尔河谷的洛赫姆勒，那个地方是我们在做管理讨论课时知道的。在这个偏僻的地方，我们可以不受任何干扰，集思广益细化计划。因为我是大学教授，我不愿意自己的名字出现在公司名称里，所以我们给公司定名为 UNIC 营销和管理研究有限责任公司，其中的 "UNIC" 是 "University Connection" 的缩写，意即 "大学联络"，以此表明，我们要把大学的学术研究运用到实际问题的解决当中。作为对公司名称的补充，我们还在里面写上了 "营销和管理研究"。

1985年初，我们开始创业。公司形式为有限责任公司，库赫尔、塞巴斯蒂安、我夫人和我占有同等股份，注册资金为10万马克（约合5万欧元）。我们在波恩市边上租了一间很小很便宜的办公室，选定波恩的原因很简单，因为我住在波恩。这是我对选择各种基地的普遍经验，只要找出由谁选定地点，以及此人的偏好，通常就不需要更多的解释。我们干得很低调，严格控制成本。我始终强调的成本意识得到了传承，这个主题在我70岁生日的贺词中都出现了。

第一名员工是库赫尔，公司启动之前不久，他已经完成博士论文。几个月之后，塞巴斯蒂安也完成博士论文加入公司。我们聘请了23岁的克里斯蒂安娜·内勒斯（Christiane Nelles）作为秘书，她今天已成为西蒙顾和的行政总监。与所有同类的初创公司一样，要实现项目盈利，我们面临巨大的挑战，尽管我们已经拥有一张非常强大的关系网，但工作依然很艰苦，完成涉资1万或者5万欧元的项目，就已经是巨大的成功了。有一句谚语"松鼠艰难地喂养自己"（意指缓慢而稳步地发展），绝对适用于UNIC。第一年，我们3名员工实现的营业额相当于35万欧元，我们把这一数额看成巨大的成功，并为之感到自豪。众所周知，初创公司的第一年是最危险的，我们已经跨过了这第一道障碍。

接下来要做的就是稳步上升了。1989年，我们13名员工实现营业额220万欧元，1994年35名员工实现营业额590万欧元，那年我结束了大学任教。1995～2009年，我作为CEO管理西蒙顾和，2009年后我成为公司的董事长，2017年2月我年满70岁，成为公司的名誉主席。在我70岁生日之际，我内心希望公司员工能跨过千人大关，在2017年2月11日的生日庆典上，CEO塔克博士宣布，公司已有1003名员工。2017年公司营业额达到2.52亿欧元，2018年公司员工约1200人，在25个国家设有37个分公司。在价格咨询领域，西蒙顾和是全球市场领导者。

但是，有一个期望没能实现。我们的初衷是运用计量经济学的方法支持决策，计量经济学以历史数据为基础，测量价格、广告宣传和促销活动的作用。我们的主要兴趣是价格，价格的作用通常是通过所谓的价格弹性来测量的，库赫尔的博士论文写的就是这一主题，他还使用了最新的扫描仪数据，塞巴斯蒂安分析了广告对于电话普及的作用，因此在理论研究和实际应用上，非常适合使用计量经济学方法。我们本来应该知道，计量经济学方法在实际应用中会碰到障碍，芝加哥大学的莱斯特·G.泰瑟（Lester G. Telser）教授在1962年就已经对此做出预言。[174] 他的理论是，当市场上价格弹性很大时，竞争者价格之间的差异会很小。用计量经济学的语言来表述，即自变量"价格"会显示出太小的方差（波宽），致使无法做出有效的估计。如果价格弹性小，那么价格很可能显示出较大的方差，但这并不会对销售量产生很大影响，换句话说，相关变量销售量的方差太小。

我们公司在全球做的5000多个定价项目中，只有不到100个是以计量经济学方法为基础做的。除了泰瑟所说的原因之外，还有两个原因。第一，对于新产品来说，历史数据价值有限，甚至毫无意义。第二，需要请咨询师做费事的价格分析，一般是因为（用计量经济学的语言表述）市场结构遭到了破坏。举例来说，市场上出现了新的竞争对手，专利到期后出现了仿制者，或者出现了新的分销渠道，如互联网。在所有这些情况下，历史的市场数据很难预测客户对未来价格的反应。在大数据时代，计量经济学也许可以得到更多的应用。比如在互联网上，不用太大投入就可以做价格测试，可以人为地生成价格方差，了解价格变化对销售的影响。

我们没有运用计量经济学，但是在很多项目中使用了一种新的方法，即联合测量。我最早了解这种方法是在麻省理工学院做研究时，当时它还只是一种基本形式，被称为权衡分析（Trade Off Analyse）。之所以称为权衡分析或者联合测量，是因为要把使用感受和价格因素合在一起测量。这种方法是向受试者提供各种产品，请他们对产品做出选择，提供的产品在产品特性和价格方面要有所区别，最终从受试者的评价中，得出用户对某种产品特性的使用欢迎度和价格预期。联合测量方法在不断改进，最终随着个人电脑的发展取得突破，因为我们在做问卷调查时需要使用个人电脑。这方面我们的第一个项目是测评伊尔·桑德尔（Jil Sander）眼镜的价值，为此我们真的做了不同款式和品牌的眼镜。更先进的联合测量方式，迄今是我们工作的重要工具。不过，很长时间以来，我们已经委托市场研究机构做问卷调查，但因为分析是我们的核心能力，所以对问卷结果的分析工作仍由我们来做。

1988年,我们团队得到了强援,塔克博士和西莱克博士在做完博士论文之后加盟。塔克的博士论文题目是《非线性定价》,这成为我们几年后为德国铁路开发的德铁卡的基础。西莱克的博士论文题目是《药品市场的竞争战略》,这给我们在药品工业中已有良好开端的业务注入了专业知识。这些含金量很高的专家,自然有很多替代的供职,为了争取到并留住他们,我们在很短时间之后就请他们做咨询合伙人。库赫尔博士、塞巴斯蒂安博士、塔克博士、西莱克博士,还有我作为一个团队,成为公司的核心。我很自豪的是,这一团队的成员,把他们整个职业生涯,捆绑在一条船上。

下面两张照片展示了西蒙顾和核心成员在1988年和2015年的面貌(见图11-1),两张照片时间相隔27年[175]。虽然岁月留下了痕迹,但没能让这5人团队产生裂痕。

图11-1　西蒙顾和核心成员分别于1988年和2015年的合影(左起:卡尔-海因茨·塞巴斯蒂安、赫尔曼·西蒙、格奥尔格·塔克、埃克哈特·库赫尔、克劳斯·西莱克)

价格咨询

我碰到过的价格有千百种不同的变化和组合,它们给我带来欢乐、挑战，或烦恼，有时令我头疼，令我无助，有时又令我享受，即在我破解价格奥秘之时。我经历过价格的胜利，比如1993年引入德铁卡，以及此卡在2003年的重生，为此我们曾与当时德国铁路局董事长哈特穆特·梅多恩（Hartmut Mehdorn）激烈交锋。1998年具有革命性的梅赛德斯A系列车型投放市场，其相对来说较高的定价能够成功贯彻，令我骄傲。最令人激动的是我们为保时捷新款车型开发的价格战略，1993～2009年担任保时捷董事长的温德林·维德金（Wendelin Wiedeking）"潜心研究"了这个项目。为领先的互联网公司做的项目也起到越来越重要的作用，这些项目主要由我们在硅谷的分公司负责。

当然也有败绩，比如提价不成功、新品价格不被人接受，或降价不能带来预期的销售增长，只是减少了利润等。不过，谢天谢地，这样的失败很少。当然也有与客户产生矛盾、客户对我们的建议不满意的时候。不过即使在事后，有时也无法知道究竟谁对谁错。因为现实之中只有一种选择得到执行，另一种选择是否会更好，通常很难做出准确的判断。

有时，突发事件会让市场发生骤变。比如我们为国际旅游联盟集团开发的新价格体系，于2001年10月1日实行，而2001年9月11日美国世贸中心遭到恐怖分子袭击，世界不再是原来的世界，我们用于分析和建议的那些假设和数据，可以一烧了之了。令人安慰的是，一年之后该集团的一位经理反馈，"9·11"之后，如果继续使用老的价格体系，情况会更糟糕。

我们也不是永远一帆风顺，我举两个例子说明。德国统一之后，我们为一家新联邦州的东德公司做一个项目，这家公司被西德公司并购，需要重新布局。项目快结束时，这家东德公司不得不申请破产。愚蠢的是，我们是与这家东德公司签了合同，而不是与其西德的母公司，虽然母公司才是我们实际的委托方。与母公司交涉没有结果，最终我们分文无收。我们实在太天真，为此我们只能"买单"。

20世纪90年代末德国电力市场自由化，电力供应公司在欣喜和担心之间摇摆，一家竞争者试图利用新的自由，发起全面进攻，委托给了我们一个很大的项目。这对我们来说是一次极大的成功，但同时，我们不能为同业中的其他公司服务。

随着项目的开展，委托方电力供应公司管理层之间，以及对方董事和我们之间都产生了争执，我们面对的生意伙伴越来越让我们感到不愉快，我在此暂且把他称为里斯（Riss）。里斯先生本身也处在巨大的压力之下，里斯和我们负责项目的合伙人矛盾越来越深。1999年秋天，我们约在一个机场的会议室见面，那里可以说是一处中立地带。

负责项目的合伙人陪我谈判，问我："您紧张吗？""还好"，我轻描淡写地回答。其实我很紧张，这关系到一笔数额很大的款项，还有其他条件，我们必须在今晚找到解决方案。这是我第二次和里斯见面，我对他几乎没有了解，有理由不信任他。他迟到了，这是他的风格，这并不让我们感到意外。

谈判开局很僵，双方各执己见互不相让。里斯和我互相瞪着对方，很长时间不说话，气氛越来越糟，达成一致越来越无望。这样不行，我让我的合伙人和里斯单独谈一会儿，他们毕竟认识时间很长了，我在门外等着。过了很长时间，我的合伙人拿着一个折中建议出来了，但这个建议不能让我接受。我们的律师在休假，但我们还是通过电话找到了他，他很肯定，我们在法庭上能够得到一个好得多的结果。但是，告上法庭打官司，这根本不是我所希望的，我们还从来没有跟客户打过官司，我不想改变这一点[176]。

我再次向里斯提出建议，他已经准备离开房间了。最终，我们签署了一份协议，协议虽然在经济上不能让我满意，但取消了对我们的限制，使我们即刻起可以给同业中的其他公司提供服务，这种自由值得我们在经济上做出让步。我松了一口气，终于解决了这一棘手的事情，不需要走上法庭为我们的权益战斗，我们的精力可以集中在法律纠纷之外更有意义的地方。

动用律师在这一案子上也证明是值得的，因为在谈判的最后阶段，律师提醒我，一定要在达成的金额后面补充"外加增值税"，没有这一条，我们轻而易举就将损失 50 万马克。自此，里斯此人，我再也没有见过。

愿景现实

1995 年我出任西蒙顾和的 CEO，结束了多年的学术生涯，开始了新的人生旅程。自然，咨询对我来说不是陌生的工作，但我必须适应每天的劳心：日常管理、寻找项目、做好项目。我们处在什么状态？我们将走向何方？我们野心勃勃地下定决心，每 3 年营业额翻番。到今天为止，我们确实做到了，1985～1994 年，平均每年的增长率是 34%。我们每年都在增长，除了 1991 年，那年的海湾战争，使我们的营业额略有下降。我们感觉就像插上了雄鹰的翅膀，但我们只有一间办公室，员工大部分是德国人，我们的项目 90% 以上来自德语区。我们只能算一家中小型的德国咨询公司，但我们的野心很大，我们要成为一家全球咨询公司，我们制定了一份愿景和价值观宣言，宣言如此定义我们的身份："我们是一家战略和营销领域的全球性咨询公司，我们的标准是世界一流的。"我们的价值"大厦"有 4 个原则作为支柱：

- 诚实；
- 质量；
- 创造；
- 快速。

所有原则，对外针对客户，对内同样适用于员工。

"诚实"是建立信任的前提。有时候客户上门，带着自己的先入之见，希望得到咨询师的验证；有时候我们发现客户的一些错误或弱点，而客户不愿意听；有时候对员工也不得不陈述一些令人不舒服的事实。我不敢说，我们始终做到了"诚实"这一原则，但我们没有降低标杆。有时候，虽然耗时会长一点，但最终我们履行了"谁撒谎，谁滚蛋"的诺言。

"质量"对于我们来说，意味着我们要运用最现代的量化方式，争取最有效、最可靠的结果。基础是员工的专业素质和终身学习的意愿。质量即使对于最小的事情也同样重要，这一点是我从早期的一个项目中领会到的，我们在起草问卷时点错了一个小数点，受访企业的消耗量从 1000 吨变成了 10 000 吨，导致了我们对市场潜力估计的严重错误。所幸的是，我们在做最后演示前及时发现了这一错误，不然我们在客户那里就显得太可笑了。高质量当然不只是避免错误的发生，它最终源于我们团队的能力和奉献精神，这个团队无一例外都是"知识工人"（Knowledge Worker），对于他们业绩的产出过程，不像流水线工人一样，可以检验。在咨询中，即使有了结果，也很难检验。咨询顾问必须亲自参与导出结果的过程，例如与委托方的管理层或委托方的客户直接对话。说到底，只有通过对员工的选拔、评估和不断的培训，才能真正确保高质量。

"创造"对我们来说有对外和对内两个方面。对外来说，创造要求我们，为客户或某种特定情况找到量身定制的解决方案。我们虽然有一个工具箱的方法，但我们不是给战略和营销提供"菜谱"，这明显有别于市场研究机构，它们往往用标准的方法工作。对内来说，创造要求每位员工都要"一起思考"，一起思考不仅局限于团队协作，而且还涉及给同事提供自己的思路。

"快速"在我看来是实践中最经常被违背的原则，要做到"今日事，今日毕"对很多人来说很难。工作中普遍存在拖拖拉拉的现象，这种现象的存在对我是一种长期的精神折磨。能够让客户感受到意外惊喜的，除了快速很少还有别的，我得到的最常见的积极反馈，也无非是反应很快，正是这种体会，我希望能够把"快速"原则，灌输给员工，可惜并不完全成功，但至少大部分员工做到了。包含在这一原则里的，还有守时，包括准时赴约、按约定时间交付报告。我不敢说自己从来不迟到，但实际情况离这一要求差距并不大。因为，有时候迟到无法受主观控制，比如飞机晚点或者交通堵塞，但能控制的是自己的出发时间。关于这一点伏尔泰曾说："重要的不是准时到,而是及时出发。"说得太对了!

我经常拿这4项原则敲打我的员工,但可能会出现一种情况,就是不断重复同样的话,让自己都听腻了。有一次时任ABB公司董事长的埃伯哈德·冯·克贝尔(Eberhard von Koerber, 1938—2017)对我说:"我自己都不想再听了,这一切我已经重复说了上百遍。"我回答:"您是唯一一位听了上百遍的人,在这么大的一个公司里,每一位员工也许只听到过一两遍,您还可以继续重复上几百遍,那样也许有机会,让每位员工听到三遍。"我们的官方价值体系为我的继任者所传承。到2018年,西蒙顾和的价值体系扩大到以下6个原则:诚信、尊重、企业家精神、才能、影响力和团队[177]。这套价值观及其表述充满了生命力,但比言语更重要的是行动,关键是看这些价值观有没有真的被奉行。

关于所说所写,我经常对照从塞涅卡那里学来的那句座右铭"循此苦旅,以达天际"(per aspera ad astra)。我想以此表达,人们必须给自己树立远大目标,但通向目标之路,很少一马平川,不要因通向繁星之路上的坑坑洼洼而丧失勇气、落入平庸。这些年,绊脚石一路都有。一个新办公室开张,并不见得一开就成功;有时候不得不更换负责人;有时候会出乎意料,需要很长时间,才能做到收支平衡。最失望的是失去合伙人,有些是我们提出要"分手",因为他们带不来所期望的业绩,有些是他们提出要"分手",因为他们不适应我们的企业模式或文化。在头30年中,我们失去了25位合伙人,也就是每年失去0.8位。目前合伙人近100位,而且非常稳定。咨询师方面每年流失15%~20%,这是咨询行业正常的流失比例,我们也不例外。对于合伙人,我们力求减少流失,前提自然是他们能带来期望的业绩。

走向国际

我们在公司愿景中这样写道:"我们是一家战略和营销领域的全球化咨

询公司""我们的标准是世界一流的"。对于一家只在德国一个中等城市设有一间办公室的咨询公司来说,这样的豪言壮语可以有两种不同的理解:一种理解是,这显示了我们雄心勃勃的决心,只是还有待实现;另一种不怎么积极的理解是,这一宣言过于狂妄自大。

但我们想表达的,就是在愿景里所说的,我们眼前有目标,清楚自己想要什么,只是通向目标的这条路,还没有完全想清楚。从哪个国家开始我们的全球化之路?怎么做?谁来做?想要实现全球化,在德语区,比如在苏黎世或者维也纳开设第二间办公室,可能不会有太大效果。一个以世界一流为目标的全球化咨询公司,必须深入咨询行业的"虎穴"才行,也就是要去美国。

去美国开设分公司的决定,在1995年的合伙人会议上得到全票通过,那时我们已有7名合伙人。决定已经做出了,我们要在美国开设第二间办公室(继波恩之后),但核心的问题"由谁来做"并没有得出结论。当我在合伙人会议上提出这一问题的时候,所有人的目光都看向了地板。我们给大家留出了思考时间,最后,当西莱克博士表示愿意带着全家去美国3年,开设新办公室时,我们心里的一块石头落了地。类似的处境我在以后几年会经常碰到,如果没有人愿意承担开设新办公室的任务,这个计划无疑将破产。西莱克带上了年轻的咨询师施特芬·布切尔(Stephan Butscher),他是我在美因茨大学的学生,他是一名外交官的儿子,出生在卡萨布兰卡,虽然年纪轻轻,但有很丰富的国外工作经验,其中包括曾在纽约做过好几个月的实习生。

我们在选址时并不像大多数咨询公司一样选在纽约,而是选在了波士顿,主要有两个原因。一方面,我对波士顿的环境比较熟悉,毕竟我在那里生活了两年,在哈佛商学院和麻省理工学院有很多人脉,西莱克也更喜欢带着全家去一个简单的环境居住,而不想在大城市生活。另一方面,波士顿也是一个传统的咨询城市,无论如何,这里有全世界第一家咨询公司,即阿瑟·D.利特尔(Arthur D. Little)在1864年成立的理特咨询。波士顿咨询集团（Boston Consulting Group）也起源于这里。接下来，就是走完成立公司的必要步骤了：成立有限责任公司、租办公室、雇请第一批美国员工。

我们把办公室选在剑桥肯德尔广场，离我第一次去美国做研究的麻省理工学院斯隆商学院仅几步之遥。人们应该愿意回到早先去过的地方，如果那个地方给人留下了美好记忆的话。我还记得第一次面试，两位工商管理硕士研究生胡安·里韦拉（Juan Rivera）和斯蒂夫·罗森（Steve Rosen），两人均表示愿意入职。里韦拉现在已成为美国西蒙顾和有限责任公司的负责人，罗森是生命科学部合伙人。与在德国的情况类似，这些最早的美国员工数十年来对公司保持忠诚。为了熟悉业务，两人来波恩工作了一年。我们坚信，我们的企业文化只能靠人传人，而不是靠通信或文件。

在最初阶段，我基本每个月飞一趟波士顿。在这段时间，我在剑桥哈佛广场的查尔斯酒店开了一个衣服存储柜，以免每次跨越大西洋搬来搬去。但我很快发现，我对美国客户很难起影响。咨询是一项人对人的业务，我的名片上面虽然印着美国地址，但不可能不让客户知道我只是临时出现在那里。这样一位来自一家小咨询公司的老板，临时参加一下见面会议，之后可能再也见不到面，这不可能给客户留下深刻的印象。我们的理想化愿景是给在美国市场的德国企业提供服务，却始终打不开局面。很多德国咨询公司设想走这条路，也都没有成功。

不久以后，我们明白了，我们必须在美国公司中寻找项目，并交给当地员工完成。我们是否过低估计了挑战、过高估计了自己的能力呢？我们在德国最初几年的经历，"松鼠艰难地喂养自己"，在美国又出现了。美国客户虽然表现出出人意料的开放态度，对我们很感兴趣，也给我们见面介绍的时间，但对我们来说，从第一次见面到拿到项目的路途非常艰难。当然，无所不在的竞争对手是其中一个因素。美国并不缺乏咨询公司，不过，没有一家咨询公司像我们一样专攻定价。西莱克和他的团队表现出极强的抗挫败的韧劲和堪称典范的耐力。就有那么一天，结一下解开了，业务从此稳步上升。

美国分公司的成功给了我们鼓舞，4年后我们在苏黎世和巴黎开了分公司，在此之前不久，我们已在慕尼黑开了分公司。慕尼黑和苏黎世一样，不会有太大的问题，因为我们仍然处在德语区里。

在巴黎开设分公司的挑战比较大，因为我们找不到能够托付这一任务的合伙人或者员工，最后我找了巴黎的猎头埃里克·萨尔蒙（Eric Salmon），在他位于香榭丽舍大街的办公室面试了好几位应聘者。在这里我再次感受到世界之小，萨尔蒙介绍的一位女士，名叫凯瑟琳·杜南德（Cathérine Dunand），我竟然认识，她曾给赫希斯特药业全球销售总监弗里茨·施特劳布（Fritz Straub）当过助手。在面试的应聘者中，有一位名叫凯·班迪拉（Kai Bandilla），他是罗兰·贝格（Roland Berger）在巴黎的年轻合伙人，只是我们最终没能达成一致。

我最后看好一位法国的咨询师，他愿意接受我们提供的职位，承担在巴黎成立分公司的重任。之前我们已经在波恩聘用了巴黎高等商学院（Grande École HEC）的两名年轻毕业生弗洛朗·雅凯（Florent Jacquet）和弗兰克·布罗（Franck Brault），两人带着从总部习得的一年工作经验返回巴黎。今天，两人都成了合伙人，他们20多年来始终对公司保持忠诚。但外聘的负责人不起作用，所以我们停止了聘用，并派了一名德国合伙人去巴黎，此人虽然非常尽力，但同样也没能打开局面。3年过去，我们没能实现收支平衡，不能这样继续下去，我便想到了第一次在猎头萨尔蒙那里碰到的班迪拉，我给他打电话，几天之后我们达成了一致。今天，班迪拉不仅负责巴黎分公司，同时也负责伊斯坦布尔、迪拜、新加坡、悉尼、北京和中国香港的分公司，他还是我们董事会的成员。

我们也遭遇过挫折。2008年11月，在最糟糕的时间点，我们开设了莫斯科分公司，租了很贵的办公室，成本很高，但基本没有项目，一年之后分公司不得不关张。

但西蒙顾和的全球化步伐没有停止，我们的成长历史如图11-2所示[178]。

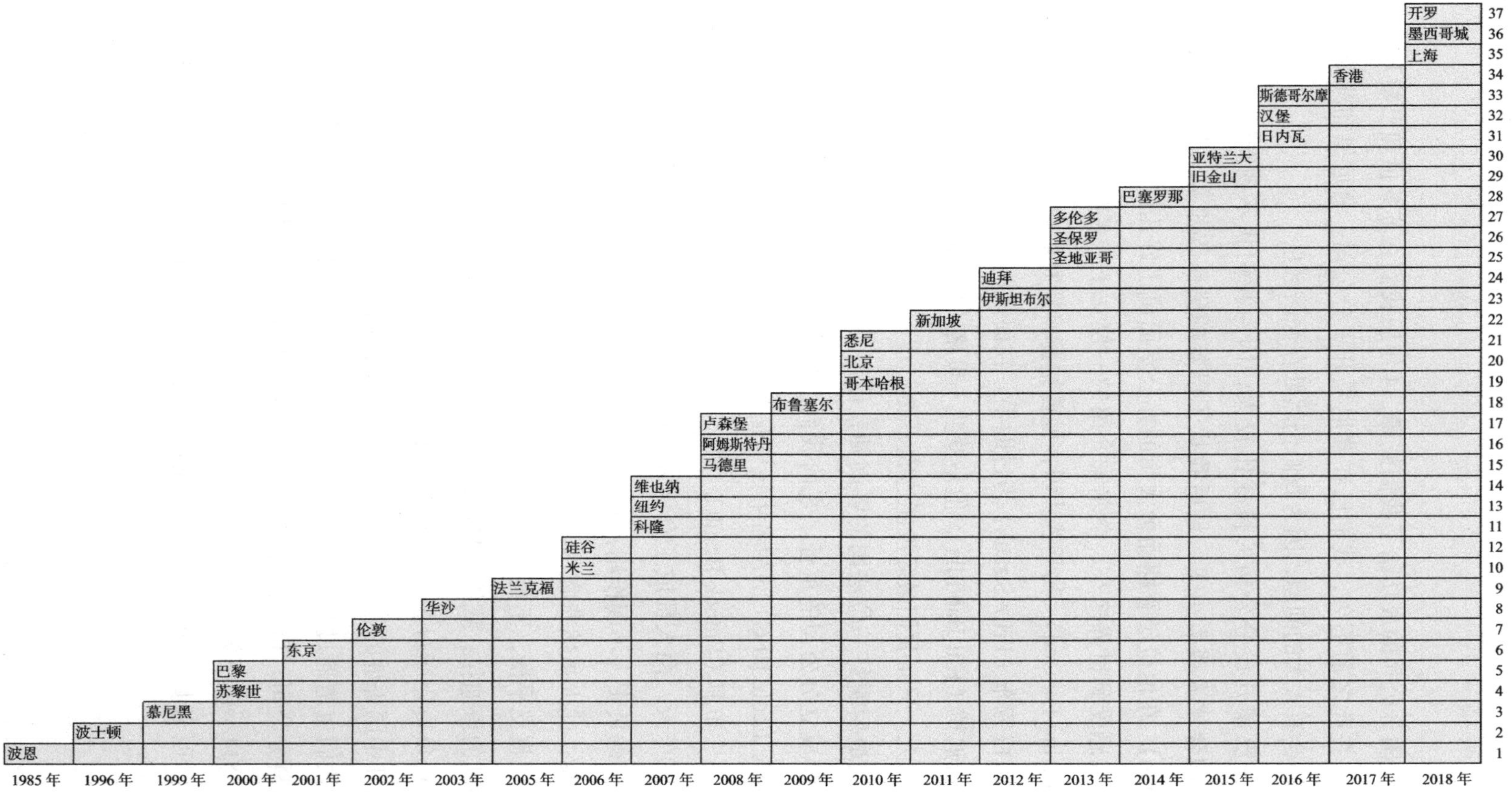

图 11-2　1985～2018 年西蒙顾和的全球化扩张进程

公司面临的挑战始终是一样的，最难的还是找到分公司的负责人，如果有能胜任的咨询师或者合伙人，业务才能发展，如果没有这样的人才，一个分公司可能会长期存在很多问题。同样重要的是，要能找到并培养该国的、懂当地语言的咨询师，国际咨询业务不能只靠外籍人士开展，但也需要他们把企业文化和能力传递给新的分公司，所以，在那么多年里，我们向全世界派遣了很多有能力的员工，有很多这样的外籍员工在目的国任职多年，有些甚至留在了那里。比如安德烈·韦伯（André Weber）、福尔克·扬森博士（Dr. Volker Janssen）和彼得·艾哈特（Peter Ehrhardt）留在了美国，约翰·克劳斯博士（Dr. Jochen Krauss）和扬·威瑟（Jan Weiser）留在了新加坡，延斯·米勒博士（Dr. Jens Müller）留在了日本东京，克里斯托弗·佩佐尔特（Christoph Petzoldt）留在了澳大利亚悉尼，洛夫伦克·凯斯勒（Lovrenc Kessler）留在了阿联酋迪拜，瑞士人希尔维沃·施托吕比（Silvio Struebi）留在了中国香港。我们派到国外的德国合伙人，总共不到10位。

开始全球化之后，我们宣布把英语作为公司的工作语言，所有员工都会英语，公司材料只用英语来写。一开始，这给一些员工带来了麻烦，但几年之后，英语作为公司的工作语言对所有人来说都成为理所当然。我建议每个想搞全球化的公司，必须坚定不移地走这条路。英语作为公司的工作语言简化了沟通、节省了翻译的重复工作，还增加了公司对非德语应聘者的吸引力。一个全球化的公司，需要一种统一的语言。

尤其对一个以脑力为资本的企业来说，让所有国家的员工跨越国界和文化差异，接受并保持统一的价值观和企业文化，都是一项艰巨的挑战，但只有这样，才能让客户得到标准一致的高品质咨询。我们的目标是，给全世界的客户提供统一品质的服务，只有确立起一个有凝聚力和约束力的价值观体系，才能实现这一要求。而同时，这样一个体系必须具有足够的灵活性，能融汇本土文化特点，且不对一家全球化咨询公司持续不断的必要变化和创新造成阻碍。全球化是我们存在的核心要素，对我们来说，全球化意味着在所有重要市场拥有客户、员工和办公室,我们把这种全球化的网络视为赢得和留住员工的一个法宝。

今天,我们已在 25 个国家和地区设立了 37 个分公司[179],但在世界版图上仍有很多空白之处。我们的决心是有朝一日能覆盖全世界,这个决心在今天和刚开始那几年一样强烈。而今天,我们为实现这一目标所打下的基础,比以往任何时候都更加广阔和稳固。因此,我们国际化的步伐,还可能加快。

脑力资本

1968 年,德鲁克发明了"知识工人"一词。知识工人不再从事传统意义的体力劳动,而是从事脑力劳动,他更多地使用大脑和思想,而不是身体。这些以知识工人为主的企业,被称为脑力资本企业,它们在现代国民经济中起着重要作用,主要包括咨询公司、律师事务所、诊所以及开发和审核机构。当然,大学和中小学也属于脑力资本企业。西蒙顾和是一家脑力资本企业,80% 以上的员工受过高等教育,10% 以上的员工拥有博士学位,我们不生产有形商品,我们的产品报告,不管是以纸质版还是以电子版的形式提交给客户,都只包含信息和知识。

对于知识工人,其创造价值的过程无法控制。当一名知识工人看着窗外时,人们不知道他是在无所事事还是在白日做梦,抑或正在寻找解决问题的最佳答案。有人也许一个小时就能拿出一个很好的解决方案,其绩效比一些忙活一整天却拿不出令人信服答案的人的绩效还要好。卡尔·马克思劳动价值论中关于劳动时间决定产品价值的说法,在脑力资本企业不适用。

脑力资本企业的另一个特点是,公司最重要的资源每天晚上都会离开办公室,老板只能希望,这些资源第二天早上还会出现。这里提到的最重要的资源便存在于员工的头脑中。对于特别优秀的咨询顾问,尤其是合伙人，留住他们，是一种必须，也是一个巨大的挑战。脑力资本企业不需要有太多金融资本，通常无非是租一间办公室，办公资本也很有限，无论原材料还是成品，都不需要仓库。因此，融资在正常情况下都不是难题。尽管如此，确实有很多新成立的脑力资本企业，因为融资方面的问题而无法生存。

人们经常会听到说，一切都取决于老板。对于具有严格管理层级的工业企业来说，这句话也许适用，但对于脑力资本企业来说，远非如此。一旦这样一个企业达到了一定的规模，成功的决定性因素便不再是老板，而是合伙人。合伙人管理团队，团队犹如一个小公司一样运作。因此，合伙人必须要像一位真正的企业家一样。斯坦福大学教授查尔斯·奥莱利（Charles O'Reilly）认为，脑力资本企业的股份，应该由主要合伙人持有，而不是由外来的金融投资者持有。他提出的理由是，稀缺因素在于脑力资本，而不在于金融资本。

但是，将所有权转让给年轻的合伙人并非易事。公司成立之初，创始人是唯一的股东，创始人有一种天性，希望尽可能多、尽可能长时间地持有股份。时间消逝，转眼间他们过了50岁，如果公司这时如日中天，其股份对于年轻的合伙人来说太贵了，其结果是公司只能卖给大型的咨询公司，失去了独立性。比如我们早期的竞争对手、由托马斯·T.内格尔教授成立的战略定价集团（Strategic Pricing Group），便卖给了由哈佛教授迈克尔·波特教授倡议成立的摩立特咨询公司（Monitor Consulting），而摩立特本身最后又并入了德勤（Deloitte）。贝格也把他的公司卖给了德意志银行，后来其合伙人又把公司买了回来。科尔尼管理咨询公司（A.T. Kearney）被卖给了罗斯·佩罗（Ross Perot）创办的电子数据系统公司（EDS），而电子数据系统公司本身是靠着通用汽车成长起来的，与贝格的公司一样，科尔尼的合伙人后来也把该公司买了回来。

这样的例子不胜枚举，我估计，有90%新成立的咨询公司，在第一代人退出公司之后走了这条路，只有很少一部分公司可以延续到第二代。如果股份不是从一开始就系统分配，那么替代出售股份的唯一办法，就是把股份赠送给年轻的合伙人，这可以通过无偿赠送或象征性的价格售卖实现。事实上，麦肯锡咨询公司、波士顿咨询集团和贝恩咨询公司（Bain & Company）之所以能够长期存在，原因就在于此。麦肯锡咨询公司的创始人马文·鲍尔，于1964年把他的股份分给合伙人。波士顿咨询集团的创始人布鲁斯·亨德森（Bruce Henderson）和贝恩的创始人比尔·贝恩（Bill Bain）的做法也差不多。

"赠送"的后果是这些企业的参股模式，在其后代使其不再是真正意义上的企业。所谓"真正意义上的企业"，是指合伙人以市场价购买股份，退出时又以退出时的市场价出售股份的企业。如果合伙人是受创始人馈赠或以象征性的价格接受了股份，他们就很难以市场价出售给下一代合伙人。合伙人在这样的公司里更像是受托人，而不是真正的所有人。公司的价值不可能实现，除非出售整个公司，或者让公司上市，像高盛集团（Goldman Sachs）那样。

西蒙顾和从一开始就目标明确，并为此制定了一套不同的模式。作为创始人，我们的决心是，让公司建立在始终独立而且持久的基础之上，我们不愿意在55岁或者60岁的时候就不得不把自己的公司卖给大公司，让自己的"孩子"失去身份，所以从成立以后的第5个年头开始，我们便把股份转让给第二代合伙人，转让的股份数量和金额，由双方谈判确定。这样难免算计，让我很不喜欢，我梦想的模式，类似于股市。1998年，我们决定实行这样一种模式，以我的了解，这在咨询行业可能迄今独一无二。3位创始人必须在退出时放弃92.5%的股份，剩余7.5%可以作为回报终身持有。每年为股份确定价格，资深合伙人（10年以上）可以出售股份，其余合伙人，包括新晋合伙人都可以购买。在这一框架中，程序和股市别无二致，卖方报出在一定价格下出手的股份数量，买方报出相应的有约束力的入手价格和数量。与传统的模式一样，供给方和需求方汇成两条曲线，交汇点便是股份转手的数量和价格。如图11-3所示，可以看出2017

年西蒙顾和股份的交易结果。

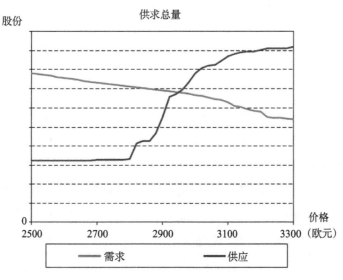

图 11-3　西蒙顾和的股票市场模型

多年以来，这一系统运营很顺利，只有两次碰壁，原因是价格区间定得太窄了，供需双方之间出现了差距，不得不通过分配一小部分转让股份来填补。根据经验，我们对系统做了优化，但系统基础没有改变。最终结果，股份已经在将近100位合伙人之间转换，创始人已只占7.5%。随着时间的推移，有一些适应性调整，但系统基本结构没有变化。

这一完全企业型的合伙人模式具有众多好处，它对于企业型人才更具吸引力，而我们也对我们的企业型文化特别引以为豪。最初的投资额，由新的合伙人自己决定（虽然我们也设定了一个不低的最低投资额），也许会吓退公务员型的人，但可以吸引企业型人才。这些企业型人才是我们增长的推动者，而增长又是企业价值的助推器。当然，我们并不知道未来的增长会是什么样，所以，投资一定会带有风险，但过去由西蒙顾和历史业绩给出的增长曲线，对投资西蒙顾和股份的年轻合伙人来说，具有极大的吸引力。

在最初的10年（1985～1994年），我们的营业额每年增长34%。必须指出的是，实现一个较高的增长率，从零开始时容易，到后来随着数额越来越大，就越难保持。1995～2008年，我们的营业额增长了近17倍，相当于每年增长24%。2009～2017年，尽管开头几年经历了一些危机，我们依然实现了每年15%的增长。我们决心在未来继续实现增长，当然未来会给我们带来什么，还在遥远的天边闪烁。

鉴于我们的成长，这些年来，我们收到了无数的收购要约，也就不足为奇。第一份要约早在我还在哈佛大学期间的1989年初就收到了，我们引起了卡尔·斯隆（Carl Sloane）的注意，斯隆是位于麻省莱辛顿的咨询公司坦佩尔－贝克尔－斯隆（Temple, Barker & Sloane，TBS）的创始人，TBS后来被靠着凯捷咨询公司（Capgemini）起家的联合研究公司（United Research）收购。斯隆对德国很熟悉，他对我们进行了观察。

这样年复一年，大型咨询公司和经济审计公司上门求购，但出售公司对于创始人和年轻一代合伙人来说，从来没有成为严肃的话题，即便我们得到了比内部股市更高的价格，但保持我们的独立性和始终保持一个独立企业的目标，对我们来说更为重要。我相信，我们大部分合伙人，都不愿在一个竞争思维和官僚主义笼罩的环境中工作。我们的合伙人看重的是他们在西蒙顾和体会到的企业自由，这一企业自由，也是我们坚定不移地迎接未来挑战的基础。

退居二线

2007年2月我满60岁。在与西蒙顾和合伙人一起举行的庆祝会上，我宣布最晚65岁交出CEO权杖，也可能更早。我私下打算的是，大概在这5年时间的中段辞去这一职务。为了避免出现过长的"跛脚鸭"（Lame Duck）阶段，我打算在正式辞职前不久宣布决定。

时光如梭，我做CEO的年头转瞬即逝。在经历了初期的艰难之后，我和公司逐渐步入正轨，我自觉我是一位称职的CEO，但我也不得不向我的年龄屈服。我们在 11 个国家新开了 16 间办公室，我不停奔波在路上，有些旅行超出了我能承受的范围。

2000 年的一次旅行是个典型例子，在 7 天时间里，我走过了下面的旅程：波恩—法兰克福—亚特兰大—波士顿—亚特兰大—法兰克福—科隆—波恩—维也纳—法兰克福—科布伦茨—波恩—柏林—法兰克福—波恩。虽然这样的一个星期不是代表性的，但总体来说很是奔波忙碌。我想起一个晚上，当时我疲惫不堪倒入酒店床铺，电话铃响了，我在半梦半醒之间拿起电话，对方自报家门是比尔（Bill）———一位美国客户。我："比尔你好，你在哪儿？"比尔："我在纽约。"因为我懵里懵懂不知自己身在何方，便顺口而出："那我在哪儿呢？"比尔："在波士顿啊。"

这样一种场景，一位员工在一次公司聚会时当笑话讲给我听："罗德瓦尔德小姐，你要弄清楚，我正在什么地方，来这里干什么，需要多长时间。"英格罗恩·罗德瓦尔德（Ingrun Rodewald）是我当时的秘书。这则笑话想说明的是，人只能在一个地方，而且应该知道，这里是哪儿。

2007 年，公司的业务发展像上了润滑油一样，营业额增长了 26%，从 6400 万欧元上升到 8100 万欧元，2008 年再度增长到 9870 万欧元。我 2007 年确定的计划，在 62、63 岁的时候把一个蓬勃发展的公司交给接班人，眼看可以实现了。但 2008 年最后一个季度、更为糟糕的是 2009 年年初，我们同样受到金融危机的冲击，这让我的计划严重动摇，在这种时刻，我能离开指挥台吗？这看起来是不是像逃兵？让我的合伙人和 CEO 接班人接受危机中的公司残局，他们会怎么想？但是我也不得不问自己，危机无疑将带来更大的挑战，我还能战胜得了吗？面对这样的艰巨任务，我是不是太老了？恰恰正是在这种困难情况下，是否更应该让新生力量接过指挥棒？

在与越来越成为我重要顾问的塞西莉娅仔细商量之后，我在 2009 年 2 月 62 岁生日那天宣布，将于 4 月 30 日辞去 CEO 职务。4 月 23 日在卢森堡举行例行的合伙人会议，西莱克博士和塔克博士被选为联合 CEO，任期 5 年，两人从 5 月 1 日开始接任。两人对这一职位已有长时间的充分准备，他们在大学时代就已认识，已经有 20 多年的咨询经验。

两人团队运行顺利，5 年任满后继续作为联合 CEO 连任 3 年。[180] 8 年后西莱克退出竞选，自 2017 年 1 月 1 日起，由塔克单独管理公司。两人在联合管理期间业绩杰出，在其任期内，到 2017 年公司营业额达到 2.52 亿欧元。更为重要的是，联合 CEO 使管理和组织得以实现严格专业化。我在任时，管理像手工作坊，是典型的初创模式，按目前 25 个国家 37 个分公司的规模，管理复杂程度高很多，手工作坊式的管理恐怕已根本行不通。西蒙顾和现在使用 SAP 和评估系统等工具，实现对项目和员工更加即时和精准的操控。

人生进入第三季，对很多人、特别是领导者来说，是一件变化巨大的事件。因为承担着领导任务，他们每天的工作负荷往往超过 100%，他们拥有权力和影响力，在放弃职位的那一刻，他们也放弃了这一切。我是怎么适应这种变化的？我的过渡远没有一位典型经理人的过渡来得那么突然，我仍然是合伙人，并保留了我的办公室，只是形式上的权力没有了，但作为创始人和最老的合伙人，我还是经常被讨教，在合伙人会议上我也照样说出我的意见，我也有了更多的时间，出去做报告或在家写书。

每天的事务压力在我的灵魂深处渐渐淡去，我转向了新的领域。

探索投资

一个领域，迄今我只是跟着我的理财专家了解了一些，虽然成果寥寥，但让我很感兴趣。我开始积极关注理财和投资，最初做的一个项目，叫搜寻基金，这种形式在德国还是首次出现。

方案是这样的，一位年轻的企业家找到多位投资人，每位投资人出不多的资金，用这些资金来搜寻并购对象。亚历山大·基恩（Alexander Kirn），一位年轻的哈佛大学毕业生，向我介绍了这一方案[181]。他找到了 12 位投资人，每位投资人出资 2.5 万欧元。搜寻的过程考验了基恩的耐心和韧劲儿,大约两年之后他成功收购了英维斯(Invers)公司。英维斯是包括软件和硬件在内的汽车共享系统世界市场领导者,公司由工程师乌韦·拉奇(Uwe Latsch)在1993年创建,拉奇打算退出业务,我和基恩一起说服拉奇出售公司。不仅在财务方面,参与人之间的和谐也起重要作用。搜寻基金的12位投资人现在可以选择,是否参与收购企业,所有人都愿意参与,基恩接过了公司的管理任务。应该说项目是成功的,我本人在几年之后退出,赚了不少。基恩至今仍管理着这家公司。

第二个项目规模全然不同。这个项目是一个所谓的特殊目的收购公司(SPAC),项目由法国投行温德尔(Wendel)和投资银行家罗兰·利瑙(Roland Lienau)发起。

利瑙生于汉堡,在德意志银行学的资本市场运作,因为在法国留学并结识了妻子,便留在了巴黎,并进入了温德尔。温德尔的前身是1704年成立的洛林钢铁公司,讽刺的是,1978年,在德斯坦总统和雷蒙德·巴尔(Raymond Barre)总理两位保守派领导法国之时,洛林钢铁公司企业主的家族财产被没收,没收来的资产投资了很多企业,几十年后,当初的5000万欧元资产变成了几十亿欧元。

SPAC方案中,发起人首先提供一定数额的资金,然后寻找联合投资者,收集更多资金。我们发起了一场宣传攻势,这也带我进入了一个新的世界。我们在大西洋两岸所有重要的金融中心向投资人推介我们的想法,核心吸引力是隐形冠军,我们的目标是用收集来的资金,收购一个隐形冠军企业。SPAC的一个重要特点是,企业外壳在收购前就已在股市注册,收购来的公司并入已经上市的SPAC公司,同样也成为上市公司。

我和利瑙一起自2009年中旬开始搜寻资金,到年底集齐了计划中的2亿欧元资金。其间有过各种令人激动的经历,比如在纽约,我们坐在一位34岁的哈佛大学女毕业生前,她管理着一个10亿美元的基金,而且只投资SPAC项目。我问她投资决定权在谁手里,她回答干脆利索:"我"。还有一次,我们在纽约的一幢大楼坐电梯上到26层,当我们走出电梯,打开来一扇小门，对方把我们引到一间类似于黑森林的小酒馆里，在那里问候我们的，是一家资金雄厚的投资公司创始人的后代，公司创始人在20世纪20年代从德国移民去了美国，带去了很多稀有鸟类，是他的客户破产时偿付给他的。他在美国成立了一家动物饲料公司，这家公司最后成为全球第二大动物饲料公司，然后他把公司卖给更大的竞争对手，用出售公司所得的资金成立了投资基金。美国还有一家著名的商学院以这家公司创始人之名命名。

我环视大银行的业务室，询问自己，谁能看透并把控这一复杂局面。成千上万的交易员坐在电脑屏幕前，都在干什么？每人眼前不仅仅只有一块屏幕，而是3块甚至5块。我对资本市场产生了由衷的敬意，在此之前，我对此只有抽象的概念。

2010年2月，我们成功实现了Helikos S.E.公司在法兰克福的上市。在这一刻，公司资产负债表上账面现金2亿欧元，账面负债2亿欧元本金。然后我们开始寻找收购目标，因为我跟隐形冠军企业的关系，由我来充任主要角色。这个时候经济还深处危机之中，当我在电话中抛出2亿欧元本金的诱饵时，很多企业对此表示出极大兴趣，但当我进一步推进，说项目与上市关联，80%的家族企业没了兴趣。而上市是SPAC方案的核心，如果对方对上市不感兴趣，那也就没有必要再上门拜访做推介了。尽管如此，我们还是得到了不少面谈机会，但很多目标企业第一眼就被淘汰了。

我和利瑙跑了足足一年半，最后我们收购了位于卢森堡的Exceet Group S.E.公司，一家所谓的嵌入式计算机制造商，公司生产客户定制医疗产品，如助听器、心脏起搏器或磁共振断层扫描仪，以及用于安全技术的产品。2011年7月我们完成了该公司的收购、合并和上市。照片是我们几个主要参与者在法兰克福证券交易所的铜牛雕塑前的合影留念，中间的是Exceet Group S.E公司的CEO乌里·洛特纳，右手边的是温德尔的利瑙（见图11-4）。

图11-4 我、乌里·洛特纳与罗兰·利璐在法兰克福证券交易所前合影留念

在波恩高科技创始基金范围内，我也投资了一些初创公司，投资结果有好有坏。在这一陌生的新领域，我感觉怎样？整个事情对我来说有些冒险，那些我在资本世界里碰到的家伙，能够信任吗？我能对付得了他们吗？对这些问题的回答其实我是怀疑的，也许我进入投资和资本市场这个世界的时候，已经太老了。不管怎样，在这个世界里，我的感觉并不真好。今天我重新倾向于把投资决定权交给理财专家。

游吟诗人

于是，我重新回归两个传统领域，即写作和演讲。对我来说，这两个领域有两大优势，一是给我带来乐趣，没有压力；二是比其他业务有更大的自由空间，允许我周游世界。鉴于各种语言的出版物，我在国际上已有一定知名度。2017年，在全球最有影响的50名管理思想家排行榜上，我位列第25位[182]；在管理思想家网站，德语区最有影响的管理思想家评选中，我从2007年以后一直处于已经去世的德鲁克之后，居于第2位[183]。

定价策略和隐形冠军这两大主题在很多国家引发兴趣，德国的持续成功，特别是中小企业的成功，对此起着重要作用。因为这一缘起，我遇到了很多名人，其中也包括各大洲的国家领导人和部长。下面的照片只是两个例子（见图11-5）。

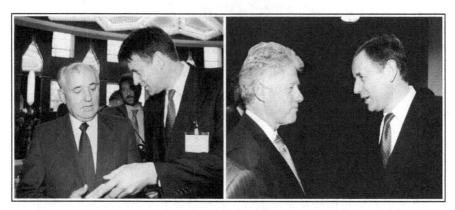

图11-5　我与戈尔巴乔夫（1992年）和克林顿（2002年）交谈

虽然我的年纪越来越大了，但旅行和报告活动仍然应接不暇，通过2016年秋季我的报告活动日程表，可见一斑（见图11-6）。

9月		10月		11月	
1日	贝尔戈斯格拉德巴赫	7日	首尔	3日	华沙
5日	欧本（比利时）	10日	中川（日本）	8日	汉堡
9日	纽约	12日	东京	9日	维也纳
10日	纽约	15日	潍坊（中国）	16日	维也纳
13日	上海	16日	北京	17日	维也纳
14日	上海	25日	休斯敦	21日	苏黎世
21日	维特里希	26日	达拉斯	28日	莫斯科
23日	阿姆斯特丹	28日	波士顿		

图11-6　我在2016年秋季报告活动日程表

这样的旅行日程我尚能应付，因为这与我任西蒙顾和掌门人之时相比，已经轻松很多，那时候每天都是满满的日程。今天，我做几个报告，接受几次采访，往往得到盛宴款待。有时候塞西莉娅陪我一起旅行，于是可以公私兼顾。只要健康状况允许，我将继续旅行，做报告。我很喜欢这个"游吟诗人"的角色。

在人生第三季，我的出版物也改变了风格。也许，除了《价格管理》

这本教材外[184]，我对我的其余出版图书和文章不抱学术理想。《价格管理》这本书，科布伦茨法伦达尔商学院的法斯纳赫特教授撰写了学术部分，我自己只提供实践见解。2015年出版的《定价制胜》第二版[185]，是作者自传和价格体系的混合物。给我带来快乐的，是写回忆我在埃菲尔小村庄度过的童年和少年时光，《失忆园》[186]不是自传，而是记述社区、农业、只有一个班级的小学、天主教会的作用，以及20世纪五六十年代的许多类似景象。现在这本自传也属于这一范畴。如果我还写管理方面的书，那么，这些书的养料，更多来源于我的经验，而不会是学术分析。

当人老了，人生运气又好，荣誉和奖励少不了。我承认，我曾为之高兴，因为得到了好几个荣誉博士学位、一个荣誉教授头衔、被冠名"赫尔曼·西蒙商学院"，还获得了国内和国外的各种不同奖项——也许我更多是为家庭高兴，而不是为我自己。但是，谁能对此诚实评价？

不管怎样，辞去CEO职务，迈入人生第三季，对此我没有什么好抱怨。相反，这个过程和结果让我很满意。随着年龄的增长，职业层面上的成就和被承认，日渐失去意义，健康越来越重要，但是健康状况并非一定遂人所愿。我很幸运，能够最大程度地自由支配自己的时间，并把越来越多的时间，用到维护健康上。

12

ZWEI WELTEN, EIN LEBEN
Vom Dorfkind zum Global Player

良师益友

人生路上相遇无数,也有不少曾经还大权在握,但能让我心动并给我留下深刻印象的,寥寥无几。本章献给这些人生相遇。

帝国遗老
彼得·德鲁克

第一次遇见德鲁克,是大约30年前在杜塞尔多夫,Econ出版社组织的一个为期一天的研讨会上,该出版社出版德鲁克著作的德文版,我也是该出版社的作者。之后20年我们保持书信往来,我还多次去他在洛杉矶近郊克莱蒙特的家看过他。可惜最后一次约好的会面没能如期履行,我们约好在2005年11月12日见面,头天晚上我从墨西哥打电话到他家,想问他几周前约好的见面是否有变化,当时是他夫人多丽丝接的电话，她说："彼得今天凌晨去世了。"我感到震惊，只得乘下一趟航班回到家里。照片是我和他于2002年8月11日在洛杉矶近郊克莱蒙特最后一次见面（见图12-1）。

图12-1　我与彼得·德鲁克教授于2002年8月11日，在他位于洛杉矶克莱蒙特的家里最后一次见面

一次我问德鲁克教授，他认为自己是历史作家还是管理思想家，德鲁克毫不犹疑地回答："历史作家"。在那次见面的不久之前，我读了他的回忆录《旁观者》（Adventures of a Bystander）[187]，他在书里把我们引到一个沉没的世界里。另一位著名的维也纳人、作家斯蒂芬·茨威格（Stefan Zweig，1881—1942），把这一世界称为"昨日的世界"[188]。德鲁克出生和成长的环境很奇特，他出身奥匈帝国上层中产阶级，教育、文化、艺术、音乐、历史意识、城市感和国际开放性，构成了他的价值体系的前端，但用这些关键词表述当时的维也纳并不完整，谁想更深入了解这一世界，请读德鲁克的《旁观者》和茨威格的《昨日的世界》。举例来说，有一点是理所当然的，那就是，受过良好教育的孩子，一定是在多语种环境中长大

的，因为他们要接受英语和法语老师的培养。

这个世界最令人深信不疑的体现，是在精神上———一批与德鲁克有着惊人相似的生活经历的人共同汇聚的精神。茨威格先是流亡到英国，继而到巴西。哲学家卡尔·波普尔（Karl Popper，1902—1994），同样来自维也纳，在二战时流亡新西兰，写出主要作品《开放社会及其敌人》[189]后，又辗转来到英国。数学家约翰·冯·诺依曼（John von Neumann，1903—1957），博弈论和计算机的最大贡献者，他的流亡之路从布达佩斯转道德国，再到美国的普林斯顿。作家、哲学家埃利亚斯·卡内蒂（Elias Canetti，1905—1997）流亡到英国，最后到瑞士[190]。生于布达佩斯的科学记者亚瑟·库斯勒（Arthur Koestler，1905—1983），一生颠沛流离，曾辗转以色列、德国、俄罗斯、法国、西班牙多地，最后来到英国。恩斯特·贡布里希（Ernst Gombrich，1909—2001），与德鲁克于同一年出生在维也纳，在英国作为艺术史学家，赢得了世界荣誉，他的巨著《艺术的故事》（668页），共售出600多万本[191]。

出生于布雷斯劳的社会学家诺贝特·埃利亚斯（Norbert Elias，1897—1990）[192]，可以从广义上归入这一人群，他的人生旅程包括巴黎、英国、阿姆斯特丹和比勒菲尔德，他曾在比勒菲尔德做客座教授，在他95岁高龄时，我得以有幸认识他。来自波兰克拉科夫的卡罗尔·沃伊特拉（Karol Woytila），后来成为教皇保罗二世，同样也是这一奇异文化沃土的孩子，他能讲10种语言。德鲁克的人生之路与他们殊途同归，维也纳、汉堡、法兰克福、英国、美国都曾留下他的足迹。

由于自身的衰败，多瑙河帝国赶走了德鲁克和他的时代同道们，他们在遥远的异国他乡做出了非凡成就，在人类文化遗产中青史留名。君主制度下的孩子们之所以能够有这些成就，是因为他们在全球化时代远没有到来之前，就已经成为杰出的世界公民，他们都曾受过良好教育、文化方面灵活、掌握多种语言、历史意识强烈。"昨日的世界"显然给他们的未来世界做了最好的准备，他们的作品成为独特文化的回响。

但这只是泛泛的外部框架，一些个人的特点会更加突出。德鲁克比其他人更了解历史，懂得如何更好地诠释历史，所以能以他独有的方式阐明未来。他掌握知识的深度和广度，和他对这些知识非同寻常的关联性理解，每每令我感叹。

一些事例和比较，有据可考。很多年前，我曾读到，哲学家亚瑟·叔本华（Arthur Schopenhauer）为了读懂西班牙耶稣会作家格拉西安的《智慧书》[193]原版，专门学习西班牙语，这让我印象深刻。后来我和德鲁克通信时说到《智慧书》，他说他对这本书很了解。他写道："72年前我离开维也纳，前往汉堡做商业学徒，我父亲把这本书作为礼物送给我……几个月之后我又发现了索伦·克尔凯郭尔（Soren Kierkegaard），这两人其实已成为我生命的中心点。因为格拉西安，我自学了西班牙语，以便读懂他的原著；为了读懂克尔凯郭尔的原著，我学了足够的丹麦语。"[194] 和叔本华一样，为了读懂格拉西安而学习西班牙语，和著名的西班牙哲学家米格尔·德·乌纳穆诺（Miguel de Unamuno，1864—1936）一样，为了理解克尔凯郭尔而学习丹麦语，这便是德鲁克非凡天赋和坚实基础的最好写照。[195]

再举一个具体的例子。德鲁克在文章和著作中经常提到德意志银行，他认为德意志银行是第一家根据现代化原则架构的企业。由于他对这家银行特别感兴趣，有一次我发给他一篇关于德意志银行创始人之一路德维希·班贝格尔（Ludwig Bamberger，1826—1899）的文章[196]。我并没有期望德鲁克会对此有什么回复，因为我自己都不知道班贝格尔这一名字。但结果正相反，他非常熟悉班贝格尔，根源是他外祖父费迪南德·冯·邦德（Ferdinand von Bond）写的一本日记。德鲁克在给我的回信里说："路德维希·班贝格尔和格奥尔格·西门子（Georg Siemens，作者注：德意志银行创始人之一）的故事深深吸引着我，我始终记得他们的一些事。"[197] 这件事再次说明德鲁克对细微知识的不可思议的掌握。

值得注意的还有他个人接近和遇到过的大人物，这些人存在于各个领域。在《旁观者》里，德鲁克讲到了他认识的物理学家富勒和传播学家麦克卢汉。让我感到震惊的是，不论我跟德鲁克提到哪一位大人物的名字，他都认识。举三个例子，恩斯特·容格（Ernst Jünger，1895—1998），一位有争议的德国作家，德鲁克在20世纪30年代便认识此人，并认为他是一名聪明的机会主义者；赖因哈德·莫恩（Reinhard Mohn），一个把贝塔斯曼做大的人，德鲁克在20世纪50年代就碰到过；当我问德鲁克是否认识艺术史学家贡布里希时，他回答："我不认识维也纳的贡布里希，但大约10年或者12年前，我与他曾在伦敦度过一个非常愉快和漫长的夜晚。之后，我们经常交换书籍、信件和文章。"[198] 世界很小，不论距离多远，大人物们总是互相吸引，轨迹相交，德鲁克常常在正确的时刻，出现在这些交叉点上。

还有一种能力，我只在阿根廷作家豪尔赫·路易斯·博尔赫斯（Jorge Luis Borges）身上，看到过这种能力的强大显现，这种能力便是关联能力[199]。博尔赫斯不仅读过很多书，还能够理解其中最不可思议的关联，于是便能在时空之间架起桥梁，看到正常人看不到的关系和类比。德鲁克也有同样的能力，他能看到现实、未来和过去发展之间的并行线和共同点，构架宽广的精神连接线。像德鲁克和博尔赫斯这样的人，必须要有百科全书般的记忆能力，而且这还不够，最高的能力是把这些知识关联起来。库斯勒把这一能力称为创造力的真正源泉[200]。

德鲁克的著作——《21世纪的管理挑战》（Management Challenges for the 21st Century）便是这种能力的明证。通过对印刷技术史和信息技术的比较观察，德鲁克得出了令人意外的结论。他认为，信息技术革命的长期获利者，不是现今的硬件或软件企业，而是那些知识和内容的提供者。

当然，我们不能"机械地"理解德鲁克的历史能力，历史不会重演或者具有定律[201]，但在已知的历史进程中，人的变化很小，这也是事实。柏拉图、亚里士多德和塞涅卡对人类及其行为和领导力的论述，在今天或是古代同样有效。因此，如果人们根据历史的比较，来解释当前和未来的发展,就会产生有价值的见解。德鲁克的强项便在这里。这也恰恰正是绝大部分管理学作者的显著弱点,他们的历史知识通常比较零碎——流于表面或者根本没有。与那些自称企业史专家却只了解很狭窄的一小块领域的人相比,德鲁克拥有的历史知识基础广泛得多。如果没有这样的历史理解和意识,人们在管理中很容易成为流行语或者一时时髦的牺牲品。

德鲁克从历史的角度给我们以启迪,他以这种方式给了我们一面镜子,为我们打开了新的视野,帮助我们更好地理解未来。正如克尔凯郭尔所说:"生活只有通过回头看来理解,但只能通过向前看被激活。"正因为德鲁克是一个从过去走来的人,他才能成为一名出色的预言者。与德鲁克的思想交流和会面,让我始终感到极大地丰富了自己。

冒险赢家
德国人赫尔曼

在我一生之中,我认识的真正的冒险家为数不多,而德国人赫尔曼便是其中之一。

他在1917年10月8日出生于奥得河畔的法兰克福,原名叫格哈德·诺伊曼。20岁那年,他通过了在密特威大工程学校的工程师考试,因为母亲是犹太人,留在德国对他来说太危险,于是他来到中国香港一家公司应聘,但当他抵达香港时,公司却已经破产。出于偶然,他在泛美航空找到了一份工作,后来加入了飞虎队。

在飞虎队中,格哈德·诺伊曼得到一个花名"戈林",戈林是臭名昭著的德国空军总司令,飞虎队指挥官克莱尔·李·陈纳德(Claire Lee Chennault)将军听到这个花名后命令说:"不要叫他戈林,叫他德国人赫尔曼。"[202]

自此以后,诺伊曼便得到了"德国人赫尔曼"这个花名,他也以此作为他的自传的书名。[203] 他负责修理和维护飞虎队的战机，但他对机械师的工作很不满意，战机在维修之后发生了太多的故障。为此，他订立了管理原则，这是让他出名的管理原则之一，每位机械师在维修之后必须陪同第一次飞行。从那一刻开始，维修质量显著提高，维修之后很少再发生坠机。

日本人的主要战机是所谓的零式战斗机，诺伊曼用4架坠毁的零式战斗机制造了一架能飞的战机，这架战机要飞去巴基斯坦的卡拉奇接受检查，卡拉奇是美国中情局亚洲事务部所在地。这架战机在美国4架战机的护送下飞越喜马拉雅山脉，最后唯一完好无损飞抵卡拉奇的，只有它。

不久之后，诺伊曼本人也抵达卡拉奇，接受美国中情局询问。他反过来问美国人，是否有人会下棋，他很想下棋，结果有人给了他一个地址，是一位在五角大楼工作的年轻女士的地址。诺伊曼去五角大楼找到了这位名叫克拉丽斯（Clarice）的年轻女士，并在3周之后和她结了婚。

二战结束后，诺伊曼带着妻子回到中国，打算与陈纳德将军一起成立一家航空公司，但这一计划最终落空，因为蒋介石失败逃亡到了台湾。诺伊曼搞了一辆美国吉普，带着克拉丽斯穿越整个亚洲，完成万里探险，最终到达以色列，并从那里前往美国。德国人赫尔曼对美国来说价值巨大，于是美国专门为他通过了一项法令，同意他加入美国国籍。在他位于马萨诸塞州斯万普斯科特的家里，我亲眼看到过这份法令，该法令名为"格哈德·诺伊曼中士入籍法令"。

喷气机时代开始，诺伊曼受聘于通用电气飞机发动机部门，只用了几年，他便晋升为这家世界市场领先企业喷气发动机厂的CEO。人们可以说，德国人赫尔曼书写了喷气机时代的历史，在他的领导下，公司不仅研发出了在军事领域销售最多的GE J79军用发动机，也研发出了当时在民航领域销售最多的、与法国斯奈克玛（Snecma）公司一起生产的CFM 56民用喷气发动机。大约过了10年，诺伊曼和联邦国防部长弗朗茨·约瑟夫·施特劳斯（Franz-Josef Strauß）达成协议，给星式战斗机配备GE J79

军用发动机。我在布歇尔看到的那架坠毁的星式战斗机，也安装了这种发动机。

诺伊曼因一些与他有关的说法出名，或者说臭名昭著。在他的办公桌后一直挂着一个字条"常怀不安之心"，另一句座右铭来自普鲁士将军冯·施托伊本（von Steuben）："已知的危险不是危险。"在他办公室的会议桌下，他让人在每个座位下面都安装了一个按钮，按钮可用膝盖操作，连接一个铃铛，铃铛响起，说话的人就得马上停止说话，不管在说什么。有名的还有他的"大事记系统"，每位经理每天都必须写一份笔记并附上要点（最长不超过一页），交给上司和他的同事。诺伊曼维护着自己的神主地位，他会带着他的德国牧羊犬，半夜出现在车间。

即便是杰克·韦尔奇，1982年之后的通用电气公司CEO，也就是他的顶头上司，也指挥不了他。于是他被派往通用电气在赫德逊河畔克鲁顿的著名培训中心，参加部门领导学习班。学习班从星期一早上开始，下午他便离开了学习班，理由是他在学习班学不到实际知识。此后，他还禁止所有他的高级管理者参加这样的学习班。诺伊曼对我声称，韦尔奇接受他这样做，是否真是这样，我无从证实。

诺伊曼和他妻子一起在一次飞机失事时大难不死，他们很幸运，因为飞机不是坠毁在陆地上，而是坠毁在墨西哥的一个湖上。这次事故之后，他的人生座右铭变成了"要有好运"。72岁时，他与才智并不逊于他的妻子克拉丽斯一起第一次跳伞。与艾哈德·戈德特一样，他也在海平面以下突破声障，不过不是作为飞行员，而是作为双座F-104星式战斗机测试版本"背后的男人"。

我是在1980年认识的他，是通过慕尼黑MTU公司的熟人介绍认识的，我们互相拜访。在斯万普斯科特，他饶有兴致地向我展示了他的帆船游艇。这艘游艇由他自己驾驶，安装了最先进的导航仪。1995年6月15日，借他被授予奥托-里连塔尔奖章（Otto-Lilienthal Medaille）之际，我们在公司举行了一个航空工业代表招待会。他在美因茨大学做了一次报告，介绍了他那些简单但行之有效的管理原则，礼堂爆满，1200名听众站立鼓掌以示感谢。这是我在大学生涯中经历过的最好的一次报告。

陈纳德将军的遗孀陈香梅（Anna Chennault）在诺伊曼自传序言中写道："我第一次遇到格哈德·诺伊曼，是在第二次世界大战中的中国昆明。从那以后，我被他那充满冒险的人生所吸引，他特立独行的经理人的传奇生涯，给他那传奇的人生增添了更多的冒险色彩。"[204] 是的，德国人赫尔曼是一位真正的冒险家。

我看到的德国人赫尔曼，直到老年都像一个年轻人，始终爱开玩笑，始终想着喷气发动机，正好我也喜欢，我忘不了与他的任何一次见面。他于1997年去世。

一问成谶
特德·莱维特

特德·莱维特是一位非常能引人入胜的谈话伙伴。他思如泉涌，质疑一切，但不匆忙下结论。我要感谢他给了我隐形冠军想法的缘起，因为1987年在杜塞尔多夫第一次相遇，他问了我一个简单的问题："为什么德国能在出口方面如此成功？"从此我便开始研究这个问题，并在长时间寻找之后，发现了德国中小企业世界市场领导者的轨迹，几年之后冠之以"隐形冠军"这一概念。

特德·莱维特1925年出生于美因－金茨希地区的福尔梅兹，父母是犹太人，全家在他10岁时流亡美国。我们从来没有谈论过这段时光，只有一次，他暴露了他在德国的童年，当时我结束了哈佛大学的研究，在学院俱乐部举行告别宴会，莱维特进来后用标准的黑森方言问："这里有没有血肠啊？"然后，我们继续用英语聊天。

莱维特发表的论文不多，但引起的反响很大。第一篇也是最著名的一篇是《营销短视症》（Marketing Myopia），这篇论文1960年发表在《哈佛商业评论》上[205]。他在文章中提出一个问题："你在做什么业务？"，这让后来一代一代的营销学学者至今都在寻找答案。问题再简单不过了，但往往这样简单的问题，会引发重要的见解。他以美国铁路为例解释这个问题，美国铁路在20世纪30年代让人不能理解，为什么把它们归入人员运输业务，而不是铁路业务。讽刺的是，美国政府在1934年颁布航空公司法案时，把该法案归入了铁路法。财力雄厚的铁路当时如果能够理解，人们之所以付钱，是给运输，而不是给铁路，铁路就应该参与航空业务，并毫无困难地占据这一领域。可惜它们把这一业务让给了新来者，这些新来者后来成长为强大的美国航空公司。

"全球化"这一概念的推广，也要归功于莱维特。"全球化"这一概念最早出现于1944年，但没能流行起来，直到1983年，莱维特在《哈佛商业评论》上发表题为《全球化的市场》（The Globalization of Markets）一文[206]，才使"全球化"成为热词，今天人们在谷歌搜索美式表述"Globalization"（全球化）一词，搜索结果有4900万条。即便搜索德语概念"Globalisierung"（全球化），也有510万条搜索结果。在谷歌搜索1982年之前使用的"Globalization"（全球化）一词，则只有130条搜索结果。莱维特集思广益，对每一个话题都能补充一些有趣的内容。莱维特在退休后把办公室搬到哈佛商学院退休教授楼，每次我来波士顿，都要去看他。他于2006年去世。

红衣主教
约瑟夫·霍夫纳

我们紧张地步入东京天主教德语社区，邀请我们的是施图贝尔一家，他们家两个儿子都接受了坚信礼，与我们的女儿珍妮一样，他们也在上东京德国学校。阿尔弗雷德·施图贝尔（Alfred Stüber）已领导施威恩福特的滚柱轴承公司FAG日本分公司很多年，他和他的妻子艾玛与塞西莉娅是老乡，和塞西莉娅的父母是朋友。

大厅弥漫着欢庆气氛，在场所有人的注意力都集中在一人身上，此人站在大厅中央，与每人握手问候，这人便是红衣主教约瑟夫·霍夫纳（Joseph Kardinal Höffner，1906—1987），科隆教区的大主教。科隆大主教管辖东京教区，特别是在那里的天主教德语社区，正因如此，红衣主教霍夫纳主持坚信礼。这是我第一次和他相遇，我们握了手，交谈了几句，说了什么我已经忘了。尽管见面时间十分短暂，交流也不过寥寥数语，但令我印象至深。

3年之后，我在红衣主教霍夫纳位于科隆的办公室，与他单独见面。我前去拜访的原因是，我们格拉赫特宫大学经济研修学院打算举办"经济和教会"研讨会，我亲自去邀请红衣主教霍夫纳做报告。鉴于他在天主教会的高级地位和拥有4个博士学位的特殊资格（其中还有一个是国民经济管理学博士学位，因此可以称得上是一位国民经济学家）我认为他是研讨会最理想的主讲人。

我向他说明了来意，他注意力高度集中地听完了我的介绍，对我们的计划表示欢迎，认为从教会的角度看，此次研讨会的主题也是一个重要而现实的话题。然后他陷入了沉思，这对我犹如永恒。他显然是在思考，为了最后对我说："我做不了。"他说这话非常冷静，不带一丝激动，我可以清楚感到，他这话是最终决定，继续逼他已毫无意义。时至今日我都很少得到过如此不可动摇的回答。我有些失望，他也看出来了，便接着说："但我会给你找一位合适的报告人。"我再次感觉到，他的这一承诺不是出于纯粹的礼貌，而是言出必行的。事实也是如此，他为我们从梵蒂冈请来了后来成为红衣主教的保尔·约瑟夫·科德斯（Paul Josef Cordes）主教，他也是一位非常有资格就此话题做报告的人选，几个月后他在格拉赫特宫做了一个含金量很高的报告。

我常常自问，在我本人遇到过的人物当中，谁给我留下的印象最深？红衣主教霍夫纳是少数几个能排到第一位的人选之一。1990年在一次接受 W&V 杂志采访时，我被问道，在历史和当代人物中谁给我留下最深印象，我下意识的回答便是"红衣主教霍夫纳"，[207] 我很难解释为什么。究竟他身上的什么东西给我留下如此深刻的印象？是因为我感觉到了，红衣主教霍夫纳浑身散发出的镇定和坚毅？或者是他回答问题的方式方法，平静却无可动摇？我猜测，这种坚毅和镇定，深深根植于他那坚定不移的信念中。

我自己没有遇到过世后被册封的人，但过去的一位同事曾对我说起在加尔各答遇见特蕾莎修女的情景，他的叙述让我想起与红衣主教霍夫纳的往事。

营销大师
菲利普·科特勒

也许正是因为菲利普·科特勒，我才选择了营销学。不论如何，他对于我的这一转向都可谓起了重要作用。

1967 年，他出版了突破性的著作《营销管理：分析、规划和控制》（*Marketing Management: Analysis, Planning and Control*）。身为学生的我，带着巨大的热情学习了这本教材，这本教材给我打开了新的视野。市场营销，即是以客户为导向的企业管理，对于我们来说完全是新的。1968 年，黑里贝特·梅弗特教授才在明斯特大学开设了德国第一个营销学专业[208]。我在研究中看到科特勒的文章，其中一些和我博士论文的主题有直接关联，尤其是一篇 1965 年发表于《管理科学》的文章，论述了营销对新产品生命周期的影响[209]。如我上文所述，我借助数学推论，证明这一模型可能导致毫无意义的结果，相关论文在《管理科学》杂志发表[210]，一位名不见经传的后生小辈对大师提出批评，在专业圈引起广泛关注。

1979 年 1 月我拜访位于埃文斯顿的西北大学，科特勒在那里执教，我请求拜会他，让我感到意外的是，他马上答应了。他很友好地接待了我，我很快感觉到，我们意气相投。他给了我一些建议，其中一个，即是指点给我芝加哥的"价格顾问"丹·尼米尔，这对我具有指路明灯般的意义，没有这一指引，我也许成不了价格咨询师。从这第一次会面，我们发展了终身的友谊关系，我见到科特勒的次数，比其他任何一位营销学者都多，多年之中，我们在世界各地相遇，在上海、墨西哥城、圣保罗、孟加拉、东京（见图12-2），在格拉赫特宫、莱比锡贸易大学，以及很多其他地方。我们能多次相遇也是因为，他到了很大岁数还在经常做报告，而我们常常在同一个会议上一起做报告。

图 12-2　2016 年 10 月我与菲利普·科特勒一起在东京

我遇到过的人中，很少有人能像科特勒一样，始终那么友善、平和、不知疲倦，而他的工作量，是其他人根本无法承受的。他写了 60 多本营销学著作，获得了 21 个荣誉博士学位，其中包括莱比锡贸易大学的博士学位。他的 H 指数高达 156，i10 指数涉及 747 部作品[211]，我认识的人中，没有任何一位作者的这两项指数比他高。

令我印象深刻的是他那很快就能研究透一个新课题的能力，因此他所有的新的营销学报告，都少不了数字化，尽管年事已高，他仍用最现代的方法和案例研究。他的好奇心永远得不到满足，虽然我熟悉他的工作，但有时他仍然会令我意外，2015 年他出版的《直面资本主义：困境与出路》(*Confronting Capitalism: Real Solutions for a Troubled Economic System*)[212]，在诸多方面令我耳目一新。首先，一位市场营销专家对资本主义制度提出如此根本性的批评，绝非寻常，因为市场营销是市场经济的缩影。由此可见，与普通的营销学者相比，科特勒具有更广阔的视野。其次，书中展示了他的渊博学识和对经济与政治内在关联的深刻理解。

虽然他年事已高，但他坚持每年写一两本书，涉猎领域不断拓宽。2014 年，他与比他小两岁的弟弟米尔顿·科特勒（Milton Kotler）合作，出版了一本有关超大城市未来作用的著作[213]。我同样认识米尔顿·科特勒，他是华盛顿科特勒咨询公司的总裁，专门从事中国咨询，虽然已年过八旬，他照样每个月坐飞机去中国一趟。

我希望还能多次与菲利普·科特勒相遇，我对他有道不完的感谢。

软硬兼具
马文·鲍尔

我是作为"马文·鲍尔研究员"去的哈佛大学。马文·鲍尔（1903—2003）、詹姆斯·麦肯锡（James McKinsey）和 A.T. 科尔尼（A.T. Kearney）一起成立了麦肯锡咨询公司。

麦肯锡是芝加哥大学的教授，公司成立没多久，他便于 1937 年去世，科尔尼也另立门户。因此，人们有充分的理由认为，鲍尔其实才是麦肯锡咨询公司真正的精神之父，麦肯锡咨询公司的行为准则和公司文化应该归功于鲍尔。给我留下深刻印象的是与鲍尔的一顿晚餐，他为此专程从纽约赶到了波士顿，当时他已经 85 岁，但精神矍铄。

他的精神状态，也可以从 1997 年以 94 岁高龄出版《领导的意志》(*The Will to Lead*)[214] 看出。类似书名的第一本书叫《管理的意志》(*The Will to*

Manage）[215]，是 1966 年出版的。书名让人想到尼采的《权力意志》[216]，一个有争议的论点。"意志"这一概念，在管理类书籍中很少出现，尽管意志是领导和管理的决定性因素，我首先想到的是塞涅卡的一句话："意志是学不到的。"鲍尔创立的价值体系，在麦肯锡的企业文化中至今仍能得到体现。

我只见过鲍尔一面，却为何留下如此深刻的印象？我想，那是因为一种"软"和"硬"的结合，他的沉稳镇定，加上晚年的智慧和谦虚的外表，形成了柔和的一面，但柔和的外表后面让人感到一种坚毅、一种意志，不可动摇，却又不带攻击性。

鲍尔于 2003 年 1 月 22 日去世，离他的百岁生日只差几个月。他是我生命中最亮的灯塔。

矛盾人格
汉斯·里格尔

汉斯·里格尔（Hans Riegel，1923—2013）是我遇见过的最不寻常的企业家之一，他在某些方面可以与奢侈品公司历峰集团（Richemont）的约翰·鲁伯特（Johann Rupert）相提并论。

里格尔于 1923 年出生，是波恩哈瑞宝软糖公司（以下简称"哈瑞宝"）创始人汉斯·里格尔的长子。哈瑞宝的德文名称是"Haribo"，它由"Hans""Riegel""Bonn"（汉斯、里格尔、波恩）3 个词缩写而来，该公司因其小熊软糖驰名世界。里格尔服兵役被俘，从俘虏营回来后因为父亲过世，年纪轻轻不得不接管甜点小公司，此后管理哈瑞宝 67 年（1946～2013 年）。年迈不能阻止他创新的步伐，他看青年杂志，了解青年人的语言，并以此为基础，不断推出深得儿童和青年人欢心的新产品。

他的个性表现出很多矛盾的特征。一方面，他完全专注于哈瑞宝，如果人们半夜两点叫醒他，问他正在想什么，他的回答也许是"哈瑞宝"。但另一方面，他把兴趣爱好留给了狩猎，他在奥地利高山上拥有4500公顷山地，这片山地是从一位贵族那里买来的，他还在波帕德附近拥有一家雅各布山修道院酒店，连带紧挨着狩猎区。他在年轻时把羽毛球运动带到了德国，于1953年成为德国第一位男子双打冠军。他还和他弟弟一起参加快艇赛。他兼具灵活和高效，如果与他的讨论关乎重要内容，那决定一定是他下。为了节省旅途时间，他很早便买了直升机，而且自己考了驾驶证。

我们的关系很奇特。他信任的人寥寥无几，我相信我是其中之一，但我同样不能触及他的内心。他对我的信任，也许是因为我偶尔会提出反对意见，或者至少不赞同，而他的雇员或者其他有赖于他的人，则从来不会这样。他在遗嘱中把我当作一种监护角色，监护由他的财产设立的基金会，但经过和有关人员商量之后，我没有接受这一任务。

里格尔博士于2013年去世，他的逝世令我充满悲伤，但我没能参加他的葬礼，因为当时我在新西兰。他下葬在波恩南墓园。

勇于创新
杨树仁

中国企业家杨树仁在2002年读到我有关隐形冠军著作的中文第一版，继而成为这一战略方案的热情追随者。他的公司默锐科技位于山东寿光，离青岛不远。寿光拥有独特的卤水沉积物，卤水沉积物来自附近的海洋，是特种化工的原料。默锐在寿光有9个工厂。

杨树仁按照隐形冠军理论的指导，把生产集中到有机会成为国际市场领导者的产品上。今天，他的企业在阻燃剂方面已经有3个产品成为世界市场领导者。默锐在克莱菲尔德开设了德国分公司，总经理是德国人迪特·伯宁。

我和他一起走路时，尽管我个子很高，但还是得费劲儿才能跟上他的脚步。杨树仁瘦小的身体里，充满了思想和活力，他不仅有想法，而且也能把想法以最大的贯彻力和最惊人的速度付诸实践。他把所有问题看成是一种新的机会，例如，寿光50多家化工企业供水有问题，他便建了一家供水厂，按照客户需要供水。中国化工企业一个很大的问题是劳动安全问题，该问题对杨树仁来说也是个重要问题，他怎么做？中国隐形冠军专家邓地教授对此这样写道："杨先生有一个令人惊讶的想法，叫'让你的问题成为生意'，劳动安全是一个巨大的问题，寿光所有化工企业都需要面对。首先，他下很大功夫，让工人和专家团队提高专业的劳动安全保护能力。其次，他设立创造性的机构，比如安全博物馆，给本公司和其他公司的员工提供劳动安全教育。最后，他成立了一个新公司，给当地化工企业提供专业咨询服务。"[217]

在中国，系统的职业培训还不尽如人意。为了解决这一问题，杨树仁按照德国模式建了一所职业学校。后来，他又看到了市场中存在的对管理发展的需求，因此，他与市政府合作成立了一所商学院。让我感到非常荣幸的是，商学院以我的名字命名了。

至此，人们也许会想，杨树仁和许多成功的企业家一样，似乎陷入了多元化综合征。事实并非如此，因为他的所有想法，都是针对当地化学工业和中小企业的，他眼前始终有明确目标，即提升自己的企业，同时也提升本地的化学工业。

与杨树仁的业务往来，变成了我们两个家庭之间的友谊。我们很难抵挡他的热情，我们一起进行了很多次旅游，照片是我们一起去爬长城，在流动的小贩那里买苹果（见图12-3）。在2018年夏天，我们两家一起去内蒙古旅游，这次出行让我们看到了一个完全不一样的中国，因为平常我只去一些大城市。杨树仁让我更深入地了解了中国，我有很多地方需要感谢他。

图 12-3　与杨树仁一起去长城

热爱家乡
中田智弘

中田智弘是我通过东京学习院大学的上田高浩（Takaho Ueda）教授认识的，后来我们成为多年的朋友。学习院大学在日本作用特殊，按传统，那里是日本皇室子女上学的地方。

从很多方面来看，中田智弘都是一位非同寻常的中小企业家，他的公司色拉宇宙（Salad Cosmo）是日本如菊苣和豆芽等新鲜蔬菜的市场领导者，他管理公司持续时间长且成绩卓著。在他的色拉宇宙工厂，我第一次看到了工业化有机生产。种着蔬菜的托盘由电脑控制，在巨大的工厂大厅移动，随时提供最佳的水分、养料、光照和湿度，工厂在蔬菜种植过程中绝不使用化肥和杀虫剂，以达到有机生产标准。但他让我印象深刻的，不仅仅是他作为企业家的能力。

色拉宇宙的总部位于日本中部的中津川，对日本来说，那里只能算一个小城市，我在那里感受到的，与在东京和大阪等大城市感受到的完全不同,那里很少有人讲英语,酒店、菜单、当地居民和大城市都不一样,欧洲人在那样一种环境里,感觉像异类。但当地人的友好超乎寻常,我们对中田在他家乡为我们安排的一切的感谢无以言表。最精彩的是中田赞助的由幸科马克舞校(Yukikomakei Dancing School)的150名学生表演的情景剧,虽然我们听不懂日语的道白和歌唱,但我和塞西莉娅都流下了眼泪——中田也陪我们流泪。照片可以让人感受到演出后的气氛(见图12-4)。

图 12-4　中津川的舞剧演员们

演出的专业水平无与伦比,无论编舞、表演、唱歌、舞美、还是学生的投入,都堪称一流。我不敢想象,像这种需要大量准备和排练的演出,在一所德国学校是否可能实现。

令我不能忘怀的,还有我第二次去时,在中田中学面对600名学生做的报告。我们在进入礼堂前要脱鞋,换上拖鞋,但拖鞋的最大尺码比我的尺码至少小两号,于是,我以少有的蹒跚脚步,踩着德国国歌的节奏,步入大厅。走上舞台,我脱掉拖鞋,光着脚做了全球化世界的职业前景的报告。告别时60人的学生乐队演奏《拉德茨基进行曲》,再次让我们眼眶湿润。

中田还带给我们很多独特的体验,他带我们参观了传统手工业和历史小镇。他把他的想法和热情投入家乡建设，引领家乡奔向未来。在 2027 年，"中央新干线"磁悬浮专线将会通车，这一专线将穿越山岭，让今天相对偏僻的中津川，变成东京和名古屋的市郊。我接受了中田的邀请，希望能一起见证 2027 年的这一通车仪式。

中田脚踏实地，但同时也是一位真正的全球领袖，他曾多次来德国看我，他有一次与 40 个日本人一起在我们家露台深情合唱日本国歌。他在阿根廷有 1200 公顷土地给他的蔬菜育种，他还在荷兰购买菊苣幼苗，在意大利也购买初级产品。为此他每年要亲自跑好几趟，虽然他年纪只比我小几岁。我看到的他，始终充满快乐、精力充沛、思如涌泉。

他曾包租两架飞机，把他的舞校表演队带到南美洲表演。我也希望，当 2020 年波恩庆祝贝多芬 200 周年诞辰、创造同时演唱《欢乐颂》的人数最高纪录时，中田也能带领着中津川的孩子们参加。虽然相距遥远、文化不同，但是我们和中田的友谊根深蒂固。

活出自我
李美敬

在亚洲，被邀请到私人家里做客，是一种难得的荣誉，我的韩国朋友刘必和教授在请客方面却是一个例外。

刘必和教授把他父母在首尔历史老城区的住宅改造成了待客处，他夫人李基香是一名室内设计教授，李夫人把底层布置成希腊风格，一楼是哲学图书馆，收藏着所有哲学大家的著作，刘必和教授可以用 5 种语言，读这些哲学家的原著。我们去首尔时，经常到这所特别的房子做客。2013 年 5 月，我们在那里共进晚餐。当天晚上，除了主人刘必和夫妇，还有黄昌圭博士和他的夫人（黄博士的夫人是一家大企业的财务董事），我夫人塞西莉娅和我。还有一位女士，要晚一会儿到。

黄博士是我在 2001 年就认识的，当时他是三星存储器部门的 CEO。

在吃午饭时他送我一个小机器，可以用来播放音乐，播放质量很好，但我却没能放出别的乐曲。机器的设计和操作，在我看来需要大大改进，所以，这种设备没能取得市场成功，也就不足为奇。这种情况发生在三星身上，但在苹果 iPod 身上却并非如此。苹果 iPod 也是从这一设备发展而来的，而这一设备是黄博士和史蒂夫·乔布斯一起开发的。

黄博士在美国读完博士，后来成为三星电子的 CEO，然后去政府工作了几年，并获得了"韩国首席技术官"称号。2014 年黄博士成为韩国最大电信公司韩国电信（KT Telecom）的 CEO。我们多年保持来往，他也到波恩来看过我们。我们坐在一起就像一家人，有很多话要说。我问黄博士的夫人（那位财务董事曾经领导过有 300 万人口的仁川市的经济促进局）[218]，为什么波恩在争取联合国一个机构时败给了仁川，她回答，韩国总统把发展中国家的领导人请到仁川，让他们对仁川"信服"，所以投票时仁川胜出。我们生活在德国或者像波恩这样一个城市的人，是否还太天真？

说要晚到一会儿的那位女士终于来了，所有目光聚焦到她身上。她身穿一件色彩鲜艳的连衣裙，脚蹬一双运动鞋，让人感觉不像一名女商人，而更像一个女孩子。此人便是 Miky Lee，她的韩国名字叫李美敬。她是三星公司创始人李秉哲（Byung Chull Lee）的长孙女，她就读于一流的首尔国立大学，后又去中国台湾、日本和中国大陆等地留学，并在哈佛商学院取得了工商管理硕士学位，教了几年课。

李美敬不以遗产为依靠，和她的哥哥一起创立了 CJ E&M 公司，该公司隶属于 CJ 集团旗下，主要从事媒体、娱乐和零售行业，CJ 集团年营业额高达 210 亿美元。1994 年史蒂文·斯皮尔伯格（Steven Spielberg）、杰弗里·卡岑贝格（Jeffrey Katzenberg）、大卫·格芬（David Geffen）成立梦工厂，李美敬是最早的投资人之一。由于在企业和文化方面的杰出贡献，她在国内外获得了很多奖项和荣誉。她更多地走到公众视野之中，其实是在 2013 年她哥哥因逃税被捕并被判刑之后。2014 年，彭博社对她的报道还是："对她所知甚少。"[219]

李美敬的到来，让晚餐的气氛变得更加快乐和有趣，她本人显得谦虚、轻松和幽默，常常令我们开怀大笑。她为我们演唱了弗朗兹·舒伯特的名曲《鳟鱼》：

> 明亮小河里，
>
> 快乐小鳟鱼，
>
> 迅速如飞箭，
>
> 游来又游去。

她的魅力充满整个房间。她在最大程度上实现了她的格言"创造新的工业、工作和英雄"[220]。卡森伯格这样评价她："她作为女商人、经理和领导者，我对她充满敬意。"[221] 也有其他人实现了和她一样的成就，所以这还不是她的独到之处。但是，没有人能够像她一样，战胜严重的疾病，达到这样的成就[222]。她的真正伟大之处，便在于跨越人生之路上的健康障碍，保持快乐心情。我偶尔也会问自己，我一生碰到过的人物之中，谁给我留下的印象最深刻持久，第一名只有两个人选，李美敬是其中之一。

13

ZWEI WELTEN, EIN LEBEN
Vom Dorfkind zum Global Player

群星闪耀

在本章中，我将记述一些个人的经历，这些经历粘着在我的记忆深处，一些与著名事件有关，如德国统一和美国世贸中心恐怖袭击，另一些则无关紧要。摘取茨威格的著作《人类群星闪耀时》作为本章标题，绝不是想暗示这里记述的是与茨威格书中一样重要的事件，只是想说明二者之间有一点相同之处，即如茨威格所写，历史上"发生无数漠然和日常"，却鲜有"崇高和难忘的时刻"[223]。我本人生平的经历也一样，为什么一些经历深深地留在记忆中，而一些甚至更为重要的事情被遗忘了，对此没有科学解释。

始料不及

1989年10月25日，《经理人》杂志在慕尼黑邀请12位大公司董事长开会，因为我从我的哈佛时代开始给《经理人》杂志写专栏，因此也受邀参加。

会议主题是"德国将会怎样"。此前几周，局势发展加速，外交部部长汉斯·迪特里希·根舍在布拉格德国大使馆宣布民主德国公民能够入境联邦德国，场面富有戏剧性。阿迪达斯董事长雷尼·雅吉（René Jäggi）晚到了一会儿，晚到的原因是和民主德国奥林匹克队签合同，合同内容是给1992年参加巴塞罗那奥运会的民主德国运动员提供体育用品。雅吉说："我估计，这是阿迪达斯和民主德国奥林匹克队签的最后一份合同。"一名与会者问："您是想说，1996年亚特兰大举行奥运会时，就没有民主德国了？"雅吉简短回答："正是此意！"所有人的反应都是无比惊讶，大部分人认为这种想法是在做梦。

1989年11月9日，一个星期四，我在巴黎参加审计事务所普华（Price Waterhouse）的一个讨论会[224]，讨论不可避免地谈到了德国问题。我说，我不再排除德国在20世纪，也就是在剩下的10年时间内，实现统一。当我深夜回到家的时候，柏林墙倒塌了，民主德国事实上已经走到了尽头，统一只用了一年时间便实现了。

我在韩国经常讲到这一故事，最后还会补充一句结论：韩朝统一一样会来，只是没有人知道什么时候会来。也许没有人能够预言，就像没有人能预言德国统一一样。人们只能希望，这一过程能够和平进行。我至今依然觉得，德国统一能够和平实现，简直就像一个奇迹。正如在"雷霆之年"那一章里提到的，"铁幕"两边冷战的玩家都紧张备战，但最后没发一枪一弹。"未来处在黑暗里"，这是《再见吧，兄弟》里的歌词，事实就是这样，也将永远这样。

1989年11月11日，柏林墙倒塌两天之后，我带着14岁的女儿珍妮和9岁的儿子帕特里克飞到柏林，我想让他们看看柏林墙和民主德国，因为两者不久后都将不复存在。我们租了一辆车，开过已经千疮百孔的柏林墙，进入东柏林。我看到的景象与我25年前在一次班级集体出游时第一次看到的相比,没有太大变化,还是那样灰暗沉闷。柏林市中心旁边的街道,还可以看到二战时期留下的弹孔。之前我去东柏林的次数不多,因为作为西德公民,我不被允许去民主德国其他地方。现在,我们可以毫无阻挡地开车去波茨坦,那里也是一幅沉闷的景象。我很惊讶,我们出了柏林,那么快就到了平坦的乡村,但在一条两边都是成排的白杨树的乡间小路上,我们遇到一个俄罗斯重型军用卡车车队,这些卡车让人感到威胁,让我很不舒服。

1990年2月初去耶拿,我也有类似的感觉。我们晚上到了耶拿,打算去看一位教授。城里很黑,我们问一位路人,哪里可以打电话,对方回答"邮电局",并表示愿意给我们带路。他上了我的宝马车,很显然,这对他来说是一种享受。耶拿没有我们能过夜的旅馆,我们只能在西德朋友的熟人家里将就着过了一夜。几个月之后我再次去耶拿,与蔡司公司董事长一起吃午饭。这让第一次去时很友好地接待我们过夜的熟人起了疑心,反应明显有所保留。几个月之后,民主德国成为历史,但其遗留的影响直至今天仍能让人感觉到,比如在选举时的态度。

犹太回归

我的家乡维特里希,拥有一个庞大的犹太人社区,居民中超过5%是犹太人,那里是除法兰克福外犹太人占比最高的德国城市。维特里希的最后一名犹太人在1942年离开,留下的只有一座1910年建造的在1938年11月9日"水晶之夜"幸免于难的犹太教堂。

二战后,包括在我整个上学期间,对于维特里希犹太人的命运,所有人都缄口不语。一直到20世纪80年代,没有受到纳粹历史污染的年轻一代发出倡议,开始寻找前犹太市民的踪迹。1991年,市政府发出邀请,欢迎犹太幸存者返回维特里希。大约有70人接受了邀请,大部分人年事已高,他们来自以色列、美国、阿根廷和其他国家,与他们的相遇,让我深受感动。他们曾经与我们生活在一起，但如果没有及时逃离纳粹魔爪，这些犹太人将被关到罗兹的集中营，然后被送往奥斯威辛或者其他灭绝营。

这些幸存者，我们能够再相见，都是得以及时逃离纳粹魔爪的幸运儿。因为沉默，这些人在我的青年时代，并不存在于我们的意识之中，我们不知道他们的存在，而现在却有那样一个较大数量的人群，出现在我们眼前，很多人依旧讲着家乡的土话。

他们并没有显出愤慨，而是感到高兴，至少还能再次回到自己的家乡。但对于他们中的绝大多数人来说，这是唯一的一次回乡，这也许是因为他们年纪太大了，或者是因为对他们来说，能回来一次也就心满意足了。不论如何，没有一位犹太人长期迁回维特里希。有些人有孩子相伴，比如90岁的艾娜·鲍曼（Erna Baumann），她出生时姓迈尔（Mayer），从布宜诺斯艾利斯来，带着儿子雷尼·鲍曼（Réne Baumann），她儿子也为母亲重回故乡深深触动。几年后我们在布宜诺斯艾利斯重逢，他用地道的德语，跟我们讲到，这一次的经历，对他来说独一无二。

自那以后，我家乡还做了很多工作，发掘犹太人的历史。1997年，以最后一位犹太社区负责人埃米尔·弗朗克（Emil Frank）命名的研究所成立，当地的神学教授赖因霍德·伯伦（Reinhold Bohlen）出任研究所所长，直到2013年。研究所不仅研究当地的犹太历史，也组织基督徒、犹太人和穆斯林之间进行跨宗教的对话。几十年掩藏在木板墙、铁丝网和接骨木灌木丛之后，已成为一位丑陋不堪的"睡美人"的犹太教堂，在20世纪90年代也按照原有风格得到修缮，成为文化和会议中心。各种项目也对维特里希的犹太人历史进行了学术研究。

我不清楚，今天是否还有存活的前犹太市民，但不管怎样，与他们的相遇，属于我不能忘怀的、群星闪耀的时刻。

在此，我还想讲一件事情，虽与家乡无关，但放在这里很适合。2016年3月25日，我收到一封来自以色列的电子邮件，发件人叫兹维·哈里·利克沃尼克（Zvi Harry Likwornik），我并不认识此人。他提请我关注德语再版的《一名七岁儿童的大屠杀亲历》[225]，这本书是他写的。利克沃尼克在今天罗马尼亚的切尔诺夫策长大，那里说德语，1941年他先后被送进多个集中营，最后被送到捷克，作为儿童，受到的折磨，无法想象。他和母亲最终到了以色列。

我读完这本书，深深为之震撼，给他回了一封邮件，他收到我回复的邮件后喜出望外，给我打来电话。人们需要想象一下，我接到的电话，是来自一位7岁时大屠杀的幸存者。如果我余生还有机会去以色列的话，我一定要去看他。这样的一个人，我一定要亲眼见一面。

见所未见

2001年1月19日，我做了一个离奇的梦，我那位1944年淹死在黑海的叔叔雅各布·西蒙，回到了我家乡的小村庄。我听到了，也知道了，他也在我参加的一个活动上。

梦中的时间，我们写为1959年，我坐在观众席中，而雅各布·西蒙在台上接受提问。讨论的话题是纳粹时期逃离德国的德国人。在我的梦里，我叔叔1959年重新出现，生活在瑞士，或曾在那里生活。他身穿深色细条纹西装，看上去保养得很好。他对答如流，应付自如。他的年龄，我估摸在50岁左右，他身材修长，脸容憔悴。这张脸我很仔细地看了很久，他与我父亲有点相像。

采访结束后，我试图靠近他，但很难，因为他被人群围住了。但最后我还是挤到了他跟前，和他交谈。我问他，是否还会再来我们的家乡，他回答说不会。我跟他要地址，说想去拜访他，但他拒绝给我地址。他给我看了一张科布伦茨当局签发的证件，在"危险人员"一栏里打了勾。我给他递了一张名片，寄望于他能回递一张名片，但无济于事，他走了，没有让我知道，哪里能够再找到他。

我浑身大汗地惊醒，茫然若失。这个梦，在我记忆中，久久挥之不去。

远涉非洲

年轻的时候,我们多少次梦想广袤的世界。同伴中真的有人出海远航,他们的故事,更加强了我们对远方的向往。我们的父辈,因为参战去了遥远的国家,我的两个舅舅前往非洲,在隆美尔指挥下战斗。我们邻居家的一个小伙子20世纪50年代加入法国外籍军团,去西迪贝勒阿巴斯服役。非洲吸引着我们,但我们却像被绑住了手脚,只能困在村子里。

在第2章中已经提到,随着我去西班牙、摩洛哥和葡萄牙旅行,这一束缚终于被打破。最令人激动的时刻是乘坐"非洲圣女号"渡轮,从阿尔赫希拉斯出发,横渡直布罗陀海峡,到达西班牙在摩洛哥一侧的飞地休达。照片中我摆出的"占领者姿势"体现了我在渡过海峡时的心情(见图13-1)。

图 13-1 1965 年 7 月远涉非洲

我感觉自己像哥伦布(Columbus)或瓦斯科·达·伽马(Vasco da Gama),那是我第一次离开欧洲大陆,踏上另一个大陆的土地。这种第一次离开欧洲的经历,一辈子只有一次。这次远渡重洋,是否是我个人日后"征服世界"、走上全球舞台的第一步?是的,今天的我是这样认为的。

在摩洛哥,呈现在我们眼前的是一个迷人的世界。当时摩洛哥有1400

万居民,今天是 3500 多万,城市相应现代化了。但在 1965 年,非斯和马拉喀什还犹如中世纪。非斯制革厂区上空飘浮的刺鼻气味,至今仍留在我的鼻子里。马拉喀什杰玛福纳广场(Djemaa el Fna)上的耍蛇者、卖水者和成千上万的小商小贩,让我仿佛来到了《一千零一夜》的童话世界。我们在马拉喀什逗留了 3 天,几乎没有睡觉,因为要承受难以承受的酷热。一次沙尘暴袭来,我们的牙缝里塞满了沙子。当时我和同班同学保尔-海因茨·施特夫根(Paul-Heinz Steffgen)打赌,用一箱啤酒赌我还会再来马拉喀什。30 年后,我们在班级聚会上一起喝了这箱啤酒,自然是我赢了这个赌局。横渡海峡前往非洲,以及在马拉喀什的 3 天逗留,永远被定格为群星闪耀的时刻。

世贸恐袭

2001 年 9 月 11 日,在法兰克福老歌剧院举行的大会上,时任德意志联邦银行行长的恩斯特·韦尔特克(Ernst Welteke)和前美国国务卿亨利·基辛格(Henry Kissinger)担任大会主讲人,会前我们一起共进了午餐(见图 13-2)。

图 13-2　2001 年 9 月 11 日在法兰克福我与亨利·基辛格共进午餐(亨利·基辛格左,赫尔曼·西蒙右)[226]

大会从下午 3 点开始，我作为主持人简短介绍了基辛格，并请他上台演讲。这时纽约时间是上午 9 点，基辛格以《复兴岁月》为题开始演讲，他说道："美国本土从未受到过外来的攻击"。大厅里没有人想到，这一说法在 8 分钟之前，已经成为历史。基辛格在下午 3 点半结束演讲，场内开始讨论，一名很有批判性的记者就基辛格参与"阿连德事件"提出了一个挑衅性问题。

大厅里出现骚动，有人上台跟我耳语了几句，说纽约和五角大楼被炸。我走到基辛格身边，把消息递给他，但他似乎没有理解，不相信地摆了摆手，示意继续。我中断了讨论，那位具有批判性的记者在大厅里大喊大叫，声称这只是遏制他提问的伎俩（后来他对此表示了歉意）。我问听众，是否有谁了解情况，一名刚进大厅的彭博社记者简短报告了情况。此时技术人员成功地把当天的电视新闻切换到老歌剧院的幕布上，我们看到了纽约匪夷所思的场景和世贸中心的倒塌。在这样的时刻，人们可以感受到历史的呼吸声。

我们的合伙人库赫尔博士正在华盛顿，我试图通过我们在美国的办公室与他联系，但根本不行，所有线路都被阻断了。这种情况下互联网成了救星，大约两个小时后，我们通过电子邮件了解到，华盛顿和我们在波士顿（两架被劫持的飞机是从那里起飞的）办公室的所有同事均安全。不过库赫尔博士被"困"在美国一个多星期，这也是全球化带来的效应之一，无论在哪儿，网络都会使国际事件变得触手可及，并引起关注。

几天之后我在东京与野村综合研究所（Nomura Research）的一位咨询师会面，他说，他的两名同事在世贸中心恐袭遇难。危险近在身边，虽然看上去离得很远。

苏联涉险

1971 年秋，冷战仍在继续，苏联对所有外国均持有戒心。俄罗斯黑市猖獗，西方的日常产品在苏联年轻人中大受欢迎。我们一群自由组合的波恩大学生一起前往莫斯科，所有人的箱子都装满了在苏联黑市好卖的产品，如牛仔裤和纽扣衬衫，也包括一些小东西，它们是莫斯科出租车司机认为可以作为支付手段的小物件，比如圆珠笔。

美元与卢布的比价，黑市比官方要高4～5倍，10美元在黑市换来的卢布，足够我们过一个美好的夜晚，我们喝克里米亚香槟，吃鱼子酱和其他当地美食。作为学生，这些东西在家里是根本消费不起的。一些大的书店出售民主德国出版社出版的德语书籍，按黑市汇率算，一套图书才约合1马克。邮费也很便宜，所以我们可以买成堆的书，通过当地的邮局寄到德国。作为学生，对这些生意，我们没有内疚之感。

不过也有令人不快的意外发生。我在街上想换20美元，黄牛把一张看上去像100卢布的纸塞到我手里，突然紧张地喊："警察！警察！"。我转过身去，黄牛却已经朝反方向快步跑了。当我静下来仔细看那张纸时，才看清楚那是一张100卢布的彩票。我上当了，20美元没了，这事让我闹心了好久。图片是那张彩票的复印件（见图13-3）。

图13-3　用20美元从黄牛那里换来的彩票

我和阿富汗的朋友塞米·诺尔约好在大都会酒店见面，我们在波恩住在同一个学生宿舍里，他回阿富汗途经莫斯科，我们约好某一天在阿富汗阿丽亚娜航空公司的办公室见面，阿丽亚娜航空公司的办公室设在大都会酒店里。我在约好的时间到了那里，问诺尔是否来了，阿丽亚娜航空公司的工作人员跟我说，他来了，但马上就走了。这太奇怪了，回到德国后我才知道诺尔不告而别的原因，当时，他乘坐苏联的出租车从机场到大都会酒店，他的行李箱放在出租车的后备厢里，他刚下车，出租车就开走了。诺尔没有去找警察，而是马上买了一张飞机票，飞回了德国。他不想和苏联警察打任何交道。

我也很高兴，最终能从苏联回来。尤其在夜里，在酒精消费过量之后，我们的表现也不总是很好，也与警察发生过不快。我们当中有一名美国学生，叫詹姆斯·J.P.库恩（James J. P. Coone），我们和他一起，晚上在地铁里唱《上帝保佑美国》(*God Bless America*)和类似的歌，这些歌不见得对苏联友好。更不讲规矩的是在列宁格勒（今天的圣彼得堡），我们喝多了酒，从4楼扔下去一只花瓶，花瓶掉到酒店大堂，砸得粉碎，但是警察最后还是放过了我们。

但并不是所有人都从中吸取了教训，我们中有一名学生不久后去布拉格，那里的黑市交易和酒水价格与莫斯科的差不多，在发生与莫斯科类似的事件之后，这名学生被关了一个月监狱。那是一个疯狂的时代。

强制固定

在我7岁那年，有8周时间，我被"固定"了，这对一个一直生活在自由和大自然中的农村小子来说意味着什么，很难估量。

我长得太快，也许存在营养不良。除了难吃得要死，但母亲却经常强迫我吃的鱼肝油之外，我们基本只以农庄出产的食物为生。加上我3岁之后就不再喝牛奶，吃蔬菜也很挑，导致我6岁时出现髋关节疼痛，走路一瘸一拐，并有慢性疼痛。家庭医生弗朗茨卡尔·于贝霍尔茨（Franzkarl Ueberholz）诊断为"生长障碍"和"髋关节炎症"，最后让我转院到当地较好的医院特里尔兄弟医院。这家医院是一家大医院，今天有600多张床位和2400名医护人员。我从来都没有离开过家，看到这张转院通知我很震惊。

不过，这只是开始。我半个身子被石膏裹死，从肚脐往下，整个右侧身体连腿带脚全被裹住，左侧的石膏一直打到膝盖。就这样，我被"固定"了8周，一动不能动。最初几天非常可怕，但我竟莫名其妙地挺过来了。最美好也最伤心的是星期天，因为只有星期天我父母才能来看我，一次他们带着妹妹来了，另一次他们带来了邻居小朋友托马斯，每次当他们离开，我便感觉被抛弃了一样。去掉石膏之后，我不得不重新学走路，并继续在医院住了4周。

出院回家那天，是我这辈子最幸福的时刻之一，同学们和半个村子的人都来对我表示问候。我在出院之后没有接受康复治疗，虽然因为肌肉严重萎缩，医院强烈建议做康复治疗，所以我体育很差，好几年都没有拿到优胜奖状。直到15岁，我才在体育方面取得了一定成绩，在联邦青少年运动比赛中拿到了荣誉证书。

少年时代的这一重大经历，是否留下什么痕迹？当我回想特里尔兄弟医院的这段往事时，并没有觉得是一场噩梦。我在那里学会了，怎么扛过人生的艰难时刻，这给了我很大帮助，比如2014年，我的肩膀做了一次很复杂的手术，不得不静养好几个月。忍耐本来不是我的强项，但在这样的处境下，我会回想起1954年秋天的特里尔兄弟医院，这很管用！也许，我始终强烈的家乡情结，根源也在这种儿时的经历中，因为我从来没有过如此强烈的忧伤和思乡之痛。我还学会了，在体育上提高自己，虽然用了很多年，即使因为没有系统训练，从来没有取得过很大成绩，但我毕竟还获得过全县标枪冠军，参加过空军第二师锦标赛。

地动楼摇

我不想经历的事情,包括地震。

我第一次遇到地震是 2005 年在东京,当时将近午夜,我在 ANA 洲际酒店 21 层楼的房间里[227],已经上床,正要入睡,突然感觉到一种异常的震动,半梦半醒之间,我无法判断这是什么情况。是在做梦?或者,脑子里急速地冒出一个念头,是地震?第一次碰到这种情况,我感到非常不安。想到有可能是地震,我一骨碌从床上爬起来,但不知所措,是应该留在房间,还是从楼梯爬下去?21 层楼,要爬下去可不容易。令我不安的还有一种念头,这栋大楼一共有 37 层,我这层还承受着上面 16 层的压力。好在这时扬声器传来了通知:"这是地震,请不要离开房间,这栋大楼是抗震的,请等待进一步通知。"[228] 在这种令人不安的情况下,人们只能希望大楼真的是抗震的,但这真能相信吗?特别让我感到不舒服的是绝对的无能为力,除了等待,别无所能。半个小时后,终于传来了让人平静的通知,地震过去了,但这一夜我已无法安睡。

第二天我要飞回德国,我坐大巴前往离东京市区大约 70 公里的成田机场,在我们身后,乌云密布,令人恐惧,一场台风马上就要来临。飞机起飞后机长说,我们刚好赶在台风到来前起飞,再晚几分钟就飞不了了。地震震级是 5.8 级,台风也造成了巨大损失。

2017 年 9 月 19 日,我在墨西哥城参加一个大会。大会议程上显示,11 点举行地震演练。这一地震演练每年都在整个墨西哥举行,目的是纪念 1985 年 9 月 19 日发生的那场大地震,地震造成了上万人死亡。演练进行了大约半个小时,整个过程井然有序。

然后,与会者步入大学礼堂,那里 12 点开始由我做报告,报告用时一个半小时。我准时开始报告,按部就班讲演。1 点 14 分,大楼突然一震,我站立的舞台开始晃动。这回是真的,在演习之后整整两个小时。几百听众都离开座位冲向出口,但并没有造成混乱。我顾不上拿东西,也奔向出口。因为礼堂就在二楼，我们很快到了外面的空地上。大学里的这座现代化大楼总共有大约20层。我们看到，在高层的人们，部分通过外面的消防楼梯，逃向下面。他们需要长得多的时间，我可不想和他们换位置。这时大楼已经发出各种声响，这是一种我从来都没有听到过的声响，钢筋受到震动，发出的吱嘎之声深入骨髓。所幸的是，这座现代的抗震的大学楼里没有人身损失，但城里很多房屋倒塌，370多人遇难，6000多人受伤。这次地震震级7.1级，比东京那次强烈很多。[229]

墨西哥城由于地震的影响交通瘫痪，但主办方很有创意，他们搞来了一辆自行车，让我骑车回大约6公里外的酒店。墨西哥城一片狼藉，靠我自己根本没有希望找到路，主办方中有一位业余马拉松选手，跑步陪我回酒店，我对他感激不尽。

这样的经历，让人学会珍惜，我们在德国，不会面临这种类似的严重自然灾害的危险。但谁又知道，我在埃菲尔老家的火山，什么时候会再次爆发。科学家预言，随时都有可能。

灵魂出窍

2000年4月5日，企业家赖因哈德·莫恩获得雅各布-福格奖章（Jakob Fugger Medaille）。这是一项知名的媒体奖，由巴伐利亚杂志出版社协会颁发，旨在奖励"促进新闻杂志自由、独立和完整并对引起公众注意做出的杰出贡献和非凡成就"。此人把东威斯特法伦一家小小的出版社，打造成全球媒体集团贝塔斯曼。颁奖典礼在慕尼黑皇家剧院举行。

世纪之交，《时代》周刊曾请我参与评选"世纪企业家"，并写一篇颁奖词，我选了莫恩[230]。也许缘起于这篇颁奖词，我受邀参加颁奖典礼，并为典礼做了一篇题为《21世纪领导力挑战》的报告。但这件事却并非因为我报告的内容，而是因为别的原因，留在了我的记忆里。

我前面发言的是巴伐利亚州长埃德蒙德·施托伊贝尔（Edmund

Stoiber）。我坐在第一排，为了在脑子里过一遍我的报告，我闭着眼睛，在登场之前，我经常这样做。但这次我走神了，我进入了一个"清醒的"梦境，"清醒的梦是一个梦，在梦里做梦人对梦有清醒的意识。"[231] 就是这样，我在做梦，同时很明白，我是在做梦。

梦里我像一朵轻云，飞在莱茵河上方，从波恩飞向科布伦茨，飞到科布伦茨后折向西，飞往埃菲尔。我能感觉到，时间已从我们的时代，过去了4万年。我下面的大地异彩纷呈，绿色的草地和田野，间杂着深色的树林，景色宜人。但我总感觉少了点什么，我看不到人，也看不到房屋和村庄。人类消失了，大自然用几万年的时间，消除了人类的一切痕迹。埃菲尔变成了德意志皇帝和普鲁士国王威廉二世在1889年所希望的那样。他说："埃菲尔是一片漂亮的狩猎场，只可惜那里住着人。"

人类的消亡，会让我感到悲伤吗？根本没有。我从白日梦中醒来，浑身轻松，心情大好。施托伊贝尔讲完后，我轻松地走上讲台，做了报告。难道是我的灵魂，在遥远的未来，飞越了我的故乡？每当我回想起这个白日梦，约瑟夫·冯·艾兴多夫（Joseph von Eichendorff）的诗句，就会情不自禁地在我耳边回荡：

> 我的灵魂，
> 张开巨大的翅膀，
> 掠过宁静的大地，
> 飞回故乡。[232]

14

ZWEI WELTEN, EIN LEBEN
Vom Dorfkind zum Global Player

人生学校

人生始终是一所学校。本章我将介绍几堂简单的课程，是我人生的经验所得。当然，为了不让作者陷于不利，我要说，这些我个人的经验肯定是主观的、不全面的和有所选择的。

强大后援

没有我妻子塞西莉娅和家庭的支持，我走不了我的路。塞西莉娅·苏松格来自一个手工业者家庭，成长于一个离我老家不远的村庄。她母系的先辈是磨坊主，我先辈中也有很多是磨坊主。我和塞西莉娅在波恩上大学时相识，1973年结婚，1975年生下女儿珍妮，1980年生了儿子帕特里克。1972～1988年，塞西莉娅做特殊教育老师。

在我们结束了在哈佛大学的逗留后，她放弃了公务员职位，成立了声像媒体有限责任公司（Lingua Video Medien GmbH），出版用于学校、图书馆和媒体中心等机构的视听产品。塞西莉娅管理这家公司27年，2016年年初我们的女儿珍妮·西蒙博士接管公司直到今天。我和塞西莉娅曾经说起，为什么我们两人都放弃了终身公务员的职位，选择了独立经营。这一方面是因为，我们都来自独立经营者家庭，而更主要的，我们选择独立经营之路，是因为我们都不愿意在自己上头有老板。

我父母身上的独立性是如何影响我的？对他们来说，没有人规定他们干什么，怎么干或者几点干，只不过就经济和劳动投入而言，他们不得不接受外力的巨大影响，诸如天气、自然条件、年景等，但他们同时又可以自由决定，如何应付这些外力。也许，这种现实对我的影响远远超过我的意识。不论如何，我感到很舒适，在我的人生大部分时间里，没有人能对我说，我必须做什么或者不该做什么。我在做教授时，虽然国家是我的雇主，但在研究和教学的自由框架内，我有很大的空间。我一直感到惊奇，为什么没有更多的人走上自由和自主的路，而更情愿接受别人的命令，不管是在何种体制下。我并不是想说，独立经营对谁都适合，也许有不少人，甚至是大多数人，不愿意承担相应的责任，不想不断地花费精力。

塞西莉娅也来自一个独立经营者家庭，受过类似的熏陶。她是一位天赋极高的组织者，她一人照管一切，让我没有后顾之忧。她建造了我们在库尼希斯温特和后来在波恩的房子，还在没有我帮忙的情况下，彻底整修了我父母的农家小院，把它打磨成了"宝石"，她管理着这个家，照顾所有家务，组织节庆，还打理了一个不错的小公司。那么多年，我时间紧迫四处奔波，她始终给我提供支持。此外，她还是我的顾问，一个唯一我能听的顾问，她常常显出比我更大的勇气，因为每次当我面临新的挑战时，她的回答永远是："你当然要做。"

毫无疑问，没有她的支持，我绝不可能成就我的事业。我们孩子的成就，也有她的功劳。她不得不弥补我因为出差或者工作带来的经常性的身体或精神缺席，而操持更多的事情。家庭为我成功的奖章不计偿还，付出巨大，我常常把家庭的舒适当成理所当然，低估背后的付出。但有一点我可以肯定地说，我项目和旅途的最美好时刻，是回家。

那么，单身的人如何应付工作和旅行压力大的生活？如果他们想生活得轻松，就必须管理好日常烦琐的事情，或者花钱买相应的服务。否则难以长期保持很高的工作效率。

生活告诉我们，在紧急情况下，靠得住的首先是家庭，甚至可以说，家庭是唯一靠得住的。能经受得住长期严重危机考验的友谊几乎不存在，大部分的所谓友谊，最后证明，只是一种假象。

塞西莉娅也积极参与很多领域的工作，她多年参与库尼希斯温特市政府文化委员会的工作，但感觉长期从政太累人，情愿组织自己的文化活动。1991年，德国统一后不久，选择波恩还是柏林作为德国首都，面临抉择。波恩于1948年成为联邦德国，也就是当时的"西德"首都，我们作为波恩人，自然支持波恩，塞西莉娅印制了一幅标语"波恩留作首都"，并散发了几千份，发给商店、旅馆和类似人流大的地方（见图14-1）。

图14-1　1991年塞西莉娅·西蒙印制的支持波恩继续作为首都的标语

还有一次类似的活动，叫"赞成波恩"，活动发起人之一是我的老乡和朋友德劳兹伯格，他之前是一位坚定的波恩人[233]。1991年6月20日，联邦议院表决以338票对320票，决定迁都柏林。德劳兹伯格也跟着迁往柏林，开了一家"常相伴"情景酒吧，把莱茵河的气氛带到柏林，他成功了。

塞西莉娅也投身于协会和自然保护，她在我的家乡成立了儿童合唱团，种植了野花草甸和 50 多棵坚果树。她就是这样，始终保持活跃。

今日无忧

当人感到不适或者面临紧急问题时，自然会感到担忧或有压力。常常，即使不是多数情况，人们的担忧总是面向未来。明天我能准时赴约吗？我能得到项目吗？我的检查会怎么样？我母亲的生活座右铭是："不要在今天担忧明日不一定发生的事情。"灵气疗法的发明人臼井瓮男（Mikao Usui，1865—1925）医生说过同样的话："恰恰今日不用担忧。"臼井医生还有一种认识，人们应该着力于那些能够改变的事情，而接受那些无法改变的事情。

人们有能力想象未来，思考、计划、预料等能力不仅会产生希望，同样也会产生恐惧，于是人们便有了害怕和担忧，人们不应被这些害怕和担忧吓到，因为很多恐惧并不真实。真正应该开始担忧的时候，是那些恐惧来临之时。我过世的母亲的建议，虽然来自一位农村妇女，但对我很有帮助。如果能在日常中遵循这一建议，人们可以无忧无虑地走完一生。反正我每天都复读这句箴言，如果我忘了，那还有塞西莉娅。

健康生活

在"人生学校"的标题下讨论健康，有两个风险。一是容易流于泛泛，诸如多做运动、正确饮食、减少压力等有利于健康；二是容易充当布道者角色，向全人类散布他个人促进和保持健康的良方。

我想和读者分享一些经验，不会太个人化。泛泛而论，随着年龄的增长，拥有健康不再理所当然，所以这个问题也就变得越来越重要。有一个说法无限有效，而据我观察，这个说法说得并不是很多。据我对老年人的观察，许多的病痛，主要是通过往常的、长期的行为方式，自己造成的，其中包括年轻时的轻率、吸烟、喝酒、体重过大、压力过大，这些因素导致的恶果大多到了老年无法逆转，最多减轻。因此我建议年轻人，认真思考这种种不良行为长期的后果，在人生早期消除其根源，不要临时再去抱佛脚。

第二个个人体验：饮食能起到不可思议的效果。2014年我被诊断为轻度糖尿病，我对这种病做了了解，让我感到震惊的是，这种广泛的疾病会带来那么严重的后果。医生要给我开药，我拒绝了，并保证通过饮食调理解决问题。我大大改变了饮食习惯，其中也包括在中国学到的，经常喝绿茶。半年之后，血象指标均达到了最佳范围。

不过我也看到，许多人做不到这种调整，瓶颈不仅仅在于缺乏知识，而往往在于社会环境对个人起到的不好作用，例如，不能容忍人们偏离标准的饮食习惯。比如我不喝酒，今天我可以更加容易地抵挡任何"同饮一杯"的压力，即使在拒绝喝酒很难被人理解的国家也一样。为此我要感谢美诺公司的老板彼得·青坎（Peter Zinkann）的好主意，我知道他不喝酒，问他在俄罗斯怎么对付，他回答："您千万不要喝第一杯。"这个聪明的建议，确实管用。具有讽刺意味的是，青坎是在纽约卡内基音乐厅旁边的"俄罗斯茶室"给我这个建议的[234]。

我不想提出饮食建议，虽然我读了很多有关饮食的文章和书籍，但毕竟没有专业人士权威。令我惊讶的是专业人士建议中的差异和矛盾，而随着时间的变化，评价也会跟着发生巨大变化，从对胆固醇的评价变化就可以看出。我个人决定采用某种饮食方式，人们可以决定，但永远无法确信，是否还有更好的方法。

我愿意推荐两种程式性的经验。一是，如果决定节食，那么就不能例外，一定要坚持。我看到一些熟人，在工作日很有原则，但在周末无法抗拒周日下午的咖啡甜点，这不仅是意志力不强，而且往往适得其反，因为节食反而对一些特定食品产生贪欲，所以我觉得节食一定要保持平衡，避免产生贪食。二是，避免造成巨大的饥饿感。作为咨询师，我经常在路上，晚上回到家经常已经饿得不行了，在这种情况下，往往会饥不择食，摄入大量的卡路里。现在我一直很注意，在正餐之间吃一点小吃，起到平衡作用，避免造成过大的饥饿感。

脚踏实地

一个人在"中世纪般"的农庄出生并长大，然后，按我的说法，"走过了几个世纪"，那么，这个人的参照系会发生改变。拉丁语"时间在变，我们也随之而变"（tempora mutantur et nos mutamur in illis），这句话，至少对20岁以后的我来说一语中的。我是否忘了自己从哪里来？巨大的改变有没有让我觉得飘飘然？成功是一种诱惑，虚荣是人类的弱点，任何人都无法避免，而且可能演变成狂妄自大。

我遇见过很多有名的非常成功的人士。俾斯麦说"个性是天才减去虚荣"，跟我说这话的是约翰内斯·冯·扎尔穆特（Johannes von Salmuth），劳士领公司（Röchling KG）股东委员会主席，说话的场合是诺贝尔物理学奖得主彼得·格林贝格（Peter Grünberg，于里希研究中心）教授在科布伦茨法伦达尔管理学院的一次报告会上。格林贝格教授给我留下深刻印象，不仅是因为他报告的内容，更是因为他不可思议的谦虚，谦虚正是虚荣的反义词。吃晚饭时，他用极大的耐心，跟我解释磁场如何作用，我不敢肯定，我是否理解了他的解释。我所碰到的德鲁克、鲍尔、红衣主教霍夫纳，还有其他好多名人，都很谦虚。

俾斯麦是一只聪明的狐狸，他为什么如此注重虚荣对人的不利影响，把它放到与天才同等重要的位置上？一种简单的解释是，虚荣的领导者会花费大量的心思、时间和精力，注意自己的表现和外表。因为这样，一个人解决问题的思想、时间和精力，必然就少了。如果这一推测成立，那么,虚荣的人很难成为出色的经理,因为虚荣和长期成功是对立的。可惜,工商管理学理论涉及此类现实生活中的重要问题太少。哈佛大学教授特德·莱维特曾说,现实中某些现象的重要性与对这些现象的科学处理成反比。虚荣完全可以归入"现实中非常重要"、但是"被科学忽视"这一范畴。不过还是有一些指示性的发现,这些发现指向一个明确的方向。

美国管理研究者吉姆·柯林斯(Jim Collins)凭经验发现,老板越少露面、知名度越低,企业就越能长期成功[235]。柯林斯用"表演的马"和"犁地的马"进行形象地区分,"犁地的马"用更少的时间和精力注意外在表现,便可以更专注于其本身的任务,换句话说,就是可以更好地关心业务。

我相信,俾斯麦也会喜欢这样的区分。我本人的经验只能看成是对这一推测的证明。年轻时,我崇拜高大的、看上去有魅力的企业家和经理人。几十年后我明白,那些更加沉默和谦虚的人(比如大多数隐形冠军企业的老板),往往是更好的经理人。领导效率和虚荣之间成反比,即使这种关系没法用简单的数据统计方法来证明。也许人们可以用爱因斯坦的公式,对俾斯麦的比喻加以补充,这种公式是:成功 = a + b + c,其中 a 为聪明,b 为勤奋,c 为"闭嘴"。这个公式应该不错,而且也与俾斯麦的方向一致。

那么,我怎么把虚荣和脚踏实地相比较?我想起我做的一次颁奖词,这一颁奖词是 2011 年 11 月 24 日我在杜塞尔多夫做的,场合是向马里奥·阿多夫(Mario Adorf)颁发"最佳人物品牌终身成就奖"(Best Human Brand Lifework Award),阿多夫是目前德国最受欢迎的演员,曾出演 200 多部电影和电视剧,始终给角色打上自己的个性烙印,而不是相反,他永远是马里奥·阿多夫。在《铁皮鼓》中,他扮演早期的重要角色——安东·马策拉特(Anton Matzerath),一名莱因厨师,用煮汤表达情绪。导演福尔克尔·施伦多夫(Volker Schlöndorff)写信给我说:"马里奥·阿多夫在演员名单上列第一位,我们在最早几天的排练中便建立了信任,我和马里奥之间的关系就像同谋。"我和阿多夫在颁奖之前谈话,他把自己描述为"脚踏实地接地气"。他的座右铭之一是"能耐多大，表现多大"。谦虚和脚踏实地与虚荣相反，是一个人物能够成为人物的个性特征。

俾斯麦式的简单公式，对于评价员工、同事、企业领导和政治家，都被证明非常有价值，我本人经常用这一公式试验，往往会得到眼前一亮的认识。我注意到，虚荣综合征在评价体系健全的公司反而出现更少，而不是更多。最后人们需要自问，自己在这方面怎样，但这里我就不提这个不愉快的问题了。

简单愚蠢

世界是复杂的，我们不应把它变得更加复杂，对于这一点，并非少数的与我同时代的人都能理解。对我来说，当事情和过程变得不必要的复杂时，我会很烦躁。相反，如果有人能够在不影响结果的前提下对问题进行简化，那么他会给我留下深刻印象，这能够节省时间、精力和不必要的讨论。

一个典型的例子来自丹麦。早先，商人把货物从丹麦带到瑞典，需要按照货物价值交关税。由于评价各种不同货物的价值通常很难，再说当时也没有统一的资料提供相关信息，丹麦国王便想出一个办法，由商人自己确定货物价值，不过有一个条件，国王可以按照商人给出的价值买下这些货物。聪明！进一步的检查、烦琐的评估规则等，都证明是不必要的了，而国王真正买下货物的情况并没有经常发生。今天，人们在确定关税之时，是否能够参考这一方法呢？一个有趣的想法！至少评估的问题是解决了。

再举一个大家都熟悉的例子，在超市人们花1欧元得到一辆购物车，这一非常简单的方法带来了完美的秩序，不需要任何人来干预。在引入这一方法之前，大商场要雇请好几名员工，归拢小车，把车子摆好。预扣税方法是强力简化的又一个例子，取代跟成百上千万民众收取所得税，只需要从很少几家银行提款。

简单化能够节省费用，简单化让诸如打印机和 ABS 系统等产品的零件大大减少。丰田通过生产流程简单化，提升了质量，成为世界汽车工业的样板[236]。简单化的流程减少耗时，被广为关注的工业"更新换代"的核心，便是通过简单化节省时间[237]。互联网为此带来了极大的进步，典型例子是亚马逊一键订货，不需要身份确认，一键触发下单和付款程序。Teamviewer 远程控制软件公司的 CEO 安德烈亚斯·柯尼希（Andreas König）对简单化的明确认识，令我印象深刻。Teamviewer 是德国隐形冠军，个人电脑和类似设备全球网络世界市场领导者，Teamviewer 软件全球用户已达到 15 亿台电脑。尽管如此，人们仍然会碰到很多电脑程序繁复、耗时很长的东西，比如德铁。简单化的意义，被很多互联网供应商严重低估了。

员工在简化过程中起着关键作用。我从博导阿尔巴赫教授那里学会了，始终让员工尽可能自己决定，这简化了很多东西，省却了很多问题、干扰和拖延，其前提条件是，员工拥有必要的能力和责任心。我始终感到惊讶，领导人员是如何频繁地被员工呼叫，或者自己呼叫员工的。

我本人始终努力让我的工作安排更加简单化。我有 3 个办公室（一个在公司、一个在波恩的家、一个在埃菲尔的农家小院），3 个办公室的结构完全一样，我从这间换到那间，不需要做任何调整。40 年来我从供货商那里订购同样的产品，只需要打一个电话并说一句"和上次一样"即可，就这么简单。不过，这一方式起作用的前提条件是，诸如购买皮鞋和衬衫，你得放弃追逐时髦，因为我总是在同一家店购买，避免费时寻找。我优选同样的酒店和航空公司，这样只需要最少的调整。所有这一切听起来像是一成不变、无聊透顶，但可以免除紧张、节省时间。

简单化也包括尽可能及时处理事情。当我旅行归来，我会在路上就把差旅报销结算做好。如果这些事放上几个星期，就出现了记忆空隙，不得不费劲对单据，浪费时间。快速意味着简单，简单意味着快速。

总而言之，我自认在简单化方面做得不错，所以向大家强烈推荐

"KISS"原则,即"Keep it simple stupid"(保持简单愚蠢)。

矛盾管理

管理总是在两极之间摆动,即管理者的权限和被管理者的责任。管理风格如果过多突出管理者的权限,那么就成了所谓的"极权化管理"、命令经济或者类似叫法。如果管理者对被管理者放任自流,目标不明,那么,整个事情可能因缺乏协调而终结,甚至陷入混乱。过于强调极权管理,将导致员工丧失主动性、照章办事、因不能接受管理作风而辞职等。最佳的效率只能来自,一方面目标和绩效要求明确,另一方面始终保持较高的能动性。那么,要如何做到这种看似矛盾的结合呢?

答案是,管理风格是矛盾的,即既要权威,又要参与。激光设备世界市场领导者通快集团老板赖宾格尔称他的管理作风是"开明的父权制",SAP 创始人之一迪特马尔·霍普(Dietmar Hopp)被员工称为是一位"严格但慈爱的极权者"。一位隐形冠军企业主告诉我,他的管理既面向团队,同时又是专制的,当涉及原则、价值观、企业目标时,他采用极权管理风格,这样就没有争论,命令明确且自上而下。当涉及执行和具体工作时则完全相反,他会给予执行者较大的自我发挥空间。

以色列军事史学家马丁·范·克里维尔德(Martin van Creveld)的发现给这种矛盾的管理提供了意想不到的依据。他在《战斗力》(*Fighting Power*)一书中比较了二战中美国和德国的军队[238],作为犹太人,他的家庭成员中一部分死于纳粹集中营,所以克里维尔德不可能以任何形式美化纳粹罪行。他得出的结论是,德国人的战斗力比美国人的高52%,造成这一巨大差别的主要原因是不同的领导体系,德国的体系,其源头可以追溯至普鲁士的赫尔穆特·冯·毛奇(Helmut von Moltke,1800—1891),人称为"任务导向型体系",而美国人采用的是"过程导向型体系"。在"任务导向"下,司令官给执行命令者的只有"任务",执行命令者在完成任务的过程中有极大的自由。而美国人在事先充分研究形势,然后确定执行的具体步骤。这一体系现在还在为大多数美国企业采用,举例来说,像麦当劳等快餐店制定的各个步骤和操作的具体细则。我本人是"任务导向型"管理的忠实追随者,给员工以最大的执行自由。不过,坦白地说,这种管理体系只有在员工具有一定素质、能想我所想的条件下,才起作用。

还有一个方面:谁来控制?列宁的名言是:"信任很好,控制更好。"控制可以来自上面,也可以来自团队。在隐形冠军企业,团队的社会控制和以价值观为基础的自我控制,比在一般的大企业里起到的作用远大得多。狗绳世界市场领导者福莱希公司创始人曼弗雷德·博格丹(Manfred Bogdahn)把生产控制完全交给员工,这一控制是正常生产流程的组成部分,按博格丹的说法,这要比任何生产完成后的控制系统有效得多,问题在产生时就被发现,而不是在最后。滤水壶世界市场领导者碧然德(Brita)公司创始人海因茨·汉卡默(Heinz Hankammer,1931—2016)跟我说,在产品试验中,不是他作为老板来选择哪只是对的,而是他的团队自己来确定。如同一支足球队,员工自己清楚,容忍团队中不想出或者不能出绩效的同事,就会给公司和自己带来损失。团队的控制,是有效管理不可或缺的组成部分。

管理作风的矛盾,体现在员工的看法上。员工会对最高领导的评价截然不同,这样的情况不在少数。一面是对领导严厉和不可捉摸的极权管理的抱怨,另一面是同一批员工,对最高领导的人格表示敬佩,强调不愿意去别的公司干活。这种对立让人想起学生对严格有要求的老师的看法,学生不是很喜欢这样的老师,但同时明白,他们能从这样的老师那里,比要求低的老师那里,学到更多。

对此,乔治·华盛顿(George Washington)的传记作家罗恩·切尔诺夫(Ron Chernov)说:"领导者不应太疏远,也不应太亲近,他们不需要喜欢你,更不要爱你,但他们必须尊重你。"[239] 有效管理意味着,正好把这两种要素结合起来。这是人们在优秀的领导者身上,能够看到的两个极点。

分配时间

我们唯一无法变得更多的资源,是时间。失去的金钱可以赚回来,即使失去了健康,基于身体的自我修复能力,也可以找回来。但是,失去的、浪费的时间,永远不可能再找回来。对于这一话题,没有人比塞涅卡在《论生命之短暂》(*De brevitate vitae*)中说过的话更明智了。他说:"不是我们得到的生命太短暂。不,是我们让它变得短暂。我们不是活得太短,而是太会浪费。生命很长,如果人们懂得如何用它。"[240]

如何支配自己的时间,事实上是诸多巨大挑战之一。回顾我的人生,儿童和少年时代,时间没有意义,我们在农庄的生活,日复一日、年复一年,循环往复,虽然在收割季节有时间压力,但总体来说,我们的时间很富裕。我本人把很多的时间,用在了非生产性的活动上,也许正因如此,我在后来的人生阶段,才会更有意识地支配时间。如第 5 章所说,我对时间的使用,从上大学开始改变,时间成为我人生的决定性因素,直到今天,我的同学还对我说,我对我的时间支配非常有意识,有时甚至有点吝啬。

作为教授,尤其作为西蒙顾和的 CEO,我都寄予有意识地使用时间重要意义。虽然我从没有雇用过一名全职司机,因为用这样一名全职司机没有必要,但我请钟点司机做我的驾驶员,只要有可能,但凡较长的路途,我就请人替我开车。我感到惊讶,那么多高级管理人员和自由职业者,浪费大量的时间自己开车。没有比让人开车更简单、更经济的方法来节省时间。人们可以利用坐车的时间工作,或者在晚上回家时放松一下,把时间用在这两件事上,都比自己开车更有意义。如果无人驾驶能够实现,那么这种节省时间的方法,不仅高级经理人和有钱人可以享用,所有人都可以用上,这是无人驾驶的革命性所在:节省时间,也就等于延长生命。不过,在一篇文章中,我也自问,对于这种创新,是否存在阻力,不是来自技术,而是来自伦理[241]。

学生和员工，想跟我长谈的，我就经常带着他们一起上路。这些人对我感激不尽，因为在正常上班时间，他们不可能有两个小时的时间，不受干扰地和我聊天。有时候我也被邀请参加这样的坐车聊天。例如，有位部长，我有事情一定要跟他谈，正好他和我参加同一个会议，我打电话给他办公室，问部长是不是在会后直接返回。答案正是这样，他让我上他的车，我们便有了两个小时时间谈事。

作为CEO，我看到，我们的合伙人对我时间的需求，大于我所能够提供的。解决求大于供的办法，是配额。但我如何决定，事情有多重要，给多少时间预算才合理？对于这种情况，我总是优先使用市场规则，这对一位价格咨询师来说，也不足为奇。我对我的时间采用换算价格，一旦合伙人需要的时间用完了，换算价格就生效。如果我自己要找合伙人谈话，那时间成本自然不算在他头上。用这一简单的机制，可支配时间与所需时间之间，达到了一定程度的平衡。

不过，与时间打交道，是一个长期的斗争。我退出日常管理之后，外界对我的时间需求增加，人们以为我现在有了足够的时间，所以想占用我的时间。我碰到了塞涅卡精准描述的情况："我时常感到惊讶，当我看到，有人请求别人施舍时间，被请求人也摆出一副若无其事的样子。两者根据请求花时间的缘由来决定，而没有人顾及时间本身：人们请的是它，却好像它什么都不是；人们保证的是它，却好像它什么都不是。对于最珍贵的财富，犹如对待玩具，这种错误的起因，是因为时间是无形的，眼睛无法感知，因此时间不受重视，被看成毫无价值。时间的价值没有得到正确估计，时间被浪费，好像它根本不值钱。"[242] 我没有什么好补充的，对于这一困惑，没有人能比塞涅卡说得更好。

还有一件事：在查资料时，我看到了1990年做的笔记。当时我写了7页，非常详细、具体地规划了如何更好管理我的时间。我是否最大限度地做到了？只是部分，部分在几年之后。意大利有句谚语，想法和行动之间，隔着一片汪洋大海，这片海，很大很大。

避免官司

老家一个古老的农民智慧是:"用马行走,跟人说话。"当我父母有一次收到法院通知,威胁要强制执行时,引起了他们不小的恐慌。他们不愿看到来自法院的邮件。后来搞清楚,是农用机械公司把我们和另一个客户搞混了,那个客户的名字与我们的名字有点接近,他是与我们同一个邮编地区的没有付账单的客户。

我在15岁那年,无照开三轮摩托车,被村里的警察抓到,在家里也引起轩然大波。我当时还带了一个小伙伴,而且犯了第二个愚蠢的错误,当警察问我:"谁允许你骑摩托的?"我回答:"我父亲。"结果是我和父亲都收到了投诉,父亲被自己曾经多年担任志愿法官的行政法院罚款42马克(约合21欧元),不光彩的是,这件事还被登记到了他的个人行为记录里。我因尚未成年,被处以警告。

在日本时,跟美国的比较,让我感到惊奇:美国的律师人数比日本多10倍。显然,这两个国家人与人之间的关系,规则差别很大。我更喜欢日本的方式。

上文提到的小小经历,足以让我对法院和法律界人士长期不感兴趣。无论是私人生活还是生意往来,我都尽可能避免请律师介入或走上打官司的路。当然也有少数几个案例,无法避免,比如有一次我不得不请专利律师,就是第9章提到的我的著作《价格管理》被盗版的案例。

作为西蒙顾和的CEO,我把动用律师的情况控制到很少很少。大概是在2000年,我们认为,我们的合同需要更多的法律保障,便请了一名自由律师,每月固定报酬5000马克(约合2553欧元),解决公司所有有关法律的问题。打那一刻起,生活变得复杂。一年之后,我解聘了律师,回归了"手工作坊式"的方式。今天,西蒙顾和的规模和复杂性到了不请律师难以应付的程度。但是,虽然我们有1200名员工,却并没有聘请长期法律顾问。当然,在不动产交易、有限公司合同公证和其他类似情况下,不得不求助于公证处、律师和税务顾问等。第11章写到的与电力公司的谈判案例，也证明了，有时候动用律师是必要和值得的。

为了避免法律纠纷，我建议采取一定的预防措施，尽量不与不信任或者精于法律的人做生意。有一次我们放弃购买一幢房子，虽然房子让我们很喜欢，但邻居却是一名很难对付的法律人士。在聘用员工的时候，这方面也要非常小心，要尽可能绕开在纠纷、诉讼和钻营法律空间方面的老手。

在我童年和少年时代的农村世界，口说为凭，击掌为证，无须书面合同，尽管如此，我们没有诉讼，也从来不跟律师打交道。我承认，当时的世界没有现在那么复杂，但我坚信，以我坚持不打官司的信念，即使在难以看透的环境中，也同样能够行稳走远。也许像我这样，做那么多事情，却为法律花那么少的时间和金钱的人不多。这将继续成为我今后的准则，我也愿意把它推荐给我的孩子和年轻的人们。

点滴智慧

一生之中，我们会得到很多很好的建议，有些我们没注意，有些也许忘了，但也有一些，会变成习惯。我在这里举几个例子。

我换到县城上中学后，母亲一直很注意，让我身上带点钱。人们永远不知道会发生什么意外。我至今保留了这一习惯，我离开家时一定要带点钱，如果因为一次疏忽忘记了，我会很不安。

我们来自威斯特法伦贝库姆的第一位生物学老师蒙肯布施（Monkenbusch）建议我们，经常换牙膏牌子。她的理由是，每一个牌子含有不同成分，换牌子可以更好地保护牙齿。这也成了我的习惯，我从不购买同一品牌的牙膏，下一次购买总是买一款其他品牌的。

我们严厉的德语老师埃瓦尔德（Ewald）经常给我们意想不到的评价，她跟我说："西蒙，你在指派方面很强，但你却不能接受批评。"[243]也许她是对的，我的意图便是，不为批评所动。这并非总是成功的，但我想，正是基于这个早期的忠告，我才在面对日后生活中经常遇到的批评时变得游刃有余。后来，我从中给自己立了一个座右铭："我自己决定，谁能惹恼或者冒犯我。"这有时也不管用，但这一方法总体上被证明是有用的，它可以抵抗外来干预的影响。我认识很多人，他们的情绪受别人的影响太大，一句话足以使他们几个小时情绪很坏，这一点一定要避免。

卫生兵米勒（Müller）中士在基础训练时告诉我们，他经常给士兵处理头部伤，他已经完全明白这是怎么发生的：这些士兵起床时，头撞到了开着的储物柜门上。当厨房顶柜的门开着时，我总会想到这件往事，所以从来没有撞过头。一个有趣的问题是，联邦国防军为什么不改装储物柜的门，相信米勒中士不是唯一一个不得不经常处理这一问题的人。

从导师阿尔巴赫教授那里，我除了学到很多专业科学知识外，还见识了读写机的高效，并学会了使用方法。读写机成为我最重要的工具之一，不过在使用时需要注意一定的原则和专注力。我最喜欢在莱茵河边散步时进行读录，包括这本书的很大一部分就是这样完成的。不过，我的能力还没有达到，能够读录学术著作或者要求很高的文章的水平。这些著作文章从电脑转换到纸上还是得靠手写。

随着年龄的增长，我认识到，在民间谚语和流传建议之中，蕴含着很多宝贵的智慧。几十年来，我一直在收集这种句子，特别是有关管理和领导的句子。我出的书中，很少有比出版收藏集《经理们的精神食粮》（该书第二版已于2009年出版）更能给我带来乐趣的了。[244]

遗憾的是，这种智慧的理论认识和实际运用之间，存在着巨大的落差。往往在失败之后，人们才能想到，不听老人言，吃亏在眼前。或者，用哲学家乔治·桑塔亚纳（George Santayana，1863—1952）的话来说：不记取历史教训，注定会重蹈覆辙。

注　释

1　确切坐标是北纬 50°3′10.03″，东经 6°54′37.01″。
2　Frankfurter Allgemeine Zeitung, 7. August 2017, S. 4.
3　从 1947 年 2 月 10 日到我写下这几行字（2017 年 3 月 15 日），已经过去了 25601 天。
4　Seneca, Aus den moralischen Briefen an Lucilius, Position 6406 auf Kindle-Version.
5　Sebastian Kleinschmidt, Zeuge der Dunkelheit, Bote des Lichts, Rezension eines Gedichtes von Ulrich Schacht, Frankfurter Allgemeine Zeitung, 11. Februar 2017, S. 18.
6　2016 年德国因游泳而淹死的人有 537 人，这一数字与 2016 年德国死于交通事故的人数相比显得很高，当年德国死于交通事故的人有 3214 人，为历史最低。
7　Vgl. dazu Kapitel 12 dieses Buch.
8　Palle Yourgau, A World without Time: The Forgotten Legacy of Gödel and Einstein, New York: Basic Books 2005, S. 115.
9　Ralph Waldo Emerson, Vertraue dir selbst!: Ein Aufruf zur Selbständigkeit des Menschen, Berlin: Contumax 2017, deutsche Übersetzung von Thora Weigand und Karl Federn, Kindle-Version Position 218, Erstveröffentlichung 1841.
10　Vgl. Die 72. Infanterie-Division 1939-1945, Eggolsheim: Nebel-Verlag/Dörfler Utting 1982.
11　Im Gespräch: Der polnische Schriftsteller Andrzej Stasiuk, Frankfurter Allgemeine Zeitung, 9. März 2017, S. 40.
12　Wall Street Journal, 17. Juni 2016.
13　1920～1935 年，萨尔地区属于民族联盟（日内瓦）管辖，由一个国际委员会管理。
14　比萨拉比亚大部分位于今天的摩尔多瓦境内，地名与阿拉伯没有关系，而出自 13～14 世纪统治那里的瓦拉基王族比萨拉比。
15　Bruno Latour, Das grüne Leuchten, Frankfurter Allgemeine Zeitung, 7. Oktober 2017, Frankreich Spezial, S. L7.
16　Johann Wolfgang von Goethe, Dichtung und Wahrheit, 6. Buch.
17　Ursula Kals, Wehe, denn das Heimweh kommt, Frankfurter Allgemeine Zeitung, 15. Juli 2017, S. C3.
18　Michael Naumann, „Glück gehabt". Ein Leben. Hamburg: Hoffmann und Campe 2017,

siehe auch: In den Rollen seines Lebens, Frankfurter Allgemeine Zeitung, 22. April 2017, S. 12.

19　Vgl. Hermann Simon, Kinder der Eifel – erfolgreich in der Welt, Daun: Verlag der Eifelzeitung 2008. Die Serie wird in der „Eifelzeitung" sporadisch fortgesetzt. Bis 2018 sind rund 140 Porträts erschienen. Eine zweite Serie „Kinder der Eifel – aus anderer Zeit" umfasst per 2018 rund 400 Porträts, die auch in Buchform veröffentlicht wurden. Gregor Brand (Autor), Hermann Simon (Herausgeber), Kinder der Eifel – aus anderer Zeit, Daun: Verlag der Eifelzeitung 2013; Gregor Brand (Autor), Hermann Simon (Herausgeber), Kinder der Eifel – aus anderer Zeit, Band 2, Books on Demand 2018.

20　Johannes Nosbüsch, Als ich bei meinen Kühen wacht'... Geschichte einer Kindheit und Jugend in den dreißiger und vierziger Jahren, Landau/Pfalz: Pfälzische Verlagsanstalt 1993, S. 15.

21　家乡方言叫"dä Heer"。

22　Vgl. Günter Wein und Franziska Wein (Hrsg.), Matthias Joseph Mehs (Autor), Tagebücher November 1929 bis September 1946, Trier: Kliomedia-Verlag 2011. In diesen sehr umfangreichen Tagebüchern (1305 Seiten) erfährt man die konkrete Umsetzung der Nazi-Ideologie auf der lokalen Ebene.

23　Markus Fasse, Hart wie Krupp-Stahl, Handelsblatt, 11. Juli 2009, S. 9.

24　Ibidem.

25　Die höhere Bildungsarbeit nicht lähmen, Oberstudiendirektor Quast sprach in Wittlich zu den Notständen an den Gymnasien, Trierische Landeszeitung, 29. Oktober 1966, S. 5.

26　Quelle: Schwäbische Donau-Zeitung, 17. November 1967, S. 9, dasselbe Foto erschien im Spiegel vom 27. November 1967.

27　NPD Geblähte Segel, Der Spiegel, 27. November 1967, S. 69.

28　NPD Geblähte Segel, Der Spiegel, 27. November 1967, S. 70.

29　http://www.frankfurt-live.com/front_content.php?idcatart=77925, aufgerufen am 23. März 2017.

30　贝尔格菲尔德宫（Schloss "Haus Bergfeld"），后来被信息技术企业家托马斯·西蒙（Thomas Simon，并非作者亲戚）买下。在艾森施米特村（Eisenschmitt）上演克拉拉·费比西（Clara Viebig）的社会批判小说《女人村》(*Das Weiberdorf*)。

31　德意志国防军展览指汉堡社会研究所分别于1995～1999年和2001～2004年举办的巡展，第一次展览名为《灭绝战，1941～1944年德意志国防军罪行》（*Vernichtungskrieg. Verbrechen der Wehrmacht 1941 bis 1944*），第二次展览名为《德意志国防军罪行，1941～1944灭绝战维度》(*Verbrechen der Wehrmacht. Dimensionen des Vernichtungskrieges 1941 ～ 1944*）。展览向公众展示了纳粹时期、特别是对苏联战争中德意志国防军的罪行，引起了广泛讨论。接受对第一次展览的批评，第二次展览调整了重点，但更进一步揭露了德意志国防军参与纳粹灭绝战，对苏联、对犹太人大屠杀、对罗姆人即波拉莫斯的种族灭绝。（资料来源：https://de.wikipedia.org/wiki/Wehrmachtsausstellung.）

32 WiWi, Mitteilungsblatt der Fachschaftsvertretung der Fakultät für Wirtschaftswissenschaften, Universität Bielefeld, Dezember 1981, S. 13.

33 Die Strategie des Fachschaftsvorstandes: Lüge und Privatabsprache, Flugblatt der Basisgruppe Volkswirtschaft, Universität Bonn, Juli 1971.

34 Neue Fachschaft! Neue Fachschaft!, Flugblatt einer Aktionsgruppe zur Ablösung der von Simon geleiteten Fachschaft, Universität Bonn, November 1971.

35 Aus der Urkunde, „Dieser jährliche Preis, der von der Baronin Zerilli-Marimo gestiftet wurde, wird verliehen für ein Werk, das den Nutzen einer liberalen Wirtschaft für den Fortschritt der Gesellschaft und die Zukunft des Menschen deutlich macht. ", Paris, 18. November 2013.

36 Vgl. Hermann Simon, Die Zukunft von Bonn, General-Anzeiger Bonn, 11. Mai 2015, S. 8-9.

37 Vgl. Peter Ochs, Wir vom Jahrgang 1947, Gudensberg: Wartberg-Verlag 2016, S. 5.

38 Freie Übersetzung ins Deutsche: Im Raum so weit – dessen Grenzen niemand kennt – unsere Riesenvögel werden Mücken – mit wachsenden Distanzen. Wir messen den Flug – in Meilen, Tempo, Menschen – jedoch vor allem Menschen.

39 成为战斗机飞行员或者飞行武器系统军官的有来自维特里希的艾哈德·戈德特（Erhard Gödert）和安德里斯·弗罗伊特尔（Andris Freutel）、弗罗斯巴赫的布罗诺·巴森（Bruno Barzen）、格雷莫拉特的彼得·拜尔（Peter Bayer）、乌尔姆的麦克·科斯克（Mike Koske）、凯尔彭/埃菲尔的弗兰克·毕索夫（Frank Bischof）、杜德斯菲尔德的库特·莱恩德克尔（Kurt Leyendecker）、希勒斯海姆的莱纳尔·赫克（Reiner Heck）、彼特堡的古伊德·德迪西（Guido Dedisch）、凯塞瑟西的亚历山大·马茨纳尔（Alexander Matzner）、特尔的阿历克斯·普茨（Axel Pütz）、那赫兹海姆的阿尔贝特·韦伯（Albert Weber）、凯里希的奥利·科茨（Olli Kootz）。安德里斯·弗罗伊特尔做到准将。成为运输机飞行员的有宾斯菲尔德的彼得·贝克尔（Peter Becker）和格鲁斯利特根的于尔根·比克尔（Jürgen Bücker）。

40 Vgl. Portrait „Erhard Gödert aus Wittlich – Starfighter-Pilot und Manager ", in: Hermann Simon (Hrsg.), Kinder der Eifel – erfolgreich in der Welt, Daun: Verlag der Eifelzeitung 2008, S. 67.

41 Vgl. Portrait „Jürgen Bücker aus Großlittgen – Globaler Milchmann ", Eifelzeitung, 9. KW, 2009, S. 7.

42 Eigentlich kann sie so nicht weiter führen. Ein Gespräch mit Generalmajor a. D. Christian Trull über die Bundeswehr und über das Wesen des Soldaten, Frankfurter Allgemeine Zeitung, 27. Juni 2017, S. 9.

43 Hermann Simon, Was ist Strategie, in: ders. (Hrsg.), Strategie im Wettbewerb, Frankfurt: Frankfurter Allgemeine Buch, 2003, S. 22-23.

44 Alfred Chandler, Strategy and Structure: Chapters in the History of the American Industrial Enterprise, Cambridge, MA: MIT Press 1969, S. 13.

45 Der Unfall ereignete sich am 6. März 1968, der Bericht im Stern „Giftgas vom Leutnant " erschien nach dem Tode Norbert Theisens am 17. März 1968, S. 240-241.

46 第33歼击轰炸机中队于2013年10月1日改名为第33战术空军中队。

47 Vgl. Hannsdieter Loy, Jahre des Donners – Mein Leben mit dem Starfighter – Ein Zeitzeugenroman, Rosenheim: Rosenheimer Verlagshaus 2012, auf S. 111 ff. heißt es:
„Die dem Starfighter zugedachte Rolle war die eines Atombombers. Das klingt gewaltig, und das war es auch. Fünf Jagdbombergeschwader hatten diese „Strike " -Rolle. Zwei Staffeln mit jeweils 18 F-104G, deren Piloten darauf trainiert waren, bei jedem Wetter Nuklearwaffen auf feindliche Gebiete abzuwerfen, etwa Truppenansammlungen oder Flugplätze, Bahnhöfe, Staumauern, Raffinerien. Die Bomben befanden sich unter der Kontrolle der Amerikaner. Die Bundeswehr konnte also nicht frei darüber verfügen.
Jeder dieser niedlichen Sprengkörper wog 900 Kilogramm, eine knappe Tonne. Jede einzelne Bombe besaß das eineinhalbfache Zerstörungspotenzial der Hiroshima-Bombe. Jede entstammte einem am jeweiligen deutschen Fliegerhorst stationierten Arsenal der US Army. Bei allen fünf Jagdbombergeschwadern (Memmingen, Lechfeld, Büchel, Nörvenich, Hopsten) standen an 365 Tagen 24 Stunden lang je sechs Starfighter vollgetankt und vorgewärmt in den Shelters bereit, um innerhalb von 15 Minuten von der Piste abzuheben, die todbringende Last zum Feind zu tragen und „mit dieser atomaren Ausrüstung die feindliche Luftwaffe am Boden zu zerstören ", wie General Panitzki formulierte. Das übergeordnete NATO-Hauptquartier musste dazu den Einsatzbefehl erteilen. In diesem Fall würden vier speziell beauftragte US-Offiziere, jeder mit einem Spezialschlüssel, zu ihrem mit Stacheldraht gesicherten Gittertor nahe der Rollbahn eilen, dieses in einer bestimmten Reihenfolge aufschließen und die Atombombe unter dem deutschen Starfighter scharf machen.
„Quick Reaction Alert " (QRA) hieß das.

…．

Zwei Ziele für den Bombenabwurf musste jeder alarmbereite Starfighterpilot im Kopf haben. Im sogenannten Cosmic-Raum („Cosmic Top Secret ", die höchste Geheimhaltungsstufe der NATO) hatte er sie vorher in vielstündigen Sitzungen auswendig gelernt, auch den Weg, auf dem man ans Ziel kam: die Abflugroute vom Flugplatz, die Anflugroute zum Ziel mit allen Teilstrecken und Wendepunkten, das Abwurfmanöver und die Rückkehr zur Basis in diversen Etappen. Außerdem hatte er sich Flughöhen, Kurse, Kursänderungen, Zeiten für die einzelnen Flugstrecken, das Geländebild der gesamten Route, höchst geheime Luft- oder Satellitenbilder von markanten Punkten und, wenn möglich, auch vom Ziel, eingeprägt. Verantwortlich für die Routenplanung und alle weiteren Details war der Flugzeugführer selbst. Das gesamte Material war in einer fünf Zentimeter dicken roten Geheimakte verpackt, die ausschließlich für einen Einzigen bestimmt war. Nur jeweils ein einzelner Pilot durfte den Cosmic-Raum betreten. Damit war ausgeschlossen, dass man in die Geheimunterlagen eines Kameraden Einsicht nahm. Erst unmittelbar vor dem Start sollte dem Kampfpiloten sein endgültiges Ziel mitgeteilt werden.

48　布歇尔空军安全小分队 S 是人数最多的空军特种任务分队，他们的任务是，保障特种武器的安全。大量的安全和防爆士兵包括周末在内 24 小时执勤，是中队工作流程的重要部分。士兵受过空军安全部队的全面训练，此外还要接受保护特种武器的专门训练。与美军专门监管和支援部队一起，布歇尔 S 空军安全小分队每天履行着他们的任务。

49　Schreiben der Wehrbereichsverwaltung IV, Az 39-90 G 72/68 vom 4. Dezember 1968.

50　Vgl. Rainer Pommerin, Aus Kammhubers Wundertüte, Die Beschaffung der F-104 Starfighter für die Luftwaffe der Bundeswehr, Frankfurter Allgemeine Zeitung, 15. November 2016, S. 8. Der Autor spricht von den „während der Alarmbereitschaft im Cockpit ihres mit nuklearen Bomben beladenen Flugzeuges sitzenden deutschen Piloten. "

51　Vgl. Hannah Ahrendt, Eichmann in Jerusalem: Ein Bericht von der Banalität des Bösen, München: Piper 2011.

52　https://www.welt.de/print-welt/article215588/Atomraketen-auf-Bremen-Die-Angriffsplaene-gegen-Deutschland-waehrend-des-Kalten-Krieges.html, aufgerufen am 20. März 2017.

53　Am 11. November 2016 schrieb mir Professor Jörg Link, Universität Kassel: „Zu der von Ihnen beschriebenen "Schnellalarmzone" im Kalten Krieg mit startklaren Starfightern: Genau die gleiche Szene beschreibe ich in meinem Buch für die Gegenseite. Am 8/9.

November 1983 sitzen sowjetische Kampfpiloten startbereit mit laufenden Triebwerken in ihren Düsenflugzeugen, die soeben mit Atombomben beladen worden sind. Sie warten auf den Startbefehl in Richtung auf Ziele in Westdeutschland, die sie in wenigen Minuten erreichen können." Hintergrund waren sowjetische Fehlinterpretationen des NATO-Manövers ‚Arble Archer. Vgl. Jörg Link, Schreckmomente der Menschheit: Wie der Zufall Geschichte schreibt, Marburg: Tectum Verlag 2015, S. 32.

54 星式战斗机日渐被旋风战斗机取代，1991 年 5 月 22 日彻底退役。

55 http://www.spiegel.de/einestages/50-jahre-starfighter-kauf-a-948207.html, aufgerufen am 20. März 2017.

56 第 33 歼击轰炸机中队另一架星式战斗机坠毁在我夫人塞西莉娅·西蒙老家附近洪斯吕克的诺伊休腾。

57 Vgl. Hannsdieter Loy, Jahre des Donners – Mein Leben mit dem Starfighter, Rosenheim: Rosenheimer Verlagshaus 2014 und Claas Siano, Die Luftwaffe und der Starfighter. Rüstung im Spannungsfeld von Politik, Wirtschaft und Militär, Berlin: Carola Hartmann Miles Verlag 2016

58 因为运动受伤未愈，在 1969 年 4 月大学开学前，我在联邦国防军多领了 3 个月军饷。1969 年 11 月 11 日，我在波恩被授予预备役中尉军衔。

59 克雷勒曾在隆美尔元帅参谋部服役，他也是克虏伯公司监事会成员，这些给左派人士提供了攻击机会。克雷勒在弗赖堡大学瓦尔特·奥伊肯（Walter Eucken）那里读的博士，在那里他也认识了我舅舅弗朗茨·尼尔斯博士。

60 Achim Bachem, Hermann Simon, A Product Positioning Model with Costs and Prices, European Journal of Operational Research 7 (1981), 362-370.

61 Horst Albach, Hermann Simon (Hrsg.), Investitionstheorie und Investitionspolitik privater und öffentlicher Unternehmen, Wiesbaden: Gabler 1976.

62 Erich Gutenberg, Grundlagen der Betriebswirtschaftslehre Band 1: Die Produktion, Berlin/Heidelberg: Springer-Verlag 1951, 1983 (24. Auflage).

63 Erich Gutenberg, Grundlagen der Betriebswirtschaftslehre, Band 2: Der Absatz, Berlin/Heidelberg: Springer-Verlag 1955, 1984 (17. Auflage).

64 Erich Gutenberg, Grundlagen der Betriebswirtschaftslehre, Band 3: Die Finanzen, Berlin/Heidelberg: Springer-Verlag 1969, 1980 (8. Auflage).

65 Hermann Simon, Preisstrategien für neue Produkte, Dissertation, Opladen: Westdeutscher Verlag 1976.

66 Reinhard Selten, Preispolitik der Mehrproduktenunternehmung in der statischen Theorie, Berlin: Springer 1970.

67 Hermann Simon, Goodwill und Marketingstrategie, Wiesbaden: Gabler 1985.
68 Julia Shaw, Das trügerische Gedächtnis – Wie unser Gehirn Erinnerungen fälscht, München: Carl Hanser Verlag, 2016, S. 69.
69 Vgl. Peter Hanser, Am Puls der Praxis, Absatzwirtschaft, 7/8, 2017, S. 46-49.
70 John D.C. Little, A Proof for the Queuing Formula: L = λ W, Operations Research. 9 (3)/1961, S. 383–387. Die langfristige Durchschnittszahl von Kunden in einem stabilen System L ist gleich der langfristigen durchschnittlichen effektiven Ankunftsrate, λ, multipliziert mit der durchschnittlichen Zeit, die ein Kunden in dem System verbringt, W, oder, als algebraische Formel ausgedrückt: L = λ W
71 John D. C. Little, Entscheidungsunterstützung für Marketingmanager, Zeitschrift für Betriebswirtschaft, 49. Jg., Heft 11/1979, S. 982-1007.
72 Hermann Simon, An Analytical Investigation of Kotler's Competitive Simulation Model, Management Science 24 (October 1978), 1462-1473.
73 Frank M. Bass, Comments on " A New Product Growth Model for Consumer Durables The Bass Model". Management Science 50(12_supplement)/2004, S. 1833-1840.
74 Hermann Simon, Karl-Heinz Sebastian, Diffusion und Advertising: The German Telephone Campaign Management Science 33 (April 1987), S. 451-466.
75 今天的横滨德国学校。
76 John Nilles, They went out to sow...., Bericht über die frühen Jahre der Steyler Mission im Hochland von Papua Neuguinea, Catholic Mission Mingende, 1984.
77 Verena Thomas, Papa der Chimbu (Papa Bilong Chimbu), Dokumentarfilm 54 Minuten, 2008. Der Film wurde auch im deutschen Fernsehen gezeigt und erhielt zahlreiche internationale Preise.
78 Kate Rayner, Papa Bilong Chimbu – A Study Guide, Pädagogisches Begleitmaterial zu dem gleichnamigen Film von Verena Thomas, S. 2.
79 Ibidem, S. 7
80 超级碗（Super-Bowl）是美国职业橄榄球大联赛年度冠军赛，该赛事的转播一般都会达到美国电视全年最高收视率。
81 Dirck Burckhardt, Das Genie der Masse, Frankfurter Allgemeine Zeitung, 12. Juni 2017, S. 13.
82 Shmuel S. Oren, Stephen A. Smith, Robert B. Wilson, Nonlinear Pricing in Markets with Interdependent Demand, Marketing Science 1(3)/1982, S. 287 –313.
83 Georg Tacke, Nichtlineare Preisbildung: Theorie, Messung und Anwendung, Gabler, Wiesbaden, 1989.
84 Vgl. Duff McDonald, The Golden Passport, Harvard Business School, The Limits of

Capitalism, and the Moral Failure of the MBA Elite, New York: Harper Business 2017.
85　Ibidem, Position 1326 in Kindle-Version.
86　Ibidem, Position 5418 in Kindle-Version.
87　Ibidem, Position 5418 in Kindle-Version.
88　Ibidem, Position 4603 in Kindle-Version.
89　C.K. Prahalad, The Fortune at the Bottom of the Pyramid, Wharton School Publishing, 2004.
90　Vgl. Vijay Mahajan, Afrika kommt, Rosenheim: Börsenverlag 2009.
91　Robert Locke, Postwar Management Education Reconsidered, in: Lars Engwall and Vera Zamagni, Management Education in Historical Perspective, Manchester: Manchester University Press, 1999, S. 149.
92　Vgl. Ben Wattenberg, Malthus, Watch Out, Wall Street Journal, 12. Februar 1998.
93　Michael Porter, Competitive Strategy, New York: Free Press 1980.
94　Michael Porter, Competitive Advantage, New York: Free Press 1985.
95　Michael Porter, The Competitive Advantage of Nations, New York: Free Press 1990.
96　Die hier wiedergegebenen Werte für den h-index wurden am 10 Januar 2018 aufgerufen, https://scholar.google.de/citations?user=XJOBBI4AAAAJ&hl=de.
97　Vgl. James P. Womack, Daniel T. Jones, Daniel Roos, The Machine That Changed the World : The Story of Lean Production, New York: Free Press 1990.
98　Vgl. Alfred Chandler, Strategy and Structure: Chapters in the History of the American Industrial Enterprise, Cambridge, MA: MIT Press 1969.
99　Hermann Simon, Robert Dolan, Power Pricing–How Managing Price Transforms the Bottom Line, New York: Free Press 1997.
100　Hermann Simon, Preisheiten–Alles was Sie über Preise wissen müssen, Campus, Frankfurt, 2013/2015.
101　Hermann Simon, Confessions of the Pricing Man – How Price Affects Everything, New York: Springer 2015.
102　Bekannt wurde Buzzell als Hauptautor des Buches Robert D. Buzzell und Bradley T. Gale, The PIMS Principles: Linking Strategy to Performance, New York: Free Press 1987.
103　德里克·博克1971～1991年任哈佛大学校长，出任校长时才41岁，是成立于1634年的哈佛大学历史上最年轻的校长。
104　Frankfurter Allgemeine Magazin, 23. April 1993, S. 7.
105　Vgl. Volkswagens Abhängigkeit von China wächst, *Frankfurter Allgemeine Zeitung*, 14.

Januar 2012, S. 17.

106 Vgl. In China gibt es den Porsche passend zum Lippenstift, *Frankfurter Allgemeine Zeitung*, 12. März 2012, S.15, und China wichtigster Porsche Markt, *Frankfurter Allgemeine Zeitung*, 4. Mai 2012, S. 19.

107 Bilder aus dem von uns angeforderten Bericht der deutschen Industrie- und Handelskammer in Peking.

108 https://www.timeshighereducation.com/world-university-rankings 2018.

109 波恩大学派往比勒菲尔德大学教务委员会的其余成员包括霍斯特·阿尔巴赫教授、威廉·克雷勒教授、卡尔·克里斯蒂安·冯·魏茨泽克教授，学生代表除我之外还有3名来自不同大学的学生。

110 Brief von Professor Wilhelm Krelle, Universität Bonn, an Professor Carl-Christian von Weizsäcker, zu der Zeit Universität Heidelberg, vom 30. November 1970. Dieser und weitere Briefe wurden von der Basisgruppe Volkswirtschaft an der Universität Bonn unter dem Titel „Wilhelm jetzt langt's! Geheimer Briefwechsel deckt Machenschaften auf " am 5. Juli 1971 veröffentlicht.

111 Hermann Simon, Preismanagement, Wiesbaden: Gabler 1982.

112 Hermann Simon, Goodwill und Marketingstrategie, Wiesbaden: Gabler 1985.

113 Dieter Patzelt, Rückkehr gewünscht, Wirtschaftswoche, 11. November 1988, S. 104.

114 Vgl. Draeger, Marianne; Draeger, Otto, Die Carl Schurz Story. Vom deutschen Revolutionär zum amerikanischen Patrioten, Berlin: Verlag Berlin-Brandenburg 2006.

115 Bruno Seifert, Böser Spuk im Schloss, Wirtschaftswoche, 28. Juli 1989, S. 72-74.

116 瑞士银行联合会是今天的瑞银集团（UBS）前身机构之一，瑞银集团在1998年由瑞士银行联合会和瑞士银行协会合并而成。

117 Karlheinz Schwuchow und Joachim Gutmann (Hrsg.), HR-Trends 2018 – Strategie, Kultur, Innovation, Konzepte, Freiburg: Haufe Lexware 2017.

118 Brigitta Lentz, Votum für die Praxis, Manager Magazin, 1/1988, S. 150-153, vgl. auch weitere Berichte zu dieser Studie in Handelsblatt, 28. Januar 1988, Management Wissen 3/1988 und Personal - Mensch und Arbeit, 2/1988.

119 里普拉尔出名，也因为汉斯-马丁·施莱尔1977年9月5日在科隆被绑架后，被羁押在里普拉尔的一幢楼里，警察都已经很接近于找到他，当地警察甚至已经怀疑到，他被关在那幢楼里，但这一信息没被联邦警察危机指挥部采纳。1977年10月18日，在施莱尔被绑架一个多月后，在法国米卢斯发现了他的遗体。

120 科隆大学1388年成立，比德国最古老的大学海德堡大学的成立时间只晚两年。特里尔大学建于1473年。两所大学在法国大革命期间均被关闭，科隆大学1919年再建，特里尔大学重建于 1970 年。

121 Vgl. Kai Wiltinger, Preismanagement in der unternehmerischen Praxis – Probleme der organisatorischen Implementierung, Wiesbaden: Gabler 1998.

122 Vgl. Martin Fassnacht, Preisdifferenzierung bei Dienstleistungen: Implementationsformen und Determinanten, Wiesbaden: Gabler 1996.

123 Vgl. Christian Homburg, Kundennähe von Industriegüterunternehmen: Konzeption - Erfolgsauswirkungen – Determinanten, 3. aktualisierte Aufl., Wiesbaden: Gabler 2000 (1. Aufl. 1995, 2. Aufl. 1998).

124 Vgl. Hermann Simon und Christian Homburg, Kundenzufriedenheit – Konzepte, Methoden, Erfahrungen, Wiesbaden: Gabler, 1. Aufl. 1995, 2. Aufl. 1998.

125 Vgl. Hermann Simon, Zur internationalen Positionierung der deutschen Marketingwissenschaft, Marketing-Zeitschrift für Forschung und Praxis 1 (2/1979), 140-142.

126 Vgl. Hermann Simon, Die deutsche BWL im internationalen Wettbewerb - ein schwarzes Loch? Zeitschrift für Betriebswirtschaft. Sonderheft: Die Zukunft der Betriebswirtschaftslehre in Deutschland, 03/1993, S. 73-84.

127 Schreiben von Professor Walter Endres „Betriebswirtschaftslehre nur englisch？", 1994, Kopie liegt dem Verfasser vor. Professor Endres (Jahrgang 1917) war von 1969 bis 1985 Ordinarius für Betriebswirtschaftslehre an der Freien Universität Berlin.

128 Alfred Kuß, Marketing-Theorie, Eine Einführung, 3. Auflage, Wiesbaden: Gabler 2013, S. 44.

129 Ibidem, S. 44.

130 Nicolai de Cusa, De Docta Ignorantia/Die belehrte Unwissenheit, Hamburg: Verlag Felix Meiner 1994, S. 240.

131 Vgl. Hermann Simon, Hasborn – kritisch betrachtet, in: Kirchbauverein Hasborn (Herausgeber), Hasborn 1968, Festschrift zur Einweihung der neuen Kirche, S. 32-37.

132 Vgl. Hermann Simon, 33 Sofortmaßnahmen gegen die Krise, Frankfurt: Campus 2009.

133 Vgl. Hermann Simon, Preismanagement, 1. Aufl., Wiesbaden: Gabler 1982, 2. Aufl., Wiesbaden: Gabler 1992.

134 W&V, 2. November 1990, S. 180.

135 Hermann Simon, Die Gärten der verlorenen Erinnerung, 2. Aufl., Daun: Verlag der Eifelzeitung 2017.

136 杜尔股份公司目前总部在比特西海姆 – 比辛根，IhrPreis.de 股份公司已经不复存在。

137 Vgl. Brauereien beklagen Rabattschlachten im Handel, Frankfurter Allgemeine Zeitung, 20. April 2013, S. 12.

138 Hier ist meine Seele vergraben, Interview mit Hermann Simon in Welt am Sonntag, 9.

November 2008, S. 37.

139 Hermann Simon, Preisstrategien für neue Produkte, Opladen: Westdeutscher Verlag 1976.

140 Gerald E. Smith (Hrsg.), Visionary Pricing: Reflections and Advances in Honor of Dan Nimer, London: Emerald Publishing 2012; mein eigener Beitrag in dieser Festschrift trägt den Titel „How Price Consulting is Coming of Age ", S. 61-79.

141 Gerald Smith, Remembering Dan Nimer – A Tribute to a Pricing Pioneer", The Pricing Advisor, January 2015, S. 9.

142 Persönlicher Brief von Peter Drucker vom 7. Juni 2003.

143 Persönliche Mail von Doris Drucker, der Ehefrau von Peter Drucker, vom 2. November 2005. Sie schreibt: „I am sorry to tell you that Peter is very ill. Before his collapse he dictated a letter to you. The secretary just brought it here for his signature ". Dann folgt das Zitat. Der Brief erreichte mich erst nach seinem Tod am 11. November. Für den 12. November 2005 hatten wir ein Treffen in seinem Haus in Claremont, einem Stadtteil von Los Angeles vereinbart.

144 Hermann Simon, Preismanagement, Wiesbaden: Gabler 1982.

145 Vg. Hermann Simon, Price Management, New York: Elsevier 1989.

146 Vgl. Robert J. Dolan und Hermann Simon, Power Pricing – How Managing Price Transforms the Bottom Line, New York: Free Press 1996.

147 Der Ausdruck „Zitrone " bzw. „Lemon " für ein schlechtes Produkt stammt aus einem vielbachteten Artikel des amerikanischen Ökonomen George A. Akerlof, in dem er den Markt für Gebrauchtwagen behandelt und erklärt, welche Signale von Preisen ausgehen. George A. Akerlof, The Market for „Lemons " : Quality Uncertainty and the Market Mechanism, The Quarterly Journal of Economics, August 1970, S. 488-500. Akerlof erhielt 2001 den Nobelpreis.

148 Baltasar Gracian, Handorakel und Kunst der Weltklugheit, Berlin: Insel Verlag 2009.

149 www.iposs.de/1/gesetz-der-wirtschaft; aufgerufen am 6. Juni 2017.

150 Vgl. Madhavan Ramanujam und Georg Tacke, Monetizing Innovation, How Smart Companies Design the Product around the Price, Hoboken, N.J.: Wiley 2016.

151 Ibidem, S. 4.

152 Aus der Mitschrift eines Interviews mit Warren Buffett vor der Financial Crisis Inquiry Commission (FCIC) am 26. Mai 2010.

153 Vgl. Gabriel Tarde, Psychologie économique, 2 Bände, Paris: Alcan 1902.

154 Vgl. Michael J. Sandel, Was man für Geld nicht kaufen kann – Die moralischen Grenzen des Marktes, Berlin: Ullstein 2012.

155 Vgl. T. Christian Miller, Contractors Outnumber Troops in Iraq, Los Angeles Times, 4. Juli 2007, und James Glanz, Contractors Outnumber U.S. Troops in Afghanistan, New York Times, 2. September 2009.
156 Michael J. Sandel, Was man für Geld nicht kaufen kann – Die moralischen Grenzen des Marktes, Berlin: Ullstein 2012, S. 16-17. Vgl. auch John Kay, Low-Cost Flights and the Limits of what Money Can Buy, Financial Times, 23. Januar 2013, S. 9.
157 Theodore Levitt, The Globalization of Markets, Harvard Business Review, May/June 1983, S. 92-102.
158 Peter Hanser, asw-Fachgespräch mit Theodore Levitt und Hermann Simon, Absatzwirtschaft 8/1987, S. 20-20.
159 Hermann Simon, Hidden Champions - Speerspitze der deutschen Wirtschaft, Zeitschrift für Betriebswirtschaft 60 (9/1990), 875-890.
160 Vgl. Eckart Schmitt: Strategien mittelständischer Welt- und Europamarktführer, Wiesbaden: Gabler Verlag 1996.
161 Hermann Simon, Hidden Champions – Lessons from 500 of the World's Best Unknown Companies, Cambridge: Harvard Business School Press 1996.
162 Hermann Simon, Die heimlichen Gewinner – Die Erfolgsstrategien unbekannter Weltmarktführer, Frankfurt: Campus 1997.
163 Hermann Simon, Hidden Champions des 21. Jahrhunderts – Die Erfolgsstrategien unbekannter Weltmarkführer, Frankfurt: Campus 2007.
164 Hermann Simon, Hidden Champions – Aufbruch nach Globalia, Frankfurt: Campus 2012.
165 Doris Wallace und Howard Gruber (hrsg.), Creative People at Work, Twelve Cognitive Case Studies, New York-Oxford: Oxford University Press 1989, S. 35.
166 Peter F. Drucker, Adventures of a Bystander, New York: Harper & Row 1978, S. 255.
167 Lee Smith, Stamina: Who has it. Why you need it. How to get it., Fortune, 28. November 1994, S. 71.
168 特斯拉并购之后克劳斯·格罗曼退出公司。
169 Business Week, 26. Januar 2004
170 法国参议院 (Sénat) 是法国议会上院,与下院国民大会并列。
171 Stephan Guinchard schreibt: "Regarding the topic of Mittelstand in France, there is a lot of buzz being made around it, but actions are slow to follow", Mail vom 5. September 2017.
172 Aufgerufen am 4. Dezember 2017.

173 Brief von Eckhard Kucher und Karl-Heinz Sebastian an Hermann Simon in Tokio, 21. November 1983.

174 Vgl. Lester G. Telser, The Demand for Branded Goods as Estimated from Consumer Panel Data, The Review of Economic Statistics, 1962, No. 3, S. 300-324.

175 年轻时照片于1988年在格拉赫特宫拍摄，用于《经理人》杂志报道教授兼职咨询师，亦见《经理人》杂志1988年第六期，第188页。第二张照片于2015年在波恩庆祝西蒙顾和成立30周年时拍摄。

176 Siehe dazu auch in Kapitel 13 den Abschnitt „Juristen meiden ".

177 Georg Tacke, Core Values - Key Ingredients to Our Long-Term Success, Simon-Kucher & Partners: Our Voice, December 2017.

178 Für weitere Informationen zur Entwicklung von Simon-Kucher & Partners siehe Hermann Simon, Jörg Krütten, Globalisierung und Führung – Kulturelle Integration und Personalmanagement in global agierenden Beratungsunternehmen. in: Ingolf Bamberger (Hrsg.), Strategische Unternehmensberatung, 5. Auflage, Gabler Verlag 2008, S. 175-195.

179 包括中国香港。

180 西蒙顾和CEO第一届任期5年，第二届任期3年，可再连任一届，所以最长任期是11年。

181 Vgl. Anja Müller, Übernehmer statt Unternehmer, Handelsblatt, 16. Januar 2017, S. 22.

182 Vgl. http://thinkers50.com/t50-ranking/.

183 Vgl. http://managementdenker.de.www258.your-server.de/wp/

184 Hermann Simon, Martin Fassnacht, Preismanagement, Wiesbaden: Springer-Gabler 2016; Hermann Simon, Martin Fassnacht, Price Management, New York: Springer 2018.

185 Hermann Simon, Preisheiten – Alles, was Sie über Preise wissen müssen, Frankfurt: Campus 2013/2015; Hermann Simon, Confessions of the Pricing Man, Springer: New York 2015.

186 Hermann Simon, Die Gärten der verlorenen Erinnerung – Eifel unvergessen, 2.Auflage, Südwest- und Eifel-Zeitung Verlags- und Vertriebs-GmbH: Daun 2017.

187 Peter F. Drucker, Adventures of a Bystander, New York: Harper & Row 1978.

188 Stefan Zweig, Die Welt von gestern – Erinnerungen eines Europäers, Stockholm: Bermann-Fischer 1944.

189 Karl Popper, Die offene Gesellschaft und ihre Feinde, Stuttgart: UTB 1992.

190 Elias Canetti, Die gerettete Zunge, München: Carl Hanser 1977.

191 Ernst H. Gombrich, The Story of Art, 16th edition, London: Phaidon Press 1995 (Erstveröffentlichung 1950).

192 Norbert Elias, Der Prozess der Zivilisation, Bern: Francke 1969.

193 Balthasar Gracian, Hand-Orakel und Kunst der Weltklugheit (spanisches Original: Oraculo manual, y arte de prudencia), ins Deutsche übertragen von Arthur Schopenhauer, 11. Auflage, Frankfurt am Main: Insel 1998.
194 Persönlicher Brief von Peter F. Drucker vom 26. Juli 1999.
195 In einer Mail vom 17. Oktober 2016 stellte seine Tochter Cecily Drucker diese Sprachkenntnisse allerdings in Frage: „Dear Hermann: A friend of mine sent me the article of yours which recently appeared in the Harvard Business Review. Enjoyable, but I would like to make one comment. Just as he used history (and sometimes bent the facts to get the desired result) to explain a situation, he also gilded the lily about some of his own work—I cannot say this, for a fact, but I find it highly unlikely that he learned either Spanish or Danish well enough to read (and deeply comprehend) either Gracian or Kierkegaard. I may be wrong but this was never revealed around the dining room table when I was growing up! With warmest regards to you and your wife. Cecily Drucker "
196 Frankfurter Allgemeine Zeitung, „Ein bärtiger Revolutionär und erfolgreicher Bankier ", 15. Februar 1999, vgl. auch Benedikt Koehler, Ludwig Bamberger, Revolutionär und Bankier, Stuttgart: Deutsche Verlags-Anstalt 1999.
197 Persönlicher Brief von Peter F. Drucker vom 4. März 1999.
198 Persönlicher Brief von Peter F. Drucker vom 28. November 2001.
199 Vgl. z. B. Jorge Luis Borges, Selected Non-Fictions, New York: Viking 1999.
200 Arthur Koestler, Der göttliche Funke, München: Scherz 1968.
201 Oswald Spengler, Der Untergang des Abendlandes, München: Beck 1923.
202 陈纳德在美国是一位著名人物，美国政府曾为他发行过邮票，路易斯安那州还有一个以他名字命名的陈纳德国际机场。
203 Gerhard Neumann, Herman the German: Enemy Alien U.S. Army Master Sergeant #10500000, New York: William Morrow 1984. Deutsche Übersetzung: China, Jeep und Jetmotoren: Vom Autolehrling zum Topmanager. Die Abenteuer-Story von „Herman the German ", eines ungewöhnlichen Deutschen, der in den USA Karriere machte, Planegg: Aviatic 1989.
204 Gerhard Neumann, Herman the German: Enemy Alien U.S. Army Master Sergeant #10500000, New York: William Morrow 1984, S. 5.
205 Theodore Levitt, Marketing Myopia, Harvard Business Review, July/August 1960, S. 45-56.
206 Theodore Levitt, The Globalization of Markets, Harvard Business Review, May/June 1983, S. 92-102.
207 w&v, 2. November 1990, S. 180.

208 在德语区更早开设了一所营销学院，即埃内斯特·库尔哈维（Ernest Kulhavy）教授 1966 年在奥地利林茨成立的林茨大学国际营销学院，这是德语区成立的第一家营销学院。

209 Vgl. Philip Kotler, Competitive Strategies for New Product Marketing over the Life Cycle, Management Science 12(1965), S. B-104.

210 Vgl. Hermann Simon, An Analytical Investigation of Kotler's Competitive Simulation Model, Management Science 24 (October 1978), 1462-1473.

211 H 指数是出版物被引用的数量，i10 指数是指至少被引用 10 次以上的出版物。该数据在 2018 年 1 月 10 日查得。

212 Vgl. Philip Kotler, Confronting Capitalism: Real Solutions for a Troubled Economic System, New York: AMACOM 2015.

213 Vgl. Philip Kotler und Milton Kotler, Winning Global Markets: How Businesses Invest and Prosper in the World's High-Growth Cities: Hoboken: Wiley 2014.

214 Marvin Bower, The Will to Lead: Running a Business with a Network of Leaders, Harvard Business School Press, Cambridge, 1997.

215 Marvin Bower, The Will to Manage: Corporate Success Through Programmed Management, McGraw-Hill, New York, 1966.

216《权力意志》(*Wille zur Macht*) 并非弗里德里希·尼采本人的作品，而是他在《快乐的科学》(*Die fröhliche Wissenschaft*) 及其后续作品《查拉图斯特拉如是说》(*Also sprach Zarathustra*) 和后来所有作品中隐约表达的一种思想。

217 Mail von Deng Di vom 20 . November 2017.

218 仁川离首尔约 60 公里，它是首尔国际机场所在地。

219 Yoolim Lee, Selling Korean Cool, Bloomberg Markets, March 2014, S. 57.

220 Yoolim Lee, Selling Korean Cool, Bloomberg Markets, March 2014, S. 54.

221 Yoolim Lee, Selling Korean Cool, Bloomberg Markets, March 2014, S. 57.

222 所谓"Charcot-Marie-Tooth-Hoffmann 综合征（Charcot-Marie-Tooth-Hoffmann-Syndrom），也叫"遗传性运动感觉性神经病"(heriditäre motorisch-sensible Neuropathie) 或者"神经性肌肉萎缩症"(neurale Muskelatrophie)，此病为遗传疾病，主要症状为肌肉萎缩，尤其是四肢。

223 Stefan Zweig, Sternstunden der Menschheit, Frankfurt: Fischer Verlag 1964, S. 7.

224 普华（Price Waterhouse）1998 年和永道（Coopers & Lybrand）合并，成为普华永道（PricewaterhouseCoopers，PwC）。普华永道目前是全球第二大审计事务所。

225 Zvi Harry Likwornik, Als Siebenjähriger im Holocaust, Konstanz: Hartung Gorre Verlag, 2012/2014.

226 照片左起：亨利·基辛格、恩斯特·威尔特克（Ernst Welteke，德意志银行行长）、弗朗茨·阿尔特（Franz Alt，电视记者）、卡约·诺伊基辛（Kajo Neukirchen，五金协会股份公司董事长）、主办方安永会计师事务所（Ernst & Young）代表、赫尔曼·西蒙。

227 ANA（全日本航空公司）是日本第二大航空公司，我当时住在 ANA 酒店，是因为酒店就在西蒙顾和当时的东京分公司旁边。

228 "这是地震，请不要离开房间，这栋大楼是抗震的，请等待进一步通知。"（英语通知翻成了德语）

229 里氏标度不是线性的，而是对数的，强度成倍增加。

230 Vgl. Hermann Simon, Fit für die Zukunft – Hermann Simon kürt den Unternehmer des Jahrhunderts, Die Zeit, 30. Dezember 1998.

231 Celia Green, Charles McCreery: Träume bewusst steuern. Über das Paradox vom Wachsein im Schlaf. Krüger, Frankfurt am Main 1996,

232 Es handelt sich um die dritte Strophe des Gedichtes „Mondnacht ", das Joseph von Eichendorff (1788 – 1857) im Jahre 1835 schrieb und das 1837 erstmals veröffentlicht wurde.

233 Vgl. Portrait von Friedel Drautzburg in Hermann Simon, Kinder der Eifel – Erfolgreich in der Welt, Daun: Südwest und Eifel-Zeitungsverlag 2008, S. 53-54.

234 http://www.russiantearoomnyc.com/

235 Jim Collins, Jerry Porras, Built to Last: Successful Habits of Visionary Companies, New York: Harper Business 1994; Jim Collins, Good to Great: Why Some Companies Make the Leap ... And Others Don't, New York: Random House 2001.

236 Vgl. Daniel T. Jones, Daniel Roos and James P. Womack, The Machine That Changed the World: The Story of Lean Production, New York: Free Press 1990.

237 Vgl. Michael Hammer und James Champy, Reengineering the Corporation: A Manifesto for Business Revolution, New York: Collins Business Essentials 2006.

238 Vgl. Martin van Creveld, Militärische Organisation und Leistung der deutschen und der amerikanischen Armee 1939-1945, Graz: Ares-Verlag 2011.

239 George Washington's Leadership Secrets, The Wall Street Journal, 13. Februar 2012, S. 15.

240 Seneca, Von der Kürze des Lebens, Kindle-Version 2017, Position 4238.

241 Vgl. Hermann Simon, Zur Ethik des autonomen Fahrens, Frankfurter Allgemeine Zeitung, 27. März 2017, S. 23; englischsprachige Version: The Ethics of Autonomous Driving: Quo Vadis?, https://www.2025ad.com/latest/ethics-of-autonomous-driving/

242 Ibidem, Position 4401.

243 在学校和联邦国防军，我们都以姓称呼。

244 Hermann Simon, Geistreiches für Manager, Campus: Frankfurt 2000/2009.

推荐阅读

金矿：精益管理 挖掘利润（珍藏版）

作者：[法] 弗雷迪·伯乐 迈克·伯乐 ISBN：978-7-111-51070-3

本书最值得称道之处是采用了小说的形式，让人读来非常轻松有趣，以至书中提及的操作方法，使人读后忍不住想动手一试

《金矿》描述一家濒临破产的企业如何转亏为盈。这家企业既拥有技术优势，又拥有市场优势，但它却陷入了财务困境。危难之际，经验丰富的精益专家帮助企业建立起一套有竞争力的生产运作系统，通过不断地改善，消除浪费，大幅度提高了生产效率和质量，库存很快转变为流动资金。

金矿 II：精益管理者的成长（珍藏版）

作者：[法] 迈克·伯乐 弗雷迪·伯乐 ISBN：978-7-111-51073-4

在这本《金矿》续集中，作者用一个生动的故事阐述精益实践中最具挑战的一项工作：如何让管理层和团队一起学习，不断进步

本书以小说形式讲述主人公由"追求短期效益、注重精益工具应用"到逐渐明白"精益是学习改善，不断进步"的故事。与前一本书相比，本书更侧重于人的问题，体会公司总裁、工厂经理、班组长、操作员工以及公司里各个不同层级与部门的人们，在公司通过实施精益变革进行自救的过程中，在传统与精益的两种不同管理方式下，经受的煎熬与成长。这个过程教育读者，精益远不止是一些方法、工具的应用，更是观念和管理方式的彻底转变。

金矿 III：精益领导者的软实力

作者：[法] 迈克·伯乐 弗雷迪·伯乐 ISBN：978-7-111-50340-8

本书揭示了如何持续精益的秘密：那就是培养员工执行精益工具和方法，并在这个过程中打造企业的可持续竞争优势——持续改善的企业文化

今天，越来越多的企业已经开始认识并努力地实施精益，这几乎成为一种趋势。不过大多数实践者只看到它严格关注流程以及制造高质量产品和服务的硬实力，少有人理解到精益的软实力。本书如同一场及时雨，为我们带来了精辟的解说。

精益思想丛书

ISBN	书名	作者
978-7-111-49467-6	改变世界的机器：精益生产之道	詹姆斯 P. 沃麦克 等
978-7-111-51071-0	精益思想（白金版）	詹姆斯 P. 沃麦克 等
978-7-111-54695-5	精益服务解决方案：公司与顾客共创价值与财富（白金版）	詹姆斯 P. 沃麦克 等
7-111-20316-X	精益之道	约翰·德鲁 等
978-7-111-55756-2	六西格玛管理法：世界顶级企业追求卓越之道（原书第2版）	彼得 S. 潘迪 等
978-7-111-51070-3	金矿：精益管理 挖掘利润（珍藏版）	迈克尔·伯乐 等
978-7-111-51073-4	金矿Ⅱ：精益管理者的成长（珍藏版）	迈克尔·伯乐 等
978-7-111-50340-8	金矿Ⅲ：精益领导者的软实力	迈克尔·伯乐 等
978-7-111-51269-1	丰田生产的会计思维	田中正知
978-7-111-52372-7	丰田模式：精益制造的14项管理原则（珍藏版）	杰弗瑞·莱克
978-7-111-54563-7	学习型管理：培养领导团队的A3管理方法（珍藏版）	约翰·舒克 等
978-7-111-55404-2	学习观察：通过价值流图创造价值、消除浪费（珍藏版）	迈克·鲁斯 等
978-7-111-54395-4	现场改善：低成本管理方法的常识（原书第2版）（珍藏版）	今井正明
978-7-111-55938-2	改善（珍藏版）	今井正明
978-7-111-54933-8	大野耐一的现场管理（白金版）	大野耐一
978-7-111-53100-5	丰田模式（实践手册篇）：实施丰田4P的实践指南	杰弗瑞·莱克 等
978-7-111-53034-3	丰田人才精益模式	杰弗瑞·莱克 等
978-7-111-52808-1	丰田文化：复制丰田DNA的核心关键（珍藏版）	杰弗瑞·莱克 等
978-7-111-53172-2	精益工具箱（原书第4版）	约翰·比切诺 等
978-7-111-32490-4	丰田套路：转变我们对领导力与管理的认知	迈克·鲁斯
978-7-111-58573-2	精益医院：世界最佳医院管理实践（原书第3版）	马克·格雷班
978-7-111-46607-9	精益医疗实践：用价值流创建患者期待的服务体验	朱迪·沃思 等

推荐阅读

"隐形冠军之父"赫尔曼·西蒙著作

隐形冠军:未来全球化的先锋(原书第2版)
ISBN: 978-7-111-63479-9
定价: 99.00 元
作者: [德]赫尔曼·西蒙(Hermann Simon)
 [德]杨一安

全球化之旅:隐形冠军之父的传奇人生
ISBN: 978-7-111-68111-3
定价: 89.00 元
作者: [德]赫尔曼·西蒙(Hermann Simon)

定价制胜:科学定价助力净利润倍增
ISBN: 978-7-111-71323-4
定价: 69.00 元
作者: [德]赫尔曼·西蒙(Hermann Simon)
 [德]杨一安

价格管理:理论与实践
ISBN: 978-7-111-68063-5
定价: 89.00 元
作者: [德]赫尔曼·西蒙(Hermann Simon)
 [德]马丁·法斯纳赫特(Martin Fassnacht)